中文社会科学引文索引（CSSCI）来源集刊

珞珈管理评论

LUOJIA MANAGEMENT REVIEW

2017年卷 第4辑（总第23辑）

武汉大学经济与管理学院主办

WUHAN UNIVERSITY PRESS

武汉大学出版社

图书在版编目(CIP)数据

珞珈管理评论.2017 年卷.第 4 辑:总第 23 辑/武汉大学经济与管理学院主办. —武汉:武汉大学出版社,2017.12

ISBN 978-7-307-19894-4

Ⅰ.珞… Ⅱ.武… Ⅲ.企业管理—文集 Ⅳ.F272-53

中国版本图书馆 CIP 数据核字(2017)第 309206 号

责任编辑:唐 伟 责任校对:李孟潇 版式设计:韩闻锦

出版发行:**武汉大学出版社** （430072 武昌 珞珈山）
（电子邮件:cbs22@whu.edu.cn 网址:www.wdp.com.cn）
印刷:武汉中科兴业印务有限公司
开本:787×1092 1/16 印张:13.5 字数:314 千字
版次:2017 年 12 月第 1 版 2017 年 12 月第 1 次印刷
ISBN 978-7-307-19894-4 定价:28.00 元

目　　录

CONTENTS

2

激活组织七要素

——从个体价值到集合智慧*

● 陈春花[1]　朱　丽[2]

（1，2　北京大学国家发展研究院　北京　100871）

【摘　要】在以互联网和数字化为特征的时代，一方面个体因为拥有知识、能力、信息以及独立程度，变得异常强大，因此要激活个体；另一方面组织因为拥有的资源、平台、机会以及聚合影响力的程度，也展现出了旺盛的生命力，因此要激活组织。本研究从系统管理学派、经验主义学派和东方智慧三个方面，提出在巨变时代下，实现从个人价值到集合智慧的转变，需要进行激活组织的七个要素：结构、文化、激励、工作习惯、绩效检验、价值共同体、领导角色。研究揭示组织应对外部巨变环境的关键，这是一个英雄辈出的时代，因此要"赋能"以激活个体；这是一个集合智慧的时代，因此要建立"价值共享系统"以激活组织。

【关键词】激活个体　激活组织　个体价值　集合智慧

中图分类号：M10　　　　文献标志码：A

引　言

自泰勒 1911 年提出"科学管理原理"以来，管理由经验转变为科学，随后组织理论发展经历了三个阶段，古典组织理论阶段、行为科学组织理论阶段、现代组织理论阶段，每个阶段都是伴随时代发展，以及解决组织现实问题而产生。各阶段不同背景下产生的理论学派交织，形成了孔茨 1961 年的管理思想"热带丛林"，以及后续《再论管理理论丛林》中的 11 个管理理论学派。各个理论学派盘根错节、各有侧重。古典管理理论强调结构和管理因素，重视制定管理原则；行为科学管理理论强调社会心理因素，重视激励、群体动力学等方面；现代管理理论强调技术因素，重视在决策和控制中使用定量化方法，其他学派的重点关注问题不一而足。而系统管理理论的出现，以贝塔朗菲创立"一般系统论"为基础，从管理哲学的层面，提供了一种研究管理和组织的整体思维，从宏观、整合的视角出发，将以往管理理论联系起来，统一于系统

---

　*　通讯作者：陈春花，E-mail：chchen@ nsd. pku. edu. cn。

管理理论之下。

　　1970 年卡斯特和罗森茨韦克通过《组织与管理：系统方法与权变方法》奠定了其在系统管理学派的地位，同时构建了基本框架，随后系统管理理论对管理学界风靡一时。系统管理理论基础是系统观，钱学森曾指出，系统学的建立是一次科学革命，其意义不亚于相对论和量子力学。运筹学家阿柯夫甚至将"系统"时代下的变化，和工业革命以及文艺复兴相媲美，孔茨和西蒙也高度认可系统观在管理中的重要作用。美国组织理论家斯科特认为，系统管理理论对管理学界的影响，堪比物理学中从牛顿的经典力学到爱因斯坦相对论的转变。系统管理理论产生时虽被寄予厚望，能从整体观出发将现存的多种管理理论纳入统一框架之下，但是由于其过于抽象和笼统不免陷入"空泛"，在理论界和实践界解决具体问题上存在缺陷。因此该理论虽风靡一时却又最终被评为"不能履行的诺言"而归于沉寂。

　　伴随互联网技术出现将组织置于巨变的外部环境之下，管理的效率不仅是来源于"分工"，更来自于"协同"①。协同的概念源自于哈肯的协同学，是 20 世纪下半叶新兴的影响最大、普适性最强的横断学科之一，又被称为协调合作之学。其主要研究不同系统从无序变为有序的相似性，指出远离平衡态的开放系统，在和外界进行物质和能量交换下，通过内部协同作用，自发出现时空和功能的有序结构。协同观念应用于管理可以打破人、财、物、信息、流程等之间的固有壁垒，突破"信息孤岛"使资源高效整合，释放出强大的价值创造力。现有管理理论中系统管理理论，强调"联系"而非"因素"的系统观，为企业协同管理实践提供了理论指导和经验借鉴，顺应了巨变时代下企业"协同"创造价值的发展方向。因此，基于系统管理理论，本研究从结构、文化、激励、工作习惯、绩效检验、价值共同体、领导角色七要素，探讨"组织整体系统的优化"。基于企业实践经验探索性提出激活组织的七要素，对未能提出具体的管理行为和明晰的管理职能的系统管理理论，指引了实践界和学术界可以深入发展和探索的七个方向，弥补系统管理理论对于实践指引方面的不足。此外还通过经验主义学派和东方智慧对激活组织七要素进行验证，指出企业如何在巨变时代下，通过对个体的"赋能"，以及对组织"价值共享系统"的构建，从而激活组织以获得强大的价值创造。激活组织七要素的理论渊源见表 1。

表 1　　　　　　　　　　　　　激活组织七要素的理论渊源

激活组织七要素	激活组织七项工作	系统管理学派	经验主义学派	东方智慧
结构	打破内部平衡：消除结构障碍；划小单元；无固定领导	动态性：人造开放的动态系统；由稳定机械式向响应变化的适应式转变；稳定、持续和适应、革新之间的动态平衡；有机式系统的无结构和高度动态性	"未来的组织是有组织无结构"——德鲁克	"兵无常势，水无常形"——孙武《孙子兵法》

　　①　陈春花. 激活组织：从个体价值到集合智慧［M］. 北京：机械工业出版社，2017：82-87.

激活组织七要素	激活组织七项工作	系统管理学派	经验主义学派	东方智慧
文化	建立基于契约的信任：管理员工期望；提供组织支持；信息透明与组织沟通	互动性：群体动力的核心是成员之间的相互作用；员工潜力发挥取决于组织是否可以实现个人期望；信息包含内部和外部信息反馈网络	"现代管理的本质是经营信任"——德鲁克	"用人之术，任之必专，信之必笃，然后能尽其材，而可共成事"——欧阳修《为君难论上》
激励	设立新激励：合伙人制；工作与家庭相平衡；幸福组织	互惠性：个人和组织目标既一致又矛盾；组织中个人或群体价值观和生活作风具有更大多样性；对工作和生活质量的关切要增加；镶嵌细致的社会心理系统作用重大	"组织的目的是使平凡的人做出不平凡的事"——德鲁克《卓有成效的管理者》	"天时不如地利，地利不如人和"——孟子《孟子》
工作习惯	管理者真正授权；鼓励试错行为；打造自组织	关联性：管理者必须抓住关键点，不要陷入细枝末节；成员广泛参与；各层次成员具有更大影响力；由"权力不等"向"权力均等"演化	"有效的管理者不做太多的决策，其做的决策都是重大的决策"——德鲁克	"君劳臣逸，则国亡；君逸臣劳，则国兴"——诸葛亮《三国志》
绩效检验	创造可见绩效：顾客立场；为员工设计绩效；关注机会而非问题	目的性：以目标为中心，强调客观效果；足够的稳定性完成组织任务；复杂组织目标多样化	"管理是一种实践，其本质不在于'知'而在于'行'；其验证不在于逻辑，而在于成果；其唯一权威就是成就"——德鲁克	"得道多助，失道寡助"——孟子《孟子》
价值共同体	互为主体的共生系统：平台构建；价值共同体；生态逻辑	相关性：组织之间相互依赖，相互作用，影响组织整体功能；组织间的接触问题将增加；组织间有效协调手段将产生	"组织不是为自己而存在的，组织是手段，每一个组织都是为了执行一项社会任务的社会器官"——德鲁克《功能社会》	"辅车相依，唇亡齿寒"——左丘明《左传》；"礼之用，和为贵"——孔子《论语》

激活组织七要素	激活组织七项工作	系统管理学派	经验主义学派	东方智慧
领导角色	改变领导者角色：布道者；设计者；伙伴	适应性：多元化的文化价值；组织内部成员的协调；领导者由权力转向建议和说服	"管理就是界定企业的使命，并激励和组织人力资源去实现这个使命"——德鲁克	"其身正，不令而行；其身不正，虽令不从"——孔子《论语》

激活组织要素一：结构

　　1911 年泰勒出版的《科学管理原理》，是管理史上的一座丰碑，标志着一个新的管理时代的到来，泰勒本人也被誉为"科学管理之父"①。自泰勒开启的管理思想的启蒙运动已有 100 多年，科学管理对管理实践以及管理理论发展都产生了较为深远的影响，是管理学的奠基石。泰勒科学管理对美国工业的迅速发展，做出了不可磨灭的贡献。科学管理的效率之谜就是在于泰勒主张知识系统地用于工作，从而把隐性知识显性化。以分工为基础，职责清晰，角色明确是传统结构的核心特点，确实曾在提高劳动生产率上起到了不可估量的作用，甚至保障了第二次产业革命的顺利进行。但是任何理论都有其瑕疵的存在，学者在批判中反思发现，泰勒的科学管理理论建立在确定性和随时间可逆的基础上，已经不能适应复杂组织系统的发展②。

　　现阶段互联网技术带来高度不确定的外部环境，个体价值的崛起呼吁对个体的关注，复杂的市场条件使自组织成为可能。因此随着管理学的动态演化，一种新的组织形式需要打破原有的内部平衡，使组织有效应对复杂问题。系统管理学派对于组织方面的基本观点，为现阶段组织管理提供了借鉴意义。首先，该理论指出组织是一个人造的开放系统。组织同外界环境相互影响，以寻求生存和发展。组织的消耗源于环境的人力、物力、财力、信息等资源，同时输出各种产品或服务等。其次，组织由稳定机械式向响应变化的适应式转变。系统管理理论代表人卡斯特和罗森茨韦克提出，机械式管理系统和有机式管理系统适用的状况不同，前者适用于技术稳定活动，而后者适用于技术急速变化状况。由于未来技术变化日新月异，未来的组织会从稳定机械式向面向变革的适应式进行转变。再次，组织是稳定、持续和适应、革新之间的动态平衡。卡斯特提出管理需要前瞻后顾，组织不仅对稳定性和持续性有要求，也会对适应性和变革性有需求。稳定性和持续性关注现在，而适应性和变革性着眼于未来，组织是二者之间的动态平衡。最后，有机式系统的无结构和高度动态性。卡斯特指出未来的组织会发生结构上的变化，从传统的机械式向有机

---

　　① 陈春花. 泰勒与劳动生产效率——写在《科学管理原理》百年诞辰 [J]. 管理世界，2011 (7)：164-186.

　　② 罗珉. 泰勒科学管理的遗产及其反思——兼纪念《科学管理原理》诞生 100 周年 [J]. 外国经济与管理，2011 (9)：1-10.

式转变，有机式系统结构度低，具体表现为边界模糊、可变性强、刚性不足而弹性有余。随之而来的组织表现形式为任务边界更加模糊，职位需要经常变换，各职能之间进行的动态相互作用增加。

经验主义学派德鲁克先生曾经说过："未来的组织，是有组织无结构的。"德鲁克（1992）指出，在知识经济时代，世界不再是劳动密集、原料密集、能源密集，而是知识密集①。因此如何使得组织集体活动转变为知识再生产，从而顺应知识经济时代的需求，已经成为现代组织设计的核心②。传统组织结构，形成经历了直线制、职能制、直线职能制、事业部制、矩阵制等多种不同的形式，但它们都是由按职能划分的不同部门所组成的垂直型组织结构形式。由于组织结构都是以工业经济为前提而设计的，是工业经济特有属性的体现，传统组织结构的弊端在互联时代暴露了出来。一是严格的层级制度降低了工作效率；二是部门之间难以协作；三是知识型员工自主行动、自由与自我价值实现受到限制；四是难以应对外部环境的变化。由此通过"分工实现劳动生产率的最大化"的科学管理原理遭遇了前所未有的挑战，无结构的组织打破了企业内部的平衡。东方智慧中对此也有阐释，孙武在《孙子兵法》指出"兵无常势，水无常形"。这句话指出了用兵如神的核心，即用兵需要依据敌情来决定具体取胜方针，因此用兵作战并没有固定不变的方式方法，就像水没有固定形状一样，若依据敌情变化而取胜，就可以称得上用兵如神了。商场如战场，组织作为擅长作战的基本单元，也不应该有固定的架构。金刚石和石墨是由相同的碳元素构成的性质不同的物质，其化学性质相似而物理性质却存在巨大差异，这是由原子之间的微观结构不同所导致的。由此可以得知同样的组织内部要素，结构方式不同会带来巨大的差异。因此组织打破平衡需要做三件事情③：①消除结构障碍。以任务团队结构取代层次结构，不断调整组织结构，以形成组织成员柔性组合；②划小单元。培养有经营意识的人才，员工由"被动"变"主动"，实现全员参与；③无固定领导权威。管理者从权威型领导向尊重专业性和责任的个体形象转变。

激活组织要素二：文化

在组织理论发展过程中，个人和组织的关系是一个被长期关注的重要问题。如何建立员工与组织之间的关系，是组织管理中最为核心的关系界定。早期的组织理论较为关注"组织"，而忽略了组织中的"人"。克瑞斯·阿吉里斯（Chris Argyris）提出的"不成熟——成熟"理论，关注个性和组织关系，指出人的个性发展要经历以下变化，从被动性到能动性；从依赖性到独立性；从目光短浅到目光远大；从附属地位到同等或是优越地位④。而组织中的劳动分工、统一指挥、权力等级、组织控制等基本原则，虽然是组织有效经营的基础，但却不能适应人的健康个性的需要，妨碍人的成熟和自我实现。因此克瑞斯·阿吉里斯提出的"阿吉里斯定理一"指出，"正式组织的要求和健康个性的发展是

① Drucker, P. F. *Managing for the future*：*The 1990s and beyond* [M]. New York：Dutton，1992：79-81.
②③ 陈春花. 激活组织：从个体价值到集合智慧 [M]. 北京：机械工业出版社，2017：111-118.
④ 阿吉里斯. 个性与组织 [M]. 郭旭力译. 北京：中国人民大学出版社，2007：69-82.

不协调的"①。无论是泰勒的"心理革命"②，还是法约尔的"团队精神"③ 都是改造员工适应组织，但是由于组织是理性的，会设计出秩序井然的结构和运行规则，无法适应员工的千差万别，从而限制或打断员工由"不成熟"到"成熟"的成长过程。正式组织要求员工具有依赖性和被动性，循规蹈矩，严格遵从组织的规章制度，一定程度阻碍员工获得能动性、独立性以及优越地位等。规范的正式组织，与具有成熟性、自主性、积极性、个性彰显的员工组合起来只会带来混乱。因此阿吉里斯指出，正式组织所遵循的原则是阻碍人性健康发展的罪魁祸首④。

组织必须找到其与个体健康发展之间的协调性，那就是建立基于契约的信任。系统管理理论对于组织内部建立基于契约的信任有以下几方面的阐述和支撑。首先，群体动力的核心是成员之间的相互作用。社会心理分系统中人际关系、人的动机和行为、群体动力等，都受到人的价值观、态度、期望、感情等的影响。其次，员工潜力发挥取决于组织是否可以实现个人期望。卡斯特指出，组织很大程度上依赖于人的因素取得目标成就，而人的潜能的发挥，往往决定于组织能否帮助其达成自己的期望。最后，信息包含内部和外部信息反馈网络。对组织内部而言，沟通在群体动力中具有重要作用，同时结构分系统也和信息沟通有关，信息包含内部以及外部两种信息反馈网络。基于契约的信任，对于提升组织内部成员的创造力具有决定性作用，而且这种信任关系一旦建立，既可以保证成员在组织内部的长远发展，也能促进成员和组织的共同成长。由此可见建立基于契约的信任，需要从管理员工的期望，提供组织支持，以及信息透明与沟通三点切入。

德鲁克曾指出，现代管理的本质是经营信任。信任是组织管理的关键要素，组织内不信任感的蔓延会直接让组织的绩效付出代价。关于第一点管理员工期望，个体和组织是雇佣和契约关系，不仅表现在其和组织之间的正式契约关系，还表现在"心理契约"（psychological contract）这种特殊的关联关系。心理契约是由阿吉里斯（Argyris）首次提出的，包含组织和个人对彼此的期望⑤。在个体价值崛起的时代，组织如何在与员工的关系中建立基于心理契约的信任需要特别关注，最佳途径是形成组织和员工之间的"共识"。关于第二点提供组织支持，当员工能感受到组织支持，并确信组织给予其付出的努力以回报时，其组织承诺会增大，也会更加愿意为组织的利益付出努力⑥⑦。员工如果得到重要的资源，如培训机会和工资增加等，会使其产生义务，而按照互惠原则，通过增加角色内和角色外绩效来帮助组织达成目标。关于第三点信息透明与沟通，需要综合运用正

①②④　丹尼尔·A. 雷恩. 管理思想史. 第六版［M］. 孙建敏，等，译. 北京：中国人民大学出版社，2011：7-10.

③　亨利·法约尔. 工业管理与一般管理［M］. 迟力耕，张璇，译. 北京：机械工业出版社，2013：43-45.

⑤　Argyris, C. Understanding organizational behavior. Oxford, England：Dorsey, 1960：3-20.

⑥　Chen, Z., Eisenberger, R., Johnson, k., Sucharski, I., Aselage, J. Perceived organizational support and extra-role performance：Which leads to which［J］. *Journal of Social Psychology*, 2009, 149（1）：119-124.

⑦　Coyle-Shapiro J. A., Conway, N. Exchange relationships：Examining psychological contracts and perceived organizational support［J］. *Journal of Applied Psychology*, 2005, 90（4）：774-801.

式和非正式沟通渠道进行组织沟通，减少沟通层级，塑造平等、理解、信任的组织文化氛围，以有助于沟通的顺利进行。以上三种均可以帮助员工感受到组织的信任，从而增加组织承诺，展现个人较好绩效。东方智慧中欧阳修《为君难论上》也指出，"用人之术，任之必专，信之必笃，然后能尽其材，而可共成事"。具体含义为使用人的方法，就是任用他必须专一，信任他必须坚定，这样就能够充分发挥他的才能，并能一同把事情做成功。在个体价值崛起的时代，只有建立了稳固的基于契约的信任关系，组织才有机会与优秀的个体组合在一起，集合员工的能动性、独立性、自主性以及远大的发展目光，为组织的发展壮大贡献力量。

激活组织要素三：激励

随着知识经济时代的到来，"知识"已成为经济发展的主要驱动力量①。德鲁克提出"知识员工"（knowledge staff）的概念，并定义为"那些掌握和运用符号和概念，利用知识或信息工作的人"后，它就受到了学术界和实践界的广泛关注。德鲁克指出管理学在20世纪的最大贡献，是将体力劳动者的生产率提高了近50倍，而到了21世纪管理学面对的新挑战，是如何提高知识工作者的生产率②。知识员工具有受教育程度高、自主性、创造性、忠于职业胜过组织等特点③。富于变化的、创造性的、不可预测的知识型工作，成为新经济时代的主要工作形式，而知识的利用、增值和创造等知识管理能力，以及资源和合理配置最终要依赖"知识型员工"来实现，因此如何有效激励知识型员工，已经成为现代企业发展的核心命题④。在巨变的时代背景下，行业格局的调整速度不断加快，个体价值不断崛起，一旦企业创新与创造能力不足，就会被快速淘汰，因此如何与优秀的人在一起成为企业首要解决的问题。卡斯特和罗森茨韦克针对未来组织的发展趋势指出：首先，个人目标和组织目标是既一致又矛盾的。个人和组织需要互惠，即组织目标必须在一定程度上满足个体的需要，而个体也要对组织有所贡献，从而促进各自目标的达成。其次，个人或群体价值观和生活作风具有多样性。镶嵌细致的社会心理系统作用重大，组织中个人或群体价值观和生活作风将呈现多样性的特征。最后，对工作和生活质量关切要增加。增加对员工的工作和生活的关心，将会对其生产力的提升以及满意感的增加产生重大影响。

德鲁克在《卓有成效的管理者》中指出"组织的目的是使平凡的人做出不平凡的事"。组织卓有成效的关键是激发每一个员工的潜力，为组织的发展贡献力量。进入21世纪以来，劳动力市场已发生新的变化，20世纪80—90年代的新生代员工，逐步成为劳

---

① 廖建桥，文鹏．知识员工定义、特征及分类研究述评［J］．管理学报，2009，6（2）：277-283.

② Drucker, P. F. *Management Challenges for the 21st Century* ［M］．Boston：Butterworth Heinemann Press，1999：79.

③ 廖建桥，文鹏．知识员工定义、特征及分类研究述评［J］．管理学报，2009，6（2）：277-283.

④ 张望军，彭剑锋．中国企业知识型员工激励机制实证分析［J］．科研管理，2001（6）：90-96.

动力市场主力并进入了就业高峰期①。由于社会文化氛围、教育背景、家庭关系、工作环境等存在差异，新生代的价值观②、职业承诺③、工作期望、职业发展④等众多方面，与20世纪60—70年代的员工相比具有显著差异⑤。新生代员工具有高度成就导向和自我导向、注重平等和漠视权威、追求工作与生活的平衡，对幸福追求的方式更加直接等价值观特征。由于企业员工具有新生代和知识员工的双重特性，企业既要满足新生代的价值诉求，又要能够给知识员工激励，三种新的激励措施被提出⑥：①设立"合伙人制"；②与员工一起平衡家庭与工作关系；③打造幸福组织，成为组织获取和留任知识员工，以及新生代的重要保障⑦。《孟子》中有记载，"天时不如地利，地利不如人和"，指出有利的时机和气候比不上有利的地势，而有利的地势比不上人心所向，上下团结。合伙制公司变成事业平台，给人才提供好的机会与资源，完全放权、身份转换、独立运营、内部市场化、风险共担、利益共享，让人才变身为合伙人，让人才借助公司的平台创业，通过达成共识而凝聚合力。博德洛与戈拉克认为"员工获得幸福的一种媒介"是工作⑦，"工作不创造幸福，但有助于得到幸福"。组织从只关注工作角色而不理会员工家庭，已悄然转变为关心员工的生活品质需求，提供诸如弹性时间、远程办公、工作共享，以及产假、陪产假和探亲假等，来帮助员工平衡工作和家庭的空间。此外在管理实践中，已有越来越多的企业开始关注员工幸福感，打造幸福组织，实现多方面员工激励。

激活组织要素四：工作习惯

系统管理理论指出，管理者需要从纵观全局的高度合理安排组织内部的各个分系统，建立组织与环境的和谐关系，有效运用计划、组织、领导、控制、沟通、决策等，达到组织的高效率和高效能。这要求首先管理者要有全局观，抓住关键点。管理者处于内外部繁杂事务漩涡中，承担了战略选择和变革的重要职责，因此准确认识变革的动力和阻力，从全局出发抓住关键点，精准把握变革尺度和分寸是至关重要的。其次，成员广泛参与。未来组织中成员广泛参与的有计划的变革过程将制度化。再次，各层成员将具有更大影响

① 王冬冬，钱智超. 领导成员交换差异与新生代员工敬业度的关系研究 [J]. 科学学与科学技术管理，2017，38（4）：172-180.

② Twenge, J. M., Campbell, S. M., Hoffman, B. J., et al. Generational differences in work values: Leisure and extrinsic values increasing, social and intrinsic values decreasing [J]. *Journal of Management*, 2010, 36 (5): 1117-1142.

③ Earl, J. K., Bright, J. E. H. The relationship between career decision status and important work outcomes [J]. *Journal of Vocational Behavior*, 2007, 71 (2): 233-246.

④ McDonald, K. S., Hite, L. M. The next generation of career success: Implications for HRD [J]. *Advances in Developing Human Resources*, 2008, 10 (1): 86-103.

⑤ Ng, E. S. W., Schweitzer, L., Lyons, S. T. New generation, great expectations: A field study of the millennial generation [J]. *Journal of Business and Psychology*, 2010, 25 (2): 281-292.

⑥ 陈春花. 激活组织：从个体价值到集合智慧 [M]. 北京：机械工业出版社，2017：132-143.

⑦ 李晏墅，李晋. 员工幸福的快乐管理探索 [J]. 经济管理，2007（8）：4-8.

力。未来组织将实现权力在各层次成员间的分配。最后，由"权力不等"向"权力均等"演化。未来的组织将从权力不等向权力均等模式改变。

德鲁克指出，"有效的管理者不做太多的决策，其做的决策都是重大的决策"。研究者们普遍认为授权可以"激发能力"，遵循了 Conger 和 Kanungo（1988）① 对授权是"员工自我效能感的强化"的判断。而从结构角度出发的研究者，更关注授权即"赋予职权"的定义。Kanter（1979）② 认为员工的授权感源自于组织对员工的信息、资源的获取，决策能力、自由选择和成长的保障。Arnold 等（2000）③ 则认为在竞争加剧和快速变化的环境中，组织为了提高其灵活性，从层级管理逐渐向自我管理转变，与之匹配的是一系列的领导授权行为。授权给各级员工是不确定环境下企业成长的根本动力，要实现这一点需要做出两方面的努力④，一方面为鼓励试错行为；另一方面为打造自组织，即从"员工自我效能感的强化"和"赋予职权"的行为、动机、结构三方面出发对各级员工进行真正授权。诸葛亮《三国志》中指出，"君劳臣逸，则国亡；君逸臣劳，则国兴"。作为君主每天很辛苦，臣子很清闲，这个国家就将走向消亡。反之，如果君主很清闲臣子很努力做事，这个国家就将兴旺发达。企业管理者也如此，不应陷入技术性细节中无法自拔，而应更多关注战略和企业未来发展方向，运筹帷幄，决胜千里。在管理者授权过程中一个重要的问题是对试错的态度要鼓励试错行为，授权决策。环境是多变的，决策过程无法拥有"充分信息"，决策本应该是一个可变、可逆的过程，但是人们为了证明其决策的正确性，往往会不断维护当初的决策，并造成企业实际经营的环境与决策过程及结果之间存在冲突。因此要授权给一线员工，让其能够直接做出判断，或者授权给担当责任的人，他们能够迅速做出决策并承担结果。此外建立试错机制和自组织，也是授权的重要方面。在人类创新的历程中，制约创新最大的因素不是技术方面，而是社会对于创新的苛责，企业也是如此。因此企业需要形成宽容失败的企业文化，建立"不断试错——纠正——迭代"的试错机制。

激活组织要素五：绩效检验

组织就是"让本不能胜任工作的人可以胜任"。⑤ 这是组织最强大的力量，也是组织最具价值之处。组织有能力让组织成员应对不确定性，坚定成员面对挑战的信心。信心不是来源于理念，而是可见的绩效。所以组织必须建立起一种如彼得·德鲁克先生所倡导的"绩效精神"（spirit of performance），重点放在员工能做什么，而非不能做什么上，必须为

① Conger, J. A., Kanungo, R. N. The empowerment process：Integrating theory and practice［J］. *Academy of Management Review*，1988，13（3）：471-482.

② Kanter, R. M. Power failure in management circuits［J］．*Harvard Business Review*，1979，57(4)：65-75.

③ Arnold, J. A., Arad, S., Rhoades, J. A., et al. The empowering leadership questionnaire：The construction and validation of a new scale for measuring leader behaviors［J］．*Journal of Organizational Behavior*，2000，21（3）：249-269.

④ 陈春花．激活组织：从个体价值到集合智慧［M］．北京：机械工业出版社，2017：147-148.

⑤ 陈春花．激活组织：从个体价值到集合智慧［M］．北京：机械工业出版社，2017：153.

每一个组织成员提供获得绩效的空间，设计让组织成员取得绩效的路径和方法。让每个成员获得绩效的关键，是让组织具有顾客立场，为员工设计绩效。系统管理理论把组织分为目标与价值、技术、结构、社会心理、管理五个子系统，与社会大系统的价值观匹配。首先，履行社会大系统规定的目标和职能，是企业生存和发展的根本。具体表现为，首先以目标为中心，强调客观效果；其次，要有足够的稳定性，在相对稳定的环境下，完成当前的组织目标和任务；最后，提出复杂组织目标多样化。组织不得不去适应社会环境中越来越多样化的文化价值观，组织间的协调使得组织的目标将越来越多样化，因此组织要侧重实现多个目标，而非单一目标。因此我们提出创造可见绩效的三个方面，顾客立场；为员工设计绩效；关注机会而非问题①。

管理是一种实践，其本质不在于"知"而在于"行"；其验证不在于逻辑，而在于成果；其唯一权威就是成就。总结柯达、诺基亚等以往辉煌的企业被淘汰的过程，我们可以发现淘汰企业的从来都不是技术而是顾客，一旦离顾客远了就肯定会被淘汰。是否有顾客立场不是简单的理念或是追求，而是需要企业真正关注以下几个方面：①是不是真正以顾客为中心；②顾客需要的是价值不是价格；③能否为顾客增值；④是否真正把价值传递到顾客的手中；⑤顾客是不是真的满意；⑥能不能跟顾客在一起。德鲁克指出"管理者必须将优势和机会进行匹配"。这就需要管理者把资源投放在促进未来发展的机会方面，而未来组织机会的识别和运用，主要体现在具有全观能动性的员工，如何获得优秀员工的帮助尤为关键。孟子指出"得道多助，失道寡助"，即符合道义的人才能得到多数人的帮助。企业要为员工负责，为员工设计绩效，首先表现在为员工提供一个能够获得绩效的岗位上，把员工放在合适的岗位上，他才有可能产生绩效。如果一名员工无法在岗位上获得较好的绩效，很多时候问题并不是员工本身，而可能是员工与其所处岗位职责不匹配，管理者工作安排不当。陷入问题的管理者很难获得成效，而想办法不陷入问题的管理者往往容易取得成效。作为管理者要想维持和创造绩效，需要关注机遇而非问题，必须把重心放在机会上，并把机会转化为可见成果——绩效。

激活组织要素六：价值共同体

系统管理理论指出，大系统都是由不同的子系统所构成，子系统之间相互影响、相互制约。在对未来组织进行预测的过程中，人们发现组织间的接触活动将增加，因此也会随之发展出有效的组织间的协调手段。计算机化的决策信息系统，将对组织具有越来越大的影响。许多成功的商业模式的明显特征是通过利用计算机技术实现合作各方的无缝连接，将客户的个性化要求与供应体系相连接，构建"价值共同体"，高效率地提供解决方案。"价值共同体"涵盖了多经济关系的网络体系，有三种重要的基本形式，客户为核心的价值创造网络、生产企业为核心的合作关系网络、网络主体间关系为核心的竞争关系网络①。价值共同体本质上是群体性产业网络模式，是基于用户价值和产业网络高效合作，从而形成的网络成员资源和利润共享、价值共创①体系。"价值共同体"的核心运营理念

---

① 陈春花. 激活组织：从个体价值到集合智慧［M］. 北京：机械工业出版社，2017：164-167.

是，客户需求的激发、组织的动态演化、信息技术的整合，以及群体协作响应。就今天的企业战略思维而言，建立生态逻辑是其核心关键。这突破了以往传统战略的思维，超越你死我活的博弈方式，战略上以用户体验价值为出发点进行要素组合，围绕用户建立有效的价值网络。

德鲁克在《功能社会》中指出，"组织不是为自己而存在的，组织是手段，每一个组织都是为了执行一项社会任务的社会器官"。腾讯、阿里巴巴、滴滴等企业迅猛发展并获得了超乎想象的增长速度，深入分析其背后的驱动，其共同点就是以共生替代竞争。以阿里巴巴商业模式为例，其建立了共享价值的商业平台，借助于这个平台中小商户可以便捷地开设网店，同时顾客可以非常便捷地获得商品。阿里巴巴缔造的"双十一"商业神话就是一个价值共享奇迹。在建立该商业模式时并没有考虑如何打败竞争对手，而是让更多的利益相关者，在阿里巴巴这个平台上互为主体，共同生长，这是生态的逻辑。东方智慧对此也有阐述，左丘明《左传》有"辅车相依，唇亡齿寒"。孔子《论语》有"礼之用，和为贵"。"价值共同体"作为一种新的企业范式存在，对企业管理者的要求也改变了，突出体现在四个方面：①建立与共同体价值成长的使命和战略；②采用合作式的商业流程；③获取有关顾客、用户和市场的知识；④决定完成使命所需要的工具。在"价值共同体"而非"组织共同体"的时代，其关键之处在于"价值共同体"要保障每个价值主体都有价值创造，彼此是互为主体的共生系统。

激活组织要素七：领导者角色

彼得·德鲁克先生说过："无人能够左右变化，唯有走在变化之前"，"只有将领导变革视为己任的组织，才能生存下来"。在动荡不定的时期，变化是一切的准则，面对巨变时代的经营环境，领导者必须做出打破思维、打破常规、破除利益阻隔、破除组织刚性的自我超越的变革选择。在一个需要向自己挑战，不断变革自己的时代，领导者需要有更加重要的引领作用，这个时期的领导者，不仅仅是要担当责任，驱动变革，更重要的是给成员以信心，即便在黑暗之中，也能指明前进的方向。相比较传统的领导者角色，领导者需要以全新的角色出现：布道者、设计者、伙伴。系统管理理论指出未来的组织具有如下特征：首先，多元化的文化价值。作为社会系统内的子系统，企业和社会具有密切的天然的联系，其价值观源于社会文化环境，需要服从社会的需要，才能实现其存在的价值。其次，组织成员的内部协调。要能解决未来组织分化的一体化和协调问题。最后，领导者由权力转为建议和说服。未来将不再过多地强调权威人物权力的高压强制，而是更多的建议和说服。

德鲁克指出，"管理就是界定企业的使命，并激励和组织人力资源去实现这个使命"。而孔子《论语》也指出，"其身正，不令而行；其身不正，虽令不从"。授权充分让一线的听到炮声的人获得资源后，管理者要以身作则同时要在思想上充当"政委"的角色。管理者要实现基于组织权力的传统领导，需向三个新角色转化。第一，"布道者"的领导新角色。在多元文化价值观下，对与错在多数情况下比较模糊，因此需要具有非权力性影响力的"布道者"，"布道者"通过大多数成员信服、认同、甚至崇拜，组织成员才能因具有的共同精神体系，以增强组织的凝聚力。第二，"设计者"的领导新角色。"设计者"的角色不仅要求领导者有战略洞察力，理解人性需求的能力，还要具有将其转化为商业模式、制度以及产品的能力。"设计"可以让一家公司的商业模式或产品具有"梦想"的力量。第三，"伙伴"的领导新角色。基于共享价值的新范式是今天管理的特征，这种新范式需要领导具有系统思考的能力，依赖激发个体内在价值来考虑整体以及个体行为，实行员工和领导平等对话。这就需要领导者具有包容以及关爱之心和亲和力，并成为被管理者。

总　结

互联网通过加速组织内部、组织之间、组织和环境的协同，颠覆了产业格局、重塑了企业边界、挑战了管理认知。巨变时代下高度不确定性的外部环境，使得泰勒提出的以"分工"为基础的科学管理，已经不能适应复杂组织系统的需求。在以互联网和数字化为特征的时代，信息共享下的新渠道，庞大的网上消费新族群，突破行业逻辑的新进入者，以及共享经济下的人类生活方式的资源变革，使得企业经营环境发生巨大变化。华为总裁任正非感慨道，"一个人不管如何努力，永远也赶不上时代的步伐，更何况知识爆炸的时代。只有组织起数十人、数百人、数千人一同奋斗，你站在这上面，才摸得到时代的脚"。华为的力量来源于个体有效结合的组织整体，这也是华为持续发展的动力所在。

"这是一个英雄辈出的时代，更是一个集合智慧的时代"①，在今天的市场格局中，内部的资源和能力也许不再是最重要的，更加关键的是企业是否能创造一个"价值共享系统"，与外部机会组合在一起，进行价值创造、价值延伸，以及价值共享。如何使组织自身跟得上环境的变化，提升组织驾驭不确定性的能力，找到正确激活个体创造力，以及激活组织有效性的方式，决定了组织的生死存亡。通过本研究提出的激活组织七要素，只有"赋能"以激活个体，构建"价值共享系统"以激活组织，实现个体价值到集合智慧的转变，才能使组织时刻保持旺盛的生命力，快速应对巨变时代的不确定性，从而获得巨大的价值创造。

◎ 参考文献

[1] 阿吉里斯. 个性与组织 [M]. 郭旭力，译. 北京：中国人民大学出版社，2007.
[2] 陈春花. 激活组织：从个体价值到集合智慧 [M]. 北京：机械工业出版社，2017.
[3] 陈春花. 泰勒与劳动生产效率——写在《科学管理原理》百年诞辰 [J]. 管理世界，2011（7）.
[4] 丹尼尔·A. 雷恩. 管理思想史（第六版）[M]. 孙建敏，等，译. 北京：中国人民大学出版社，2011.

① 陈春花. 激活组织：从个体价值到集合智慧 [M]. 北京：机械工业出版社，2017：185.

［5］罗珉. 泰勒科学管理的遗产及其反思——兼纪念《科学管理原理》诞生 100 周年［J］. 外国经济与管理，2011（9）.

［6］李晏墅，李晋. 员工幸福的快乐管理探索［J］. 经济管理，2007（8）.

［7］廖建桥，文鹏. 知识员工定义、特征及分类研究述评［J］. 管理学报，2009，6（2）.

［8］王冬冬，钱智超. 领导成员交换差异与新生代员工敬业度的关系研究［J］. 科学学与科学技术管理，2017，38（4）.

［9］张望军，彭剑锋. 中国企业知识型员工激励机制实证分析［J］. 科研管理，2001（6）.

［10］亨利·法约尔. 工业管理与一般管理［M］. 迟力耕，张璇，译. 北京：机械工业出版社，2013.

［11］Arnold J. A., Arad, S., Rhoades, J. A., Drasgow, F. The empowering leadership questionnaire：The construction and validation of a new scale for measuring leader behaviors［J］. *Journal of Organizational Behavior*，2000，21（3）.

［12］Chen, Z., Eisenberger, R., Johnson K., Sucharski I., Aselage, J. Perceived organizational support and extra-role performance：Which leads to which［J］. *Journal of Social Psychology*，2009，149（1）.

［13］Conger, J. A., Kanungo, R. N. The empowerment process：Integrating theory and practice［J］. *Academy of Management Review*，1988，13（3）.

［14］Coyle-Shapiro, J. A., Conway, N. Exchange relationships：Examining psychological contracts and perceived organizational support［J］. *Journal of Applied Psychology*，2005，90（4）.

［15］Drucker, P. F. *Managing for the future*：*The 1990s and beyond*. Postmodern Management and Organization Theory, Sage Publications，1992.

［16］Drucker, P. F. *Management challenges for the 21st century*［M］. Boston：Butterworth Heinemann Press，1999.

［17］Earl, J. K., Bright, J. E. H. The relationship between career decision status and important work outcomes［J］. *Journal of Vocational Behavior*，2007，71（2）.

［18］Kanter, R. M. Power failure in management circuits［J］. *Harvard Business Review*，1979，57（4）.

［19］McDonald, K. S., Hite, L. M. The next generation of career success：Implications for HRD［J］. *Advances in Developing Human Resources*，2008，10（1）.

［20］Ng, E. S. W., Schweitzer, L., Lyons, S. T. New generation, great expectations：A field study of the millennial generation［J］. *Journal of Business and Psychology*，2010，25（2）.

［21］Twenge, J. M., Campbell, S. M., Hoffman, B. J., Lance, C. E. Generational differences in work values：Leisure and extrinsic values increasing, social and intrinsic values decreasing［J］. *Journal of Management*，2010，36（5）.

Seven Elements of Inspiring the Organization

—From Individual Value to Collective Wisdom

Chen Chunhua[1]   Zhu Li[2]

(1, 2 National School of Development at Peking University, Beijing, 100871)

Abstract: In the era of Internet and digitization, individuals become extraordinarily powerful because of possessing knowledge, capability, information and independence, so it is necessary to activate individuals. Meantime, since organizations are equipped with resources, platforms, opportunities and aggregation of influence, they show their strong vitality. Thus, activating the organization is highly necessary. This research proposes how to accomplish the transformation from individual value to collective wisdom in this age of changes by putting forward seven elements to activate the organization, that is organizational structure, culture, motivation, work habits, performance test, value community and leadership role form three aspect of system management school, empiricist school and Oriental wisdom. The research reveals key to the organization's response to the external environment: this is an era of heroes, so we need "empower" to inspire the individual; this is an era of collective wisdom, so we need a "value sharing system" to inspire the organization.

Key words: Inspire the individual; Inspire the organization; Individual value; Collective wisdom

特邀专业主编：刘林青

什么因素影响了中国企业
跨国并购中经营权的获取*

● 周英超[1]　李东红[2]

（1，2 清华大学经济管理学院　北京　100084）

【摘　要】并购后由谁来掌控被并购企业的经营权，是跨国并购谈判中讨论的核心议题之一。本文以 2010 年至 2012 年间中国企业跨国并购达成事件为研究对象，重点研究了交易参与者特征与并购治理模式选择之间的关系。研究表明，国有企业主导和私募基金参与，都对并购方获取被并购企业的经营权有负向影响。更进一步，相同行业正向调节私募基金参与对获得经营权的可能性的负向作用；文化相似性正向调节国有企业主导对获得经营权的可能性的负向作用。

【关键词】跨国并购　经营权　国有企业　私募基金

中图分类号：F272.3　　　　　文献标识码：A

1. 问题提出

进入新世纪以来，世界经济整体进入了"平庸"与"新平庸"（2008 年以后）状态，而中国经济却保持了中高速增长，中国经济与世界经济出现了某种程度的"错配"（范黎波、史洁慧，2016）。西方企业普遍出现市场疲软、资金链紧张等困难，这为中国企业的跨国并购打开了机会窗口。特别是在 2008 年金融危机后，以西方发达国家企业为并购目标的战略资产寻求型（strategic asset seeking）并购成为中国企业并购的主流（Williamson and Raman，2011）。中国企业在对西方企业的非资源导向型并购中，多数仍难言成功（Liu and Waldmar，2011）。一个重要的原因是没有处理好所有权与经营权之间的关系（罗群，2013）。通常认为，获得所有权是并购的应有之意，并因此理所当然地获得经营权。实际上，经营权并非总是在并购中与所有权高度一致地转移。

以往研究主要从资源和文化的角度进行解读。基于资源的观点认为，交易双方拥有相似的资源时能够实现通过整合创造价值，此时买方倾向于掌握经营权（Palich，Cardinal

*　基金项目：本文获得国家社会科学基金资助项目"我国跨国公司海外分支机构管控模式研究"（13BGL017）和"中国制造业企业跨国并购后整合路径与战略互补机制研究"（16BGL022）支持资助。

通讯作者：周英超，E-mail：zhouych@ sem. tsinghua. edu. cn。

and Miller，2000）。但有学者认为，经营权在谁手中取决于关键性资源掌握在谁的手中（Inkpenand Beaminsh，1997），这与谁是企业的大股东没有直接的联系（Mjoenand Tallman，1997）。基于文化的观点认为，母国与东道国的文化差异影响了卖方企业的治理结构，文化差异越大，买方越倾向于低控制（Kogutand Singh，1988）。主要原因在于文化差异增加了信息和资源转移的难度（Kostova，1999），因而会选择卖方继续运营企业。此外有研究认为，在东方集权社会体系中，买方会对经营权提出要求，而在西方分权社会体系中却恰恰相反（Pressey and Selassie，2003），这在外资在华并购的多案例研究中已得到印证（范黎波、周英超、杨震宁，2014）。

这些研究多关注于跨国并购的情景，从买方（Capron and Shen，2007）或卖方（Graebner and Eisenhardt，2004）的视角进行研究，未能还原整个交易的全貌（Graebner，Eisenhardt and Roundy，2010），因而无法厘清资源和文化两个因素在哪个参与者身上发挥作用。本研究以2010年至2012年间中国企业跨国并购达成事件为研究对象，对交易各方的基本特征进行刻画，从资源和文化两个场景研究什么因素影响了并购治理模式的选择。本文结论将会是跨国并购相关领域理论的拓展，并对我国企业开展跨国并购有一定的指导意义。

2. 理论基础与研究假设

在并购后的治理中，所有权与经营权分离经常出现。传统理论认为，所有权与经营权应当高度一致，取得所有权就是为了拥有支配目标企业的权力（Stopford and Wells，1972）。然而，在跨国并购中，因为交易双方的特征和跨文化的情境，买方会获取经营权上对卖方有一定程度的妥协（范黎波、周英超、杨震宁，2014）。特别是，在卖方身份特殊的情况下，并购是否应当获得经营权是值得探讨的话题。

2.1 买方特征与经营权

企业实际控制人的性质影响了跨国并购的进程和效果。国有企业无疑在政策支持和资金保障上较民营企业相比有天然的优势（叶会、李善民，2011；罗党论、刘晓龙，2009）。但一些西方势力刻意制造"中国威胁论"，国有企业的跨国并购更多地被东道国政府及社会各界解读为一种政府行为，而非商业行为（Ramasamy，Yeung and Laforet，2012）。因此，国有企业在国际化的过程中会遇到东道国更为严格的审查（张建红、卫新江、海柯·艾伯斯，2010）。

相对来说，民营企业因为归属于个人与私人机构，被普遍认为不会带有太多的政治意图，更受东道国企业的青睐（刘锴、纳超洪，2015）。国有企业在收购东道国企业时，为了消除对方对所谓的"中国威胁论"的疑虑，特别是在与中国民营企业同台竞标时，经常会做出维持经营权不变的决策。而在民营企业中，公司大股东为确保个人利益，愿意承担的风险较小，在跨国并购中倾向于获得企业的经营权（John，Litov and Yeung，2008）。由此，我们可以得到假设1：

假设1：相对民营企业来说，国有企业在跨国并购中更易采用保持经营权不变的治理模式。

由于中国国有制造业企业的大规模跨国并购几乎发生在 2008 年以后，缺乏相关的政治、法律和文化等东道国经验，存在多重的风险（崔淼、苏敬勤，2014）。而私募基金因其能够从专业视角、特殊渠道了解到更多关于卖方、东道国等情况，在一定程度上避免了信息不对等的问题（Ferreira，Mass and Matos，2010）。因此，国有企业引入私募基金参与跨国并购，能够有效避免买方跨国并购中的短期风险。

私募基金的投资回收周期通常为 5~10 年，投资回收周期较短，所以对项目的盈利要求更为迫切。因此，私募基金在参与跨国并购时，会要求经营保持平稳，以获得企业持续成长带来的收益。因此，私募基金的跨国投资依然遵循将卖方企业经营权放在拥有关键资源的参与者手中（Inkpen and Beaminsh，1997）。特别是在制造业并购的场景下，涉及技术、经验等关键资源，私募基金往往会选择保持原有管理团队不变。

假设 2：私募基金参与的跨国并购更易采用维持经营权不变的治理模式。

2.2　相同行业的调节作用

在同业企业的跨国并购中，买方企业通常会选择获得其经营权，以获得市场、技术等方面的协同效应。资源相似的企业间并购，在发展过程中可能经历相似的道路，在并购整合中能够出现高效率（Robins and Wiersema，1995）。有研究指出，市场的相关性和并购后产生的规模经济正相关（Capasso and Meglio，2005）。因为资源相似，并购双方可以在并购整合阶段达成更好的绩效，特别是在高技术产业中，能够实现更好的知识转移和合作创新（Ahjua and Katila，2001）。Puranam，Singh 和 Zollo（2006）等学者认为，资源相似程度与并购整合程度有更强的正向关系。若交易双方相似性强，则整合难度小、风险低，能在一个组织框架下发挥协作的潜力。

但是，近年来出现的中联重科收购 CIFA，徐工收购施维英等案例，都体现出了国有企业保留卖方经营团队的做法。国有企业因为有国际上被强加的所谓"政治意图"，在同业并购中仍不能表露出较强的整合意图。国有企业只能将控制权放在增量创新上，而无法获得存量部分的经营权。由此，我们可以得到假设 3：

假设 3：相同行业正向调节国有企业主导与获得经营权的可能性的负向关系。

在跨国并购中，私募基金与交易双方的目的是不完全相同的。买方是为了获取市场、技术等关键资源以达到协同效益，推动公司的长远发展。卖方是引入投资者，摆脱战略瓶颈或解决创始人私人问题（Graebner and Eisenhardt，2004）。私募基金则是希望在 5~10年时期内获得足够的投资回报。而为了整个公司的长远发展，买方可能会考虑直接掌握企业的经营权，对企业的发展进行中长期规划。在这期间，买方和卖方的整合存在风险，长期投资也会损坏企业的短期利益，使得私募基金在退出时不能获得理想的回报。因此，在面临同业并购时，私募基金会倾向于选择卖方团队管理企业，从而形成典型的委托代理机制。卖方会因为自己的短期利益，在企业发展方面采取比较稳健的风格，这与私募基金的预期一致。由此，我们可以得到假设 4：

假设 4：相同行业正向调节私募基金参与与获得经营权的可能性的负向关系。

2.3　相同文化的调节作用

在跨国并购的研究中，文化起到了不可忽视的作用（Ronen and Shenkar，1985）。文化距离往往导致在收购后的整合期间不可避免的文化碰撞（Jemison and Sitkin，1986；Goulet and Schweiger，2006）。因而经营者更倾向于并购国家文化类似的企业（Evans，Pucik and Barsoux，2002）。文化在跨国并购中发挥作用实际上受到整合手段的影响：相同文化情境下，企业倾向于整合；不同文化情境下，企业倾向于不整合（Slangen，2006）。

国有企业因为体制的缘故，在跨国并购中受到东道国的"歧视"。而在文化相同的场景下，国有企业中强调的"集体"和"公平"理念更容易被接受。且国企在 FDI 时，也更多地选择从文化相近的国家进入，从而更好地管理相关的风险。因此，在没有相同价值观的情况下，国有企业并不放心将企业交给卖方管理团队管理，更倾向于掌握企业经营权。由此，我们可以得到假设 5：

假设 5：文化相似性正向调节国有企业主导与获得经营权的可能性的负向关系。

3. 研究设计

3.1　样本和数据

本文采用了 2010 年至 2012 年间中国制造业企业对其他国家企业的跨国并购的事件作为研究样本。本项研究的议题是跨国并购后采取不同治理模式的影响因素，因此排除了参股海外企业的情形，本文所指的中国企业跨国并购是指在中国大陆企业在其他国家和地区（不包括我国的港澳台地区）实施并购并取得绝对所有权的行为。

本文的并购事件数据主要来源于 wind 资讯金融终端，同时参考清科数据库进行了核对，并删除了信息不全或明显有误的条目，也删除了与避税地区有关的条目，最终得到的样本数量为 153 条。

3.2　变量设计

因变量。本文的因变量是跨国并购后治理模式（Manner），这一变量是哑变量，若并购后被并购企业由买方团队管理则赋值 1，若卖方团队管理则赋值 0。由于交易双方在并购谈判结果中，不一定对于并购后的治理模式选择有清晰的表述，我们通过公司年报、新闻报道等方式进行印证。通常情况下，在并购完成 3 年后，企业基本完成整合，治理模式趋于稳定。这也是我们把样本选择在 2010—2012 年的重要原因，这有利于我们搜集足够多的资料。

自变量。买方国有控股（B-State）变量中，若买方为国有控股企业则赋值 1，若为民营企业则赋值 0。私募基金参与（PE）变量中，若交易中有私募基金参与则赋值 1，若没有私募基金参与则赋值 0。采用是哑变量来作为并购行业相关（Industry relatedness）的测量，若交易双方行业相关则赋值 1，若交易双方行业无关则赋值 0。本研究参照阎大颖（2012）的做法，对文化一致性（Similar culture）进行了测量，一致性文化赋值为 1，不是则赋值为0。

控制变量。本研究选取的控制变量有：买方是否有跨国并购经验（Experience）、买卖双方有无合作关系（Cooperation）、交易中是否存在知识获取（Tech），卖方是否处于亏损状态（Deficit），卖方是否为制造高端产品（High level product），卖方之前是否为运营者所有（Controller）。这些变量都是哑变量，如是则取值1，反之取值0。

3.3 估计方法

本研究所设计的因变量是中国企业跨国并购的治理模式，即经营权在卖方团队还是在买方团队。这个变量是一个离散型变量，适合采用逻辑回归（Logistic regression）进行估计。具体公式为：

$$y = \ln\left(\frac{p}{1-p}\right) = \alpha + \beta'x$$

上式中，p 为卖方团队治理模式选择的可能性，x 为自变量及控制变量向量，β 为方程回归系数向量，α 为截距项。

本文使用STATA12.0，采用最大似然法（maximum likelihood estimation，MLE）进行参数估计。在对回归系数进行估计之前，计算了回归模型中主要变量的方差膨胀因子（variance inflation factor，VIF）。结果显示主要变量 VIF 值均小于 10，回归模型不存在严重的多重共线性问题。

在本研究的样本中，有同一家企业出现数起跨国并购的情况，我们参考以往研究的做法（Muehlfeld，Sahib and Van Witteloostuijn，2012；Pollock，Rindova and Maggitti，2008），对逻辑回归的标准误进行了聚类调整。

4. 实证结果

4.1 描述性统计

表1给出了回归模型主要变量的相关系数矩阵，从中可以看出，研究中选取的各个变量的相关系数均小于0.8，这表明各变量不存在多重共线性问题。本研究在将数据进行逻辑回归前，对相关变量的方差膨胀因子进行了计算，其 VIF 值都在 10 以下，这说明模型不存在多重共线性问题。

4.2 回归结果

并购事件样本的二元 Logit 回归方程结果如表 2 所示，所有 5 个方程的被解释变量都是同一个，即并购后卖方的经营权归属（Manner）。模型 1 为控制变量模型。模型 2 中加入了四个自变量：买方为国有企业（B-State）、私募基金参与（PE）、行业相关（Industry relatedness）、文化相似（Similar culture），检验交易双方情况对并购后治理模式的作用机制。

表1

相关系数矩阵

变量	均值	方差	VIF	1	2	3	4	5	6	7	8	9	10
1. Manner	0.5752	0.4943	2.2170										
2. B-State	0.5425	0.4982	2.5041	-0.1013									
3. PE	0.3072	0.4613	1.8194	-0.3402***	-0.1154								
4. Industry relatedness	0.6769	0.4690	2.5518	0.0368	0.0154	-0.2103***							
5. Similar culture	0.5032	0.5000	6.7216	0.2018**	-0.0444	-0.1346*	0.1656**						
6. Experience	0.4314	0.4953	7.2675	0.0277	0.2307***	0.1879**	-0.4008***	-0.2680***					
7. Cooperation	0.2810	0.4495	2.2003	0.0357	-0.0054	-0.2255***	-0.0607	0.2030**	0.0149				
8. Tech	0.6732	0.4690	3.0061	-0.4460***	-0.0424	0.2279***	0.2457***	0.1040	-0.3220***	-0.1455*			
9. Deficit	0.4902	0.4999	5.0919	-0.1204	-0.3314***	-0.2458***	0.0840	0.0049	-0.1005	0.1947**	-0.1672**		
10. High level product	0.6471	0.4779	5.1467	-0.4776***	0.0054	0.1935***	0.2965***	0.1452*	-0.2404***	-0.1128	0.9322***	-0.2230***	
11. Controller	0.4118	0.4922	6.7211	0.0474	-0.2140***	-0.3058***	-0.0930	-0.1964***	-0.2172***	0.1183	-0.0075	0.2633***	-0.1183

注：*** 表示 $p<0.01$，** 表示 $p<0.05$，* 表示 $p<0.1$（双侧）。

表 2 样本 Logit 回归结果

Variables	Model 1	Model 2	Model 3	Model 4	Model 5
	Manner	Manner	Manner	Manner	Manner
B-State×Industry relatedness			−0.618 (0.50)		
PE×Industry relatedness				0.097* (1.72)	
B-State×Similar culture					0.081* (1.76)
B-State		−0.000*** (4.22)	−0.294 (1.05)	−0.000*** (4.16)	−0.001*** (3.26)
PE		−0.000*** (3.89)	−0.000*** (3.93)	−0.022** (2.28)	−0.001*** (3.26)
Industry relatedness		0.044** (2.01)	0.247 (1.16)	0.278 (1.09)	0.040** (2.06)
Similar culture		0.000*** (3.93)	0.000*** (3.96)	0.000*** (3.84)	0.000*** (3.53)
Experience	−0.050* (1.94)	0.002*** (3.11)	0.003*** (2.97)	0.002*** (3.03)	0.001*** (3.34)
Cooperation	0.321 (0.99)	0.018** (2.36)	0.016** (2.40)	0.015** (2.44)	0.015** (2.43)
Tech	−0.972 (0.03)	0.001*** (3.25)	0.001*** (3.26)	0.003*** (3.02)	0.000*** (3.45)
Deficit	−0.001*** (3.45)	−0.000*** (4.37)	−0.000*** (4.37)	−0.000*** (4.46)	−0.000*** (4.12)
High level product	−0.003*** (3.00)	−0.000*** (4.29)	−0.000*** (4.31)	−0.000*** (4.30)	−0.000*** (4.56)
Controller	−0.966 (0.04)	0.708 (0.37)	0.773 (0.29)	0.403 (0.84)	0.359 (0.92)
Constant	0.000*** (3.69)	0.026** (2.23)	0.215 (1.24)	0.009*** (2.60)	0.083* (1.74)
Log pseudo likelihood	−76.289	−35.657	−35.516	−34.298	−34.513

Variables	Model 1	Model 2	Model 3	Model 4	Model 5
	Manner	Manner	Manner	Manner	Manner
Wald chi-square	56. 63 ***	137. 90 ***	138. 18 ***	140. 62 ***	140. 18 ***
Observations	153	153	153	153	153

注：*** 表示 $p<0.01$，** 表示 $p<0.05$，* 表示 $p<0.1$（双侧）。

假设 1 "相对民营企业来说，国有企业在跨国并购中更易采用保持经营权不变的治理模式"得到了验证。模型 2 中 B-State 的系数为 −0.000，通过了显著性水平 0.01 的检验。这说明国有企业属性与拥有经营权存在显著的负相关关系。

假设 2 "私募基金参与的跨国并购更易采用维持经营权不变的治理模式"得到验证。模型 2 中 PE 的系数为 −0.001，通过了显著性水平 0.01 的检验。这说明私募基金参与同拥有经营权之间存在显著的负相关关系。

假设 3 "相同行业正向调节，国有企业主导与获得经营权的可能性的负向关系"没有得到验证。模型 3 中 B-State×Industry relatedness 的系数为 −0.618，结果并不显著。这说明相同行业没有在国有企业跨国并购中取得经营权中发挥影响。

假设 4 "相同行业正向调节私募基金参与与获得经营权的可能性的负向关系"得到了验证。模型 4 中 PE×Industry relatedness 的系数为 0.097，通过了显著性水平 0.1 的检验。这说明相同行业在私募基金参与跨国并购中取得经营权的决策中发挥积极影响。

假设 5 "文化相似正向调节国有企业主导与获得经营权的可能性的负向关系"得到了验证。模型 5 中 B-State× Similar culture 的系数为 0.081，通过了显著性水平 0.1 的检验。这说明相同文化在国有企业跨国并购中取得经营权中发挥积极影响。

4.3 稳健性检验

为了验证研究结果的稳健性，我们对研究样本采用了 OLS 回归。回归结果显示，假设 3 与假设 5 没有得到验证，其余三个假设均得到了验证（见表 3）。

表 3　　　　　　　　　　　　样本 OLS 回归结果

Variables	Model 1	Model 2	Model 3	Model 4	Model 5
	Manner	Manner	Manner	Manner	Manner
B-State× Industry relatedness			−0. 264 (1. 12)		
PE×Industry relatedness				0. 074 * (1. 80)	
B-State× Similar culture					0. 244 (1. 17)

Variables	Model 1	Model 2	Model 3	Model 4	Model 5
	Manner	Manner	Manner	Manner	Manner
B-State		-0.000^{***}	-0.218	-0.000^{***}	-0.005^{***}
		(4.58)	(1.24)	(4.36)	(2.85)
PE		-0.000^{***}	-0.000^{***}	-0.000^{***}	-0.000^{***}
		(5.03)	(5.16)	(4.22)	(4.97)
Industry relatedness		0.003^{***}	0.001^{***}	0.043^{**}	0.004^{***}
		(2.99)	(3.51)	(2.04)	(2.94)
Similar culture		0.000^{***}	0.000^{***}	0.000^{***}	0.001^{***}
		(4.00)	(4.30)	(3.75)	(3.38)
Experience	-0.081^{*}	0.021^{**}	0.033^{**}	0.024^{**}	0.020^{**}
	(1.76)	(2.33)	(2.15)	(2.28)	(2.35)
Cooperation	0.757	-0.400	-0.477	-0.285	-0.409
	(0.31)	(0.84)	(0.71)	(1.07)	(0.83)
Tech	-0.870	0.038^{**}	0.059^{**}	0.056^{*}	0.037^{***}
	(0.16)	(2.10)	(1.90)	(1.93)	(2.10)
Deficit	-0.000^{***}	-0.000^{***}	-0.000^{***}	-0.000^{***}	-0.000^{***}
	(3.60)	(6.60)	(4.37)	(6.67)	(6.34)
High level product	-0.010^{**}	-0.000^{***}	-0.000^{***}	-0.000^{***}	-0.000^{***}
	(2.60)	(5.19)	(5.12)	(5.30)	(5.18)
Controller	0.761	0.970	0.874	0.903	0.996
	(0.30)	(0.04)	(0.16)	(0.12)	(0.01)
Constant	0.000^{***}	0.000^{***}	0.000^{***}	0.000^{***}	0.000^{***}
	(7.45)	(5.16)	(4.74)	(5.27)	(5.15)
F Value	10.43	16.59	16.62	16.77	15
R square	0.3001	0.5388	0.5425	0.5492	0.5392
Observations	153	153	153	153	153

注：*** 表示 $p<0.01$，** 表示 $p<0.05$，* 表示 $p<0.1$（双侧）。

5. 结论与讨论

5.1 主要结论

本文以 2010—2012 年间中国制造业企业跨国并购事件为研究对象，从交易参与者的视角研究了影响并购后治理模式选择的因素。研究结论如下：

第一，国有企业在跨国并购中多采取让渡经营权的治理模式。国有企业因其在海外从事经营活动中常会被贴上政治标签，其在海外直接出面从事经营活动在合法性上往往会遇到各种障碍，因而选择让渡经营权。但是，这样的决策并不是国有企业从业务层面的主动选择。我们发现，是否为同业并购对国有企业跨国并购是否让渡经营权没有显著影响（假设3未得到验证）。因此，保留被并购企业原有运营团队的目的可能是促成并购交易。文化相似在一定程度上可以突破这层阻碍，我们发现文化相似有利于国有企业突破这种障碍。

第二，在私募基金参与跨国并购中，经营权多保留在外方团队手中，在同业并购中更是如此。私募基金因其没有远期利益诉求，愿意看到企业平稳、健康发展，不愿承担对被并购企业进行大幅度整合带来的潜在风险。因此，私募基金希望形成三方角力的稳定局面。正是由于担心买方的强力整合行动，私募基金在同业并购中更加在意控制权与经营权的分离。

5.2 理论贡献

首先，本文将研究的重点放在治理模式上，通过实证方法进行研究，丰富了该领域的研究手段。并购后治理模式的研究以往仅仅限于理论推演（Graebner, Eisenhardt and Roundy，2010）和案例分析（Graebner and Eisenhardt，2004；范黎波、周英超、杨震宁，2014），较少以实证的手段进行研究。本文将并购时交易各方的特征进行比较，研究是什么因素导致了治理模式的选择，拓宽了研究的主题。

其次，本文发现企业性质影响到跨国并购后治理模式的选择。以往研究认为，同业企业需要整合，非同业的企业间应当保持独立。但在国有企业主导的跨国并购中，影响并购后治理模式的主要因素变成了企业的所有权性质。通过让渡经营权的折中方式，并购方促成交易达成。这与传统的并购整合理论中强调对企业的绝对控制是不同的（Faccio, Lang and Young，2001）。

最后，本文发现私募基金的存在对于跨国并购治理模式的选择有重要影响。以往对私募基金参与并购的研究多以信号理论作为解释的依据（Hochberg, Ljungqvist and Lu，2010）。忽略了私募基金作为并购参与者的利益出发点。本文发现了私募基金参与同买方经营的负向关系。在同业并购的情形下，私募基金更愿意促成新的委托代理关系，确保企业稳定发展。

5.3 管理启示

本文对企业管理实践方面具有一定的启示。

一方面，中国制造业中的国有企业进行跨国收购时，应当适度放权以促成交易。在2011年的金融危机前，中国企业的跨国并购大多具有企业在海外寻找战略资源的目的，多要求全资收购，往往会受到海外不大友好的国际舆论的影响。在面对优质的同业标的企业时，国有企业贸然强力整合也存在一定难度和风险，如上汽并购韩国双龙后的整合（李东红、赵闯，2014）。因此，国有企业可以考虑在跨国并购中一段时间不参与被并购企业的经营，寻找时机，以迂回的方式推进并购后整合，如北一机床并购德国科堡公司后的整合（李蕾，2014），以便更好地实现市场和技术的协同发展。

另一方面，区别看待私募基金参与跨国并购。私募基金参与跨国并购虽然有提供资金支持、减少信息不对称、提振股价等作用，但因其有退出的时限和回报率的压力，可能会与买方的长期发展战略有分歧。特别是在业务相关的场景下，私募基金更是会阻碍担心买方控制标的企业，形成大股东侵占。因此，在私募基金参与的跨国并购案中，提前约定好私募基金退出的方式和时间，可以缓解私募基金对经营活动的干预。

5.4　局限性与未来研究方向

本文以治理模式作为研究主题，研究了交易参与者对治理模式选择的影响。得到了一系列有理论和实践意义的结论。但在研究方法和变量选取上还存在着不足。

首先，因为收集数据途径的限制，本文仅对 wind 金融资讯终端披露的并购事件进行了研究，且并没有收集交易规模、交易双方财务数据等关键因素。这降低了结论的外部效度。未来研究需要考虑加入这些因素进行分析，以期发现更多有价值的结论。

第二，本文大量的数据来自于研究者对于文本信息的编码，虽然研究者已经在数据处理的过程中，采取三角印证等方式筛除了无法清晰找到证据的并购事件，但在数据收集过程中难免会存在主观臆断的情况，这无疑会对研究的信度产生不良影响。

第三，本研究的调节效应结果显著程度不足且不稳定，可能是研究样本数量的限制造成的。就目前的样本数量来看，可能存在更为适合的研究方法对本研究主题进行探讨。未来的研究中，我们拟采用模糊集分析法（fs-QCA），这可能会对本文的结果有更为全面的认识。

◎ 参考文献

[1] 崔淼，苏敬勤. 如何利用私募成功完成跨国并购交易：一个网络视角的多案例研究
[J]. 科研管理，2014，35（9）.

[2] 范黎波，史洁慧. 中国在全球经济治理体系中的角色与定位 [N]. 光明日报，2016-
02-17（15）.

[3] 范黎波，周英超，杨震宁. "中国式婚姻"：成长型企业的"赘婿式"并购与跨国公
司的"教练型"治理 [J]. 管理世界，2014（12）.

[4] 李东红，赵闯. 组织认同对跨国并购后整合的影响——以上汽集团并购韩国双龙汽
车为例 [J]. 国际经济合作，2014（7）.

[5] 李蕾. 以迂回机制推进企业跨国并购后的整合——基于北一机床并购科堡的分析
[J]. 国际经济合作，2014（3）.

[6] 刘锴，纳超洪. 大股东控制、公司治理与跨国并购决策 [J]. 金融经济学研究，2015
（5）.

[7] 罗进辉，郑威，席夏菲. "政府背景"是否阻碍了企业实施国际化战略 [J]. 山西财
经大学学报，2014（7）.

［8］罗党论，刘晓龙．政治关系、进入壁垒与企业绩效——来自中国民营企业上市公司的经验证据［J］．管理世界，2009（5）．

［9］罗群．中国企业跨国并购的动机、控制权与并购绩效的关系研究［D］．华南理工大学博士学位论文，2013．

［10］阎大颖．制度距离、国际经验与中国企业海外并购的成败问题研究［J］．南开经济研究，2011（5）．

［11］叶会，李善民．大股东地位、产权属性与控制权利益获取——基于大宗股权交易视角的分析［J］．财经研究，2011（9）．

［12］张建红，卫新江，海柯；艾伯斯．决定中国企业海外并购成败的因素分析［J］．管理世界，2010（3）．

［13］Ahuja, G. , Katila, R. Technological acquisitions and the innovation performance of acquiring firms: A longitudinal study ［J］. *Strategic Management Journal*, 2001, 22（3）.

［14］Capasso, A. , Meglio, O. *Knowledge transfer in mergers and acquisitions: How frequent acquirers learn to manage the integration process* ［M］. In: Capasso, A. Strategic capabilities and knowledge transfer within and between organizations: New perspectives from acquisitions, networks, learning and evolution. London: Edward Elgar, 2005.

［15］Capron. L. , Shen, J. C. Acquisitions of private vs. public firms: Private information, target selection, and acquirer returns ［J］. *Strategic Management Journal*, 2007, 28（9）.

［16］Evans, P. , Pucik, V. , Barsoux, J. L. *The global challenge: Frameworks for international human resource management* ［M］. New York: McGraw-Hill, 2002.

［17］Ferreira,M. A. , Massa, M. , Matos, P. Shareholders at the gate? Institutional investors and cross-border mergers and acquisitions ［J］. *Review of Financial Studies*, 2010, 23（2）.

［18］Faccio, M. , Lang, L. H. P. , Young, L. Dividends and expropiation ［J］. *American Economic Review*, 2001, 91（1）.

［19］Graebner, M. E. , Eisenhardt, K. M. The seller's side of the story: Acquisition as courtship and governance as syndicate in entrepreneurial firms ［J］. *Administrative Science Quarterly*, 2004, 49（3）.

［20］Graebner,M. E. , Eisenhardt, K. M. , Roundy, P. T. Success and failure in technology acquisitions lessons for buyers and sellers ［J］. *Academy of Management Perspectives*, 2010, 24（3）.

［21］Hochberg, Y. V. , Ljungqvist, A. , Yang, L. U. Networking as a barrier to entry and the competitive supply of venture capital ［J］. *Journal of Finance*, 2010, 65（3）.

［22］Inkpen, A. C. , Beamish, P. W. Knowledge, bargaining power, and the instability of international joint ventures ［J］. *Academy of Management Review*, 1997, 22（1）.

[23] Jemison, D. B., Sitkin, S. B. Corporate acquisitions: A process perspective [J]. *Academy of Management Review*, 1986, 11 (1).

[24] John, K., Litov, L., Yeung, B. Corporate governance and risk taking [J]. *The Journal of Finance*, 2008, 63 (4).

[25] Kogut, B., Singh, H. The effect of national culture on the choice of entry mode [J]. *Journal of International Business Studies*, 1988, 19 (3).

[26] Kostova, T. Transnational transfer of strategic organizational practices: A contextual perspective [J]. *Academy of Management Review*, 1999, 24 (2).

[27] Mjoen, H., Tallman, S. Control and performance in international joint ventures [J]. *Organization Science*, 1997, 8 (3).

[28] Muehlfeld, K., Sahib, P. R., Van Witteloostuijn, A. A contextual theory of organizational learning from failures and successes: A study of acquisition completion in the global newspaper industry, 1981-2008 [J]. *Strategic Management Journal*, 2012, 33 (8).

[29] Palich, L. E., Cardinal, L. B., Miller C. C. Curvilinearity in the diversification-performance linkage: An examination of over three decades of research [J]. *Strategic Management Journal*, 2000 (21).

[30] Pollock, T. G., Rindova, V. P., Maggitti, P. G. Market watch: Information and availability cascades among the media and investors in the US IPO market [J]. *Academy of Management Journal*, 2008, 51 (2).

[31] Pressey, A. D., Selassie, H. G. Are cultural differences overrated? Examining the influence of national culture on international buyer-seller relationship [J]. *Journal of Consumer Behaviour*, 2003, 2 (4).

[32] Puranam, P., Singh, H., Zollo, M. Organizing for innovation: Managing the coordination-autonomy dilemma in technology acquisitions [J]. *Academy of Management Journal*, 2006, 49 (2).

[33] Slangen, A. H. L. National cultural distance and initial foreign acquisition performance: The moderating effect of integration [J]. *Journal of World Business*, 2006, 41 (2).

[34] Stopford, J. M., Wells, L. T. *Managing the multinational enterprise: Organization of the firm and ownership of the subsidiaries* [M]. London: Longman, 1972.

[35] Ramasamy, B., Yeung, M., Laforet, S. China's outward foreign direct investment: Location choice and firm ownership [J]. *Journal of World Business*, 2012, 47 (1).

[36] Robins, J., Wiersema, M. F. A resource-based approach to the multibusiness firm: Empirical analysis of portfolio interrelationships and corporate financial performance [J]. *Strategic Management Journal*, 1995, 16 (4).

[37] Ronen, S., Shenkar, O. Clustering countries on attitudinal dimensions: A review and synthesis [J]. *Academy of Management Review*, 1985, 10 (3).

What Factors Have Influenced the Acquisition of Operation Right in Cross-Border M&A? A Study on the Chinese Manufactural Firms

Zhou Yingchao[1]   Li Donghong[2]

(1, 2 Economics and Management School of Tsinghua University, Beijing, 100084)

Abstract: Operation right, received extensive attention of academia and industry, is one of core issues in the cross-border M&A negotiations. This paper investigates the governance model of Chinese manufactural enterprises' cross-border M&A, using the data from 2010 to 2012 of Chinese enterprises cross-border M&A affairs as samples. Our conclusion reveals that, when the buyer is a state-owned enterprise instead of a private one, or when a private equity fund gets involved in the deal, it is less likely that the buyer gets the operation right. Further studies conclusively show that not only industry relatedness, but also culture similarities, has a negative moderating effect on the relationship of state-owned enterprise and possibility that the buyer gets the operation right.

Key words: Cross-border M&A; Operation right; State-owned enterprise; Private equity

专业主编：陈立敏

珞珈管理评论［2017 年卷 第 4 辑（总第 23 辑）］ Luojia Management Review No. 4，2017(Sum. 23)

东道国制度质量和市场规模
对新兴市场企业社会责任的影响研究[*]

● 阎海峰[1]　王　娟[2]　吴　冰[3]　吴琪琦[4]

（1，2，3，4　华东理工大学商学院　上海　200237）

【摘　要】社会责任问题是企业国际化进程中的一个重要议题。有研究认为，国际化程度与企业社会责任正相关。但也有研究发现，国际化程度降低了企业社会责任。然而，这种不一致并没有得到很好解释。进一步的研究指出，企业社会责任与东道国制度和经济发展水平密切相关。然而，东道国的制度发展水平能否提高企业社会责任？东道国经济发展水平对企业社会责任具有什么影响，两者的联合作用如何？目前也并不清楚。本文以 2008—2012 年中国制造业上市公司为样本，探讨东道国制度质量和市场规模如何分别和共同作用于新兴市场企业的社会责任。数据显示，东道国制度质量对企业社会责任有显著正向影响，但东道国市场规模具有显著负向影响，并且进一步弱化了东道国制度质量与企业社会责任的关系。以上结果表明，新兴市场企业在制度压力大的东道国会提高企业社会责任，但是东道国市场规模带来的竞争压力降低了其履行社会责任的意愿，也削弱了对制度压力的响应，继而使企业社会责任下降。

【关键字】新兴市场企业　东道国　制度质量　市场规模　企业社会责任

中图分类号：C93　文献标识码：A

1. 引言

社会责任问题是企业国际化进程中的一个重要议题（Gugler & Shi，2009）。从制度理论的视角，很多研究认为，全球化的制度压力能够推动企业承担更高水平的社会责任（Sharfman 等，2004），即国际化提高了企业社会责任水平。例如，Cheung 等在对中国企业的一项研究中指出，由于国际社会对企业社会责任的要求更高，国际化程度更高的新兴

* 基金项目：国家自然科学基金面上项目"学习能力、学习效果对新兴市场中小企业国际化水平影响研究"（71072071）；国家自然科学基金青年项目"中国企业在发达国家创业的外来劣势研究：社会网络的视角"（71202051）。

通讯作者：王娟，E-mail：wangjuan1101@126.com。

市场企业，其社会责任水平也更高（Cheung，2015）。Marano 等（2017）也发现，为了摆脱母国制度缺陷造成的刻板印象，降低外来者劣势，国际化程度越高，新兴市场企业履行的社会责任越多。然而，关于国际化与企业社会责任的关系，也存在相反的观点。例如，Strike 等（2006）从资源基础观的角度指出，国际化程度高的企业受到的资源和能力挑战也更大，由此反而会导致其社会责任水平恶化，尽管这种结果未必出于恶意。陈永强和潘奇（2016）也发现，由于国际化发展使企业更多关注海外市场，对国内资源的依赖性和合法性需求降低，从而其在母国市场的社会责任水平下降。

进一步的研究指出，除了国际化程度，东道国的制度发展水平也是影响企业社会责任的重要因素（Campbell et al.，2012；Crilly，2011；Marano & Kostova，2016；2017；Yang，2009）。具体而言，尽管制度压力有的是来自全球性组织，如联合国全球契约，然而，最主要的制度压力还是来自东道国，比如，东道国的政府管制、同行企业，甚至当地媒体关注度等等（Christmann & Taylor，2001；Christmann，2004）。已有研究还表明，一个国家的经济发展水平和制度发展水平一样，是影响企业社会责任的重要决定因素（Campbell，2007）。然而，除了制度发展水平，对新兴市场企业来说，东道国经济发展水平对其社会责任产生了何种影响，这个问题目前并不清楚。而且，新兴市场企业的社会责任显然既不是东道国制度水平，也并非东道国经济发展水平单独决定的，它可能是两个因素联合作用的结果，这种联合作用的结果目前也并不清楚。

本文以中国制造业上市公司为研究对象，对 2008—2012 年面板数据进行分析，结果发现：东道国制度质量对企业社会责任具有显著正向影响，而东道国市场规模对其具有显著负向影响，且进一步弱化了东道国制度质量与企业社会责任之间的正向关系。这表明，尽管进入制度质量更高的东道国使新兴市场企业面临更大的社会责任压力，继而可能履行更多的社会责任，但是，东道国市场规模大所导致的竞争更加激烈，可能会迫使企业将更多的资源和注意力放在市场竞争上，继而降低企业社会责任。

本文主要贡献如下：首先，解释了国际化为什么既可能提高也可能降低新兴市场企业社会责任水平（Campbell et al.，2012；Strike et al.，2006），从而回答了为什么现有研究结论不一致的问题。其次，分别探讨了东道国制度质量和市场规模对新兴市场企业社会责任的影响，以及这两个因素的联合影响，丰富了国际化对新兴市场企业社会责任的影响研究。最后，尽管 Yang（2009）从理论上分析了东道国制度环境对新兴市场企业社会责任的影响，但是仍然缺乏相关实证研究。本文对中国制造业上市公司面板数据的分析，对东道国环境与新兴市场企业社会责任的影响关系，提供了实证支持。

2. 理论假设

2.1 东道国制度质量对企业社会责任的影响

世界可持续发展工商理事会（WBCSD）将企业社会责任定义为"对经营道德和经济发展的持续承诺，继而提高员工及其家庭、当地社区以及整个社会的生活质量"，其基本思想是商业公司有义务满足广泛利益相关者的需求，从而最大限度地发挥积极的社会作用（Chih et al.，2010）。很多学者认为，一个国家的制度质量对企业社会责任的促进作用最为显著（Campbell，2007；Chih et al.，2010），而且，对于跨国经营的企业，其社会责任在很大程度上会受到东道国制度质量的影响（Crilly，2011；Marano & Kostova，2016；Yang，2009；Marano et al.，2017）。制度质量又称为治理质量，Kaufmann，Kraay 和 Mastruzzi（2008）将其定义为一个国家权威得以实施所依赖的传统和体制，并用世界治理指数（WGI）来衡量，具体内容包括政府如何选举、监督和替代，政府政策如何形成和执行，以及国家和公民对经济社会制度的尊重共六个指标。

东道国制度质量对企业绩效变化具有很强解释力，而且相比发达国家企业，发展中国家企业受到东道国制度质量的影响更为显著（陈立敏，2014）。同样的，与发达国家跨国公司相比，新兴市场企业的社会责任可能也更加容易受到东道国制度质量的影响。首先，通常情况下，新兴市场企业的母国制度环境不完善，制度质量较低，尽管政府也会对劳动时间、最低工资标准、环境污染等方面制定法律法规，但是不能有效约束企业行为，企业社会责任意识和水平普遍不高（Gugler & Shi，2009）。而制度质量高的国家，会通过法律法规对企业在产品安全、员工安全、环境保护等方面应该承担的责任进行规范，使企业清楚了解社会行为准则以及不遵守规则的后果，同时政府也提供持续稳定的监管力量，对企业社会责任行为进行推进、督促、监管、和惩戒（Gugler & Shi，2009；Vallentin，2015）。当新兴市场企业进入制度质量更高的东道国时，必然会受到东道国制度压力的影响，继而对企业社会责任的关注和投入更多（Yang，2009）。

其次，由于新兴市场国家制度质量普遍偏低，新兴市场企业在东道国市场容易受到母国刻板效应的负面影响（Marano et al.，2017）。很多制度质量高的国家甚至将企业社会责任设置为针对外国企业市场进入的壁垒，并对不履行社会责任的企业进行市场抵制和经济制裁（Gugler & Shi，2009）。同时，由于新兴市场企业对高制度质量的环境熟悉程度低，其在这类市场上面临更高的"外来者劣势"（Zaheer，1995）。在这种情况下，新兴市场企业具有更强的内在动机履行社会责任，以克服母国刻板效应、外来者劣势，以及市场进入壁垒等不利影响，提高其在东道国市场的合法性（Marano et al.，2017；Yang，2009）。

另外，由于企业在不同地理范围内实施标准化的企业社会责任会受益更多（Madsen，2009），而且，跨国企业一般倾向于采纳国际标准而非地方标准的企业社会责任（Bondy & Starkey，2014）。因此，新兴市场企业在东道国制度环境要求下采纳更高标准的企业社会责任后，也会在包括母国市场在内的所有国际市场履行一致水平的社会责任（Marano & Kostova，2016）。因为一旦被发现在母国或者其他市场仍然采纳更低标准的企业社会责任，新兴市场企业在国际市场上的合法性会因溢出效应而整体下降，造成的损失更大（Marano & Kostova，2016）。因此，东道国制度环境对新兴市场企业社会责任的影响具有整体效应，据此提出以下假设：

假设1：新兴市场企业所在东道国制度质量越高，企业社会责任水平也越高。

2.2 东道国市场规模对企业社会责任的影响

寻求市场是新兴市场企业最为显著和持久的国际化动机，因此，它们普遍倾向于选择进入市场规模大的国家（田志龙等，2007；Buckley et al.，2008）。但是，这也令其面临更大的市场竞争压力。Campbell（2007）指出，在竞争激烈的情况下，企业的边际利润十分微薄，为了实现生存和盈利，只能想方设法削减开支，甚至不惜危害社会利益，因此，会导致企业社会责任下降。新兴市场企业在国际市场普遍面临竞争劣势，比如技术水平相对落后、管理和营销知识缺乏、品牌声誉不高等，这种劣势在市场规模较大的发达国家尤其突出（Child & Marinova，2014）。通常，在竞争激烈的东道国市场，由于受到自身资源和能力的限制，新兴市场企业只能最大程度地发挥低成本优势，通过降低原材料成本、减少员工福利、提高生产效率、减少不必要支出等方式，在中低端产品市场赢得一席之地。在这种情况下，企业往往不得不降低社会责任水平，甚至还可能做出损害社会利益的行为（Strike et al.，2006）。

从功利角度来说，企业社会责任是一种成本投入，对短期绩效具有负面影响，尽管可能会提高声誉而带来长期收益，但这种收益是潜在的、甚至是不确定的（Aguinis & Glavas，2012）。而且，在经济发达程度高的东道国，新兴市场企业产品的质量和声誉弱势明显，通过提高企业社会责任显然无法在短期内改变这种形象，也不可能让企业在短期内直接获利。加上由于新兴市场企业国际化具有强烈的寻求市场动机（田志龙等，2007；Buckley et al.，2008），尤其是在市场规模较大的东道国中，发挥相对竞争优势提高市场份额是最迫切的需求。在这种情况下，企业理性的策略是降低对社会责任活动的关注和投入。由此提出以下假设：

假设2：在其他条件相同的情况下，新兴市场企业所在东道国市场规模越大，其社会责任水平越低。

企业履行社会责任遵循两个逻辑，一是提高合法性的制度逻辑，二是实现利润最大化的市场逻辑，两者之间是相互影响的。当企业社会责任不利于赢得竞争甚至威胁生存时，制度压力对企业社会责任的影响作用将变弱（Young & Makhija，2014）。因此，尽管新兴市场企业具有通过企业社会责任来缓解制度压力的需求，但是在竞争激烈的东道国市场中，提高企业社会责任水平不仅不能在短期内使企业获利，反而因资源投入增加而削弱了低成本竞争优势，使企业响应东道国制度压力而履行社会责任的程度降低。此外，Campbell 等（2012）认为，跨国公司在东道国履行社会责任不仅与寻求合法性的需求有关，也与其能否履行社会责任的意愿和能力有关，而且后者的影响作用更大。东道国经济发达程度越高，新兴市场企业则会越多关注市场竞争和扩大市场份额，继而降低履行企业社会责任的意愿；在发达国家市场的新兴市场企业面临竞争劣势更大，因此也更可能降低其社会责任的履行。由此，我们提出以下假设：

假设3：新兴市场企业所在东道国市场规模越大，则东道国制度质量对企业社会责任的促进作用越弱。

3. 研究设计

3.1 样本选择和数据来源

本文选择在沪深主板上市的制造业企业作为研究对象，数据来源于上市公司年报以及国泰安数据库。本文对样本进行了筛选和处理：（1）筛选出中国跨国企业，即具有对外直接投资行为的上市公司，剔除了没有海外附属机构的企业样本；（2）剔除避税天堂的影响，包括中国企业在中国香港、中国澳门、英属维尔京群岛、百慕大群岛和开曼群岛等地设立的境外附属机构数据；（3）匹配润灵全球责任评级数据进行社会责任报告评级的样本；（4）选用 2008—2012 年样本，因为 2007 年财政部颁布了新的《会计准则》可能使企业财务数据因统计口径差异而不一致。最终共得到 330 个企业年份数据。

3.2 变量描述

3.2.1 因变量

企业社会责任（CSR）。本文采用润灵公司发布的社会责任评级来衡量新兴市场企业的社会责任。该评级体系基于最新国际权威社会责任标准 ISO26000，主要从整体性、内容性、技术性三方面对上市公司在企业社会责任方面的行为进行评价。其研究效度已经得到经验研究的检验（Marquis & Qian，2014）。这些跨国企业的财务报告和社会责任报告均包含其海外子公司或业务数据，因而相应的社会责任评级结果不限于国内，而是对上市公司国内和国外的整体评价。本文将社会责任评价的总分作为上市公司社会责任的测度指标。

3.2.2 自变量

东道国制度质量（Hquality）。本文基于世界银行的世界治理指数（WGI）数据库作为测量东道国制度质量的依据（Lu et al.，2012；Marano et al.，2017；陈立敏等，2016）。一方面，制度理论相关研究表明规则对行为约束的有效性不仅体现在规则本身内容的制定上，而且还应该包括对规则的有效执行（Gugler & Shi，2009）；另一方面，以往研究显示制度环境中的监管质量、政府效率以及法律法规与企业社会责任密切相关（Campbell，2007；Young & Makhija，2014）。因此，本文主模型使用世界治理指数中监管质量、政府效率和法律法规这三个指标进行分析。在计算方法上，按照相关文献普遍认为是东道国与母国在制度质量上的差距影响了跨国企业的社会责任水平（如 Campbell et al.，2012；Yang et al.，2009），即测量方式是母国制度质量减去东道国制度质量（Marano et al.，2017）。为了保持与已有文献的一致性和可比性，本文也采用这种方法。另外，由于本文研究样本均是中国企业，即拥有同一个母国（中国），因此在测量上，尽管所有数据都减去中国的制度质量，实质上相当于所有数据都在减去同一个常数，因此，东道国制度质量和其与母国制度质量之差，两者在回归方程中的数值和显著性水平是完全一致的。综上，东道国制度质量测量如以下公式所示，首先将东道国和母国的制度质量三个指标采用主效应分析得出因子得分（Marano et al.，2017），然后将企业所在东道国制度得分（S_i）与母国制度得分（S_0）差距按照子公司数量取加权平均数，即

$$\text{Hquality} = \sum_{i=1}^{n} \frac{(S_i - S_0)K_i}{N} \tag{1}$$

i 为企业所在国家种类，权重为企业在第 i 个国家的子公司数（K_i），N 为企业海外子公司的总数。

东道国市场规模（Hsize）。基于 Buckley 等（2008）的研究，本文采用企业所在东道国 GDP 的平均数来衡量东道国市场规模，即

$$\text{Hsize} = \sum_{i=1}^{n} \frac{\ln \text{GDP}_i}{N} \tag{2}$$

其中 GDP_i 表示中国在第 i 个子公司所在东道国的 GDP，N 为企业海外子公司总数。

3.2.3 控制变量

企业规模、年龄对企业社会责任有显著影响（Marano & Kostova，2016），而且不同类型和行业的企业在承担社会责任时存在着明显的差异（黄群慧等，2009），本文因此控制了企业员工人数、年龄、企业性质。根据中国证监会《上市公司行业分类指引（2012版）》的分类标准，本文将制造业企业所属二级细分行业设为哑变量进行控制。企业国际化程度和盈利能力、资源松弛程度、广告投入、政府补助已被大量研究证明是影响企业承担社会责任的重要因素（Kang，2012；Marquis & Qian，2014）。此外，企业是否被强制公布企业社会责任报告以及上市地点的不同都会在一定程度上影响企业社会责任。本文对这些变量均进行了控制。本文具体变量设定如表 1 所示。

表 1 变量定义及来源

变量名称	符号	变量说明
企业社会责任	CSR	润灵企业社会责任评价总分
东道国制度质量	Hquality	采用世界治理指数中的监管质量、政府效率以及法律法规三个指标作为制度测量，计算企业所在东道国制度得分（S_i）与母国制度得分（S_0）差距的加权平均数
	WGIindex	采用世界治理指数的全部六个指标作为制度测量，计算方法同上。用于东道国制度质量的稳健性检验
东道国市场规模	Hsize	企业所在东道国 GDP 自然对数的平均值
企业年龄	Age	企业的年龄
企业规模	Size	员工人数的自然对数
细分行业	Industry	中国证监会《上市公司行业分类指引（2012版）》作为分类标准，将制造业企业所属二级细分行业设为虚拟变量

变量名称	符号	变量说明
企业性质	Ownership	民营企业赋值为"0"，国有企业根据所属政府的级别，按照中央、省、市、县分别赋值为"5"到"1"①
企业上市地点	Market	用哑变量表示，深市上市为"0"，沪市上市为"1"
强制发布	Fissue	用哑变量表示，被强制发布责任报告的为"1"，其他为"0"
盈利能力	ROA	用净资产回报率ROA表示
国际化程度	FSTS	企业海外收入占总收入的比重
冗余资源	Rslack	企业现金流的倒数
债务股本比	DER	负债总额与股东权益的比值
广告投入	Advert	销售费用占总收入的比重
政府补助	Subsidy	政府对企业补助的平方根

3.3 模型选择

本文采用面板数据分析方法进行模型检验。由于因变量属于截断数据（取值范围在 [0，100]），采用OLS回归可能导致误差，我们采用Tobit面板模型进行处理。另外，由于润灵公司是在企业年报发布后对上市公司进行评价的，其评价时间一般在下一年的年末，这样因变量就比自变量在时间上来得晚，不存在因果倒置或同时发生的问题。然而，为避免潜在问题的可能，我们在稳健性分析中对模型作了工具变量检验。

4. 结果分析

表2显示了各变量的描述性统计以及之间的相关系数。

表3是主效应检验和稳健性分析。模型1是控制变量模型，模型2对东道国制度质量与企业社会责任进行假设检验。结果表明，东道国制度质量对企业社会责任显著的正向影响（$\beta=2.24$，$p<0.01$），假设1得到支持；东道国市场规模对社会责任具有显著的负向影响（$\beta=-0.25$，$p<0.01$），假设2得到支持。模型3对东道国市场规模的调节作用进行检验，结果发现，其对东道国制度质量与企业社会责任关系具有负面调节作用（$\beta=-0.19$，$p<0.05$），假设3得到支持。

---

① Wang, C., Hong, J., Kafouros, M., Wright, M. Exploring the role of government involvement in outward FDI from emerging economies [J]. *Journal of International Business Studies*，2012，43（7）：655-676.

表2

变量描述性统计表

变量	均值	标准差	1	2	3	4	5	6	7	8	9	10	11	12	13
1. Age	14.54	4.14													
2. Size	9.02	1.26	0.01												
3. Ownership	2.42	2.09	-0.18***	-0.01											
4. Market	0.72	0.45	-0.13**	-0.26***	-0.22***										
5. Fissue	0.87	0.34	-0.11**	0.12**	0.11**	0.13**									
6. ROA	0.07	0.06	-0.05	0.00	-0.12**	-0.11**	-0.04								
7. FSTS	0.16	0.22	-0.06	-0.08*	-0.10**	-0.02	-0.07	-0.01							
8. Rslack	0.18	2.71	0.00	-0.03	0.04	0.00	-0.03	-0.08	-0.01						
9. DER	1.36	1.41	0.10*	0.08	-0.01	-0.10*	0.08	-0.20***	-0.01	-0.02					
10. Advert	3.18	42.49	0.00	-0.05	0.09*	0.05	0.03	-0.05	0.03	0.00	0.00				
11. Subsidy	131.24	272.15	0.04	0.55***	-0.02	-0.21***	0.10**	-0.03	-0.01	-0.01	0.18***	-0.01			
12. Hsize	18.54	17.05	0.03	-0.02	-0.12**	0.04	-0.09	-0.10	0.01	0.00	-0.11**	-0.04	-0.08		
13. Hquality	0.04	0.97	0.03	-0.05	0.09*	-0.01	-0.07	-0.09*	-0.12**	0.00	-0.25***	0.02	-0.12**	0.59***	
14. CSR	34.33	11.87	0.05	0.38***	0.19***	-0.25***	0.08	0.01	-0.11**	-0.02	0.02	-0.09*	0.42***	-0.12**	0.03

注：$N=330$，*** 表示 $p< 0.01$，** 表示 $p< 0.05$，* 表示 $p< 0.10$。

表 3 主效应检验和稳健性分析

	CSR（Tobit 模型）			CSR（替换东道国制度质量）		
	模型 1	模型 2	模型 3	模型 4	模型 5	模型 6
Age	0.52**	0.50**	0.59***	0.52**	0.52**	0.59***
	(0.21)	(0.21)	(0.21)	(0.21)	(0.21)	(0.21)
Size	0.77	1.07	1.00	0.77	1.06	0.96
	(0.70)	(0.71)	(0.70)	(0.70)	(0.71)	(0.70)
Industry	Included	Included	Included	Included	Included	Included
Ownership	0.49	0.81	0.95	0.49	0.81	0.90
	(1.61)	(1.61)	(1.60)	(1.61)	(1.61)	(1.59)
Market	−2.58	−1.88	−1.35	−2.58	−1.91	−1.34
	(2.40)	(2.41)	(2.42)	(2.40)	(2.41)	(2.41)
Fissue	−0.07	0.02	−0.18	−0.07	0.01	−0.18
	(1.50)	(1.49)	(1.48)	(1.50)	(1.49)	(1.48)
ROA	−7.32	−6.35	−6.93	−7.32	−6.64	−7.16
	(7.74)	(7.71)	(7.66)	(7.74)	(7.71)	(7.63)
FSTS	−6.35***	−6.44***	−6.72***	−6.35***	−6.48***	−6.73***
	(2.33)	(2.31)	(2.30)	(2.33)	(2.31)	(2.29)
Rslack	−0.07	−0.06	−0.06	−0.07	−0.06	−0.06
	(0.13)	(0.13)	(0.13)	(0.13)	(0.13)	(0.13)
DER	−0.50	−0.38	−0.40	−0.50	−0.39	−0.42
	(0.37)	(0.37)	(0.37)	(0.37)	(0.37)	(0.37)
Advert	−0.01	−0.01	−0.01	−0.01	−0.01	−0.01
	(0.01)	(0.01)	(0.01)	(0.01)	(0.01)	(0.01)
Subsidy	0.50***	0.50***	0.48***	0.50***	0.50***	0.48***
	(0.08)	(0.08)	(0.08)	(0.08)	(0.08)	(0.07)
Hsize	−0.20***	−0.25***	−0.10	−0.20***	−0.24***	−0.05
	(0.05)	(0.05)	(0.09)	(0.05)	(0.05)	(0.09)
Hquality		2.24**	−0.82			
		(1.10)	(1.89)			
WGIindex					2.02*	−2.21
					(1.08)	(1.96)

37

	CSR（Tobit 模型）			CSR（替换东道国制度质量）		
	模型 1	模型 2	模型 3	模型 4	模型 5	模型 6
Hsize * Hquality			−0.19**			
			(0.10)			
Hsize * WGIindex						−0.25***
						(0.10)
Constant	23.83**	26.96**	28.43***	23.83**	26.30**	28.48***
	(10.99)	(11.03)	(11.03)	(10.99)	(11.02)	(10.98)
N	330	330	330	330	330	330
Log likelihood	−1135.22	−1133.17	−1131.20	−1135.22	−1133.48	−1130.19
χ^2	176.78	183.17	188.89	176.78	182.11	192.18

注：*** 表示 $p < 0.01$，** 表示 $p < 0.05$，* 表示 $p < 0.10$。

表 4 **2SLS 工具变量分析**

	第一阶段		第二阶段
	Hsize	*Hquality*	*CSR*
Hquality			21.15**
			(9.59)
Hsize			−0.88**
			(0.39)
Age	−0.05	−0.00	−0.02
	(0.18)	(0.01)	(0.22)
Size	0.07	−0.08	3.07**
	(0.76)	(0.04)	(1.30)
Industry	Included	Included	Included
Ownership	−0.72	−0.06	2.17
	(1.76)	(0.08)	(2.26)
Market	−2.72	−0.34	0.50
	(1.88)	(0.09)	(3.21)
Fissue	2.54	0.01	4.22
	(2.23)	(0.11)	(3.02)

	第一阶段		第二阶段
	Hsize	*Hquality*	*CSR*
ROA	−13.43	−0.46	2.51
	(11.85)	(0.56)	(14.84)
FSTS	−6.73	−0.22	−2.29
	(3.40)	(0.16)	(4.22)
Rslack	−0.09	−0.00	−0.13
	(0.24)	(0.01)	(0.30)
DER	−0.71	−0.12	1.13
	(0.50)	(0.02)	(1.11)
Advert	−0.13	0.00	−0.04**
	(0.01)	(0.00)	(0.02)
Subsidy	−0.09	−0.00	0.55***
	(0.11)	(0.01)	(0.14)
Exchange_ lasty	10.52	0.15	
	(2.14)	(0.10)	
Lawright_ lasty	5.81	0.25	
	(0.53)	(0.03)	
Constant	−107.61	−4.26	57.69***
	(18.50)	(0.88)	(19.27)
N	330	330	330
F	12.12***	21.93***	
Adj-R^2	0.53	0.68	
$\chi2$			112.23***

注: *** 表示 $p < 0.01$, ** 表示 $p < 0.05$, * 表示 $p < 0.10$。

为检验模型的稳健性,我们从如下三个方面进行分析:首先,将东道国制度质量进行了替换,采用 WGI 所有指标的算数平均值作为替代指标(WGIindex),对社会责任进行回归。结果表明(表3,模型5),假设1和假设2仍然成立($\beta = 2.02$, $p < 0.10$, $\beta = -0.24$, $p < 0.01$)。交互项系数也显著($\beta = -0.25$, $p < 0.01$),假设3成立;其次,为避免内生性问题,我们进行了工具变量分析(见表4)。采用二阶段分析,结果表明本文结果仍然成立;最后,我们还对自变量的高阶系数进行了检验,结果未发现非线性关系,表明本文模型结果均符合线性关系。

5. 结论与启示

本文基于中国制造业上市公司的相关数据，研究了东道国制度环境和经济环境对新兴市场企业社会责任的影响，结果发现：东道国制度质量对企业社会责任具有显著的正向影响，表明在制度质量更高的国家进行投资，由于受到制度压力的影响，新兴市场企业提高了社会责任程度。研究同时发现，东道国市场规模降低了新兴市场企业的社会责任，并且还会削弱东道国制度质量对企业社会责任的影响，这表明东道国市场竞争压力以及企业寻求海外市场的内在动机，使新兴市场企业不得不更加关注短期市场因素，如成本优势、市场规模等，进而降低了其对东道国制度压力的响应水平。本文对东道国制度质量和市场规模影响新兴市场企业社会责任的研究，特别是对这两个因素联合影响的研究，丰富了国际化与新兴市场企业社会责任的关系研究。

本研究揭示了为什么国际化既可能提高、也可能降低新兴市场企业的社会责任（Campbell et al., 2012；Strike et al., 2006）。研究结果表明，尽管东道国制度压力会迫使新兴市场企业承担更多的社会责任，但是，由于新兴市场企业通常具有强烈的市场寻求动机，加之东道国市场规模使其面临更大的竞争压力，这会使得本来就面临后来者劣势的此类企业因此降低对社会责任的投入。这也意味着以往研究只是考察国际化程度与企业社会责任的关系是不完善的，这种关系还进一步地与东道国因素有关，如制度和市场等。而且，本文使用中国制造业上市公司面板数据进行分析，为东道国环新兴市场企业社会责任的影响关系研究，提供了实证支持。

本文结果具有一定的管理启示：首先，新兴市场企业应该尽量避免由于对市场规模的追求而降低对社会责任的投入，尽管这可能有助于巩固成本优势和扩大市场，但是企业社会责任投入不足不仅可能受到东道国政府的惩治，而且也有损社会声誉，引致更多的批评和攻击，进而影响未来的发展。其次，对新兴市场国家政府来说，需要改变长期以来单纯鼓励企业"走出去"的经济政策，增加对企业在东道国市场承担社会责任的激励，并通过提升自身治理能力，加强立法和监督工作，对企业社会责任设立标准、进行监督和惩罚，使得企业在走出去之前就需要承受较高的制度压力。这不仅能够有效提高企业在国内市场的社会责任水平，而且也有助于企业在海外市场避免受到社会责任危机。

本文具有如下几个局限：首先，在样本方面，虽然中国企业国际化进程很快，但数据来源有限，尤其是中国企业社会责任评价起步较晚，长期系统的社会责任数据库很少，这在一定程度上限制了本文模型的分析。未来研究可以采用更多企业、更大时间跨度的数据进行分析；其次，限于数据来源的限制，本文只是采用一个总体的评分来衡量企业社会责任，未来研究可基于利益相关者理论，进一步地检验制度环境如何影响企业对股东、顾客、员工及环境等不同方面的社会责任；或者，可将企业社会责任分为实质性（捐赠等物质形式的）的和象征性的（口号等非物质形式的）行为两方面（陈永强，潘奇，2016；Bundy et al., 2013），考察东道国制度环境对不同社会责任的影响差异。

◎ 参考文献

［1］ 陈立敏. 国际化战略与企业绩效关系的争议——国际研究评述［J］. 南开管理评论，2014，17（5）.

［2］ 陈永强，潘奇. 国际化经营对企业履行社会责任的影响——以慈善捐赠为例的上市公司实证研究［J］. 杭州师范大学学报（社会科学版），2016，38（3）.

［3］ 陈立敏，周材荣，倪艳霞. 全球价值链嵌入、制度质量与产业国际竞争力——基于贸易增加值视角的跨国面板数据分析［J］. 中南财经政法大学学报，2016，218（5）.

［4］ 黄群慧，彭华岗，钟宏武，等. 中国100强企业社会责任发展状况评价［J］. 中国工业经济，2009（10）.

［5］ 田志龙，邓新明，樊帅. 从500强企业看中国企业国际化进程［J］. 中国软科学，2007（9）.

［6］ Aguinis, H., Glavas, A. What we know and don't know about corporate social responsibility：A review and research agenda［J］. *Journal of Management*, 2012, 38（4）.

［7］ Bondy, K., Starkey, K. The dilemmas of internationalization：Corporate social responsibility in the multinational corporation［J］. *British Journal of Management*, 2014, 25（1）.

［8］ Buckley, P. J., Clegg, L. J., Cross, A. R., et al. The determinants of Chinese outward foreign direct investment［J］. *Journal of International Business Studies*, 2007, 38（4）.

［9］ Bundy, J., Shropshire, C., Buchholtz, A. K. Strategic cognition and issue salience：Toward an explanation of firm responsiveness to stakeholder concerns［J］. *Academy of Management Review*, 2013, 38（3）.

［10］ Campbell, J. L. Why would corporations behave in socially responsible ways? An institutional theory of corporate social responsibility［J］. *Academy of Management Review*, 2007, 32（3）.

［11］ Campbell, J. T., Eden, L., Miller, S. R. Multinationals and corporate social responsibility in host countries：Does distance matter?［J］. *Journal of International Business Studies*, 2012, 43（1）.

［12］ Cheung, Y. L., Kong, D., Tan, W., et al. Being good when being international in an emerging economy：The case of China［J］. *Journal of Business Ethics*, 2015, 130（4）.

［13］ Chih, H. L., Chih, H. H., Chen, T. Y. On the determinants of corporate social responsibility：International evidence on the financial industry［J］. *Journal of Business Ethics*, 2010, 93（1）.

［14］ Child, J., Marinova, S. The role of contextual combinations in the globalization of Chinese firms［J］. *Management and Organization Review*, 2014, 10（3）.

[15] Christmann, P. , Taylor, G. Globalization and the environment: Determinants of firm self-regulation in China [J]. *Journal of International Business Studies*, 2001 (32).

[16] Christmann, P. Multinational companies and the natural environment: Determinants of global environmental policy standardization [J]. *Academy of Management Journal*, 2004 (47).

[17] Crilly, D. Predicting stakeholder orientation in the multinational enterprise: A mid-range theory [J]. *Journal of International Business Studies*, 2011, 42 (5).

[18] Gugler, P. , Shi, J. Y. J. Corporate social responsibility for developing country multinational corporations: Lost war in pertaining global competitiveness? [J]. *Journal of Business Ethics*, 2009, 87.

[19] Kang, J. The relationship between corporate diversification and corporate social performance [J]. *Strategic Management Journal*, 2012, 34 (1).

[20] Kaufmann, D. , Kraay, A. , Mastruzzi, M. Governance matters viii: Aggregate and individual governance indicators, 1996-2008 [J]. *Social Science Electronic Publishing*, 2007, 23 (2).

[21] Lu, J. , Liu, X. , Wright, M. , et al. International experience and FDI location choices of Chinese firms: The moderating effects of home country government support and host country institutions [J]. *Journal of International Business Studies*, 2014, 45 (4).

[22] Madesen, P. M. Does corporate investment drive a "race to the bottom" in environmental protection? A reexamination of the effect of encironmental regulation on investment [J]. *Academy of Management Journal*, 2009, 52.

[23] Marano, V. , Kostova, T. Unpacking the institutional complexity in adoption of CSR practices in multinational enterprises [J]. *Journal of Management Studies*, 2016, 53 (1).

[24] Marano, V. , Tashman, P. , Kostova, T. Escaping the iron cage: Liabilities of origin and CSR reporting of emerging market multinational enterprises [J]. *Journal of International Business Studies*, 2017, 48 (3).

[25] Marquis, C. , Qian, C. Corporate social responsibility reporting in China: Symbol or substance? [J]. *Organization Science*, 2014, 25 (1).

[26] Sharfman, M. P. , Shaft, T. M. , Tihanyi, L. A model of the global and institutional antecedents of high-level corporate environmental performance [J]. *Business and Society*, 2004, 43 (1).

[27] Strike, A. M. , Gao, J. , Bansal, P. Being good while being bad: Social responsibility and the international diversification of US firms [J]. *Journal of International Business Studies*, 2006, 37 (6).

[28] Vallentin, S. Governmentalities of CSR: Danish government policy as a reflection of political difference [J]. *Journal of Business Ethics*, 2015, 127 (1).

[29] Yang, X. , Rivers, C. Antecedents of CSR practices in MNCs' subsidiaries: A

stakeholder and institutional perspective [J]. *Journal of Business Ethics*, 2009, 86.

[30] Young, S. L. , Makhija, M. V. Firms' corporate social responsibility behavior: An integration of institutional and profit maximization approaches [J]. *Journal of International Business Studies*, 2014, 45 (6).

[31] Zaheer, S. Overcoming the liability of foreignness [J]. *Academy of Management Journal*, 1995, 38 (2).

The Influence of Host Country Institutional Quality and Market Size on Corporate Social Responsibility of Emerging Market Multinationals

Yan Haifeng[1]   Wang Juan[2]   Wu Bing[3]   Wu Qiqi[4]

(1, 2, 3, 4   East China University of Science and Technology School of Business, Shanghai, 200237)

Abstract: Corporate social responsibility (CSR) is a critical issue for multinational enterprises (MNEs). The literature suggests that internationalization degree promotes MNEs' CSR, while others report opposite findings. The inconsistence of the relationship between internationalization degree and CSR needs more explanation. Further research suggests that MNEs' CSR closely relates to host country institutions and economic development. However, for emerging market multinationals (EMNEs), questions are still underexplored such as whether host country institutions promote CSR, how host country economic development influence CSR, and what's the joint effects of host country institutions and economic development. Using sample of Chinese listed multinationals in manufacturing industry, this article aims to find out the influence of host country institutionalquality and market size on an EMNE's CSR. Results show that host country institutional quality enhances EMNEs' CSR, but host country market size reduces CSR, and further negatively moderates the relationship between institutional quality and CSR. The findings suggest that although EMNEs are forced to perform higher level of CSR by higher institutional pressures from host countries, they have to reduce CSR due to fierce market competition in host countries with larger market size, which further weakens their responsiveness to institutional pressures abroad.

Key words: Emerging market multinationals; Host country; Institutional quality; Market size; Corporate social responsibility

专业主编：陈立敏

互补知识对企业技术创新绩效的影响研究
——技术创新动态能力的中介作用*

● 熊胜绪[1]　李　婷[2]　马自星[3]

（1，2，3　中南财经政法大学工商管理学院　武汉　430064）

【摘　要】本文探讨了互补知识对企业技术创新绩效的影响，以及技术创新动态能力的中介作用。通过文献研究和实地调研的结合，开发了互补知识和技术创新动态能力测量量表。对252个企业样本的调查问卷进行统计分析，结果显示：（1）互补知识各维度对企业的技术创新绩效有显著正向的影响。（2）互补技术知识和顾客知识对技术创新动态能力的各维度有显著正向影响，但经营管理知识只是显著地正向影响企业感知技术机会的能力和创新资源的整合能力，对企业适应环境的组织变革能力的影响是不显著的。（3）技术机会的感知能力在互补知识与研究开发绩效间具有中介作用，但在互补知识与新技术产业化绩效间没有中介作用。（4）资源整合能力无论是在互补知识与研究开发绩效，还是在互补知识与新技术产业化绩效间都具有中介作用。（5）在互补技术知识影响研究开发绩效和互补知识影响新技术产业化绩效，以及顾客知识影响研究开发绩效和顾客知识影响新技术产业化绩效的过程中，组织变革能力都具有部分中介作用。

【关键词】互补知识　技术创新动态能力　创新绩效
中图分类号：C93-0　　　　　文献标识码：A

1. 引言

知识经济时代，知识是技术创新中最重要的资源①。技术创新中的知识包括核心技术知识和互补知识，前者是某一技术领域的专业技术知识，后者是在创新中与核心技术知识共同起作用的其他相关知识，它包括互补技术知识、顾客知识和经营管理知识三个维度。技术创新动态能力是基于动态能力提出的一个新概念，指的是企业变革现有的创新资源，

---

* 基金项目：本文系国家社会科学基金项目（项目批准号：15BGL036）阶段性成果。
　通讯作者：熊胜绪，E-mail：firm2007@ 126. com。

① Nonaka, I. A Dynamic theory of organizational knowledge creation ［J］. *Organization Science*，1994，5（1）：41-37.

调整组织惯例与流程，推动技术创新能力不断提升的能力，它包括技术机会的感知能力、创新资源的整合能力和适应环境的组织变革能力三个维度①。

互补知识对企业技术创新绩效的影响，目前理论界还没有一个统一的认识。一种观点认为，互补知识的积累能提升企业的技术创新绩效。例如，Butler（2000）研究发现，顾客需求知识与技术创新机会的识别呈正相关关系。Lehrer（2007）的研究表明，研发活动得到其他研究机构的互补知识能有效地提高研发效率。另一种观点认为，互补知识的积累不利于提高技术创新绩效。例如，Thomke 和 Kuemmerle（2002）发现，互补技术知识会在原有的技术体系内给企业提供更多的技术机会，这使企业不愿离开原有的技术领域去开展突破性创新。Rothaermel（2001）研究发现，如果一项技术创新会导致核心技术知识和互补技术知识的贬值，掌握这些技术知识的员工就会为防止其人力资本贬值而抵制这种创新的实施。

互补知识对企业技术创新绩效的影响机理，目前还是一个需要研究的问题。按照互补资产决定动态能力的理论观点②，互补知识无疑是直接影响企业技术创新动态能力的一个因素。技术创新动态能力这个概念虽然较新，但它对企业技术创新绩效的影响已受到了理论界的广泛关注。例如，Antikainen 等人（2010）提出，技术创新动态能力会导致突破性创新，因为具有动态创新能力的企业有较强的知识吸收能力，有利于企业探索新的信息。2014 年，徐宁等人实证研究发现，具有较强技术创新动态能力的中小上市公司，其公司绩效与成长性高于一般公司。

基于以上研究发现，本文将互补知识、技术创新动态能力和技术创新绩效纳入一个分析框架，从理论和实证上探讨各类互补知识对企业技术创新绩效的影响，同时，以技术创新动态能力为中介，通过研究其中介作用，揭示互补知识影响技术创新绩效的内在机理。这一研究是对互补知识与技术创新绩效现有研究的一个补充，也是对企业技术创新动态能力作用认识的一个深化。

2. 理论分析与假设

企业技术创新过程包括新技术的研究开发过程以及新技术的产业化过程，因此，本文将企业技术创新绩效分为研究开发绩效和产业化绩效两个维度。前者是企业的研究开发活动形成的成果，后者是新技术的产业化活动形成的成果。根据导论中阐述的观点，本文将互补知识分为互补技术知识、顾客知识和经营管理知识三个维度，将企业的技术创新动态能力分为技术机会的感知能力、创新资源的整合能力和适应环境的组织变革能力三个维度。本文认为，互补知识的三个维度不仅对技术创新绩效的两个维度有直接影响，而且会通过技术创新动态能力的三个维度产生间接影响。

---

① 熊胜绪，崔海龙，杜俊义. 企业技术创新动态能力理论探析 [J]. 中南财经政法大学学报，2016，60（3）：32-37.

② Teece, D. J., Pisano, G., Shuen, A. Dynamic capabilities and strategic management [J]. *Strategic management Journal*，1997，18（7）：509-533.

2.1 互补知识对企业技术创新绩效的影响分析

现代技术创新具有的跨学科性质使互补技术知识对创新绩效的影响越来越明显。生物医药是传统化学知识和生物技术知识结合的产物，智能制造技术是电子技术与机械技术融合创新的产物。3D 打印技术更是融合了电子、机械、材料技术的创新成果。

顾客知识是顾客的欲望、感知、经验、价值、情境信息以及顾客对企业提供的产品是否满足等需求信息。顾客知识是企业重要的资产，Sanchez 等（1991）认为，顾客知识是企业创新的源泉，将顾客知识应用到创新过程可以减少重复研究，并大大缩短寻找和开发新产品的时间，获得市场先占优势。1995 年，Atuahene-Gima 提出，顾客是产品的使用者，将顾客知识整合到创新过程中，可以降低创新的失败率。

经营管理知识是管理者开拓和管理市场，选择或设计商业模式，组织与管理生产过程的知识和技能。许多学者强调了管理者的管理能力在企业适应环境中的作用（Ambrosini，2009；Eisenhardt，2000；Tripsas and Gavetti，2000）。管理者的经营管理知识不同，对市场的直觉和决策能力就不同。通常情况下，知识丰富的管理者对市场需求和技术发展方向有更好的直觉，决策能力更强，也能更好地为新技术的商业化选择恰当的商业模式。这有利于提高技术创新成功的机率。基于以上分析，我们提出以下假设：

假设 1a：互补知识的各维度对企业的研究开发绩效有正向影响。

假设 1b：互补知识的各维度对企业的新技术产业化绩效有正向影响。

2.2 互补知识对企业技术创新动态能力的影响分析

感知技术机会的能力形成于企业对顾客需求的了解和企业掌握的技术知识的多少。对顾客需求了解更多的企业，能更多地开发出适销对路的新产品。一个在检测化学元素抵抗疾病的功能方面积累了更多知识的企业，就能发现更多的开发新产品的机会。拥有机械、电子、信息、自动控制、传感测试及软件编程等多种技术知识的企业，就能在数控（NC）机床、工业机器人、智能机器人等领域感知到更多的技术创新机会。经营管理知识丰富的企业不仅对市场需求和技术发展方向有更好的直觉，而且能更好地构建鼓励人们寻找创新机会的体制与机制。

互补性知识是企业合作创新的前提。拥有各种互补知识的企业，更容易成为核心技术企业寻求的合作对象。无论是互补技术知识，还是顾客知识和经营管理知识，一旦成为企业的战略性资产，它就具有整合核心技术知识和其他互补知识的作用。例如，通用电气并不是 CT 产品的核心技术的发明者，但它拥有的医疗产品设计方面的互补技术，对顾客需求的认知，以及在生产、人员培训、售后服务等方面的经营管理知识是稀缺的战略性资源。依靠这些互补知识，它成功地整合了 EMI 公司的核心技术，使 CT 产品在通用电器生根、开花、结果。

组织的变革能力取决于经营管理企业的知识或技能①。同时，市场经济中，组织的变

---

① Ambrosini, V., Bowman, C. What are dynamic capabilities and are they a useful construct in strategic management [J]. *International Journal of Management Reviews*, 2010, 11 (1): 29-49.

革是由技术变革和市场需求的变化引导的。互补技术知识和顾客知识多的企业，能更好地根据技术变革或市场变迁的要求适时调整企业的组织结构。

根据以上分析，我们提出以下假设：

假设 2a：互补知识的各维度对企业感知技术机会的能力有正向影响。

假设 2b：互补知识的各维度对企业整合创新资源的能力有正向影响。

假设 2c：互补知识的各维度对企业适应环境的变革能力有正向影响。

2.3 技术创新动态能力对企业技术创新绩效的影响分析

技术机会感知能力强的企业能更好地响应技术和顾客需求的变化，开发出市场需要的新技术和新产品，并及时将其产业化，获取其商业价值。经济全球化时代，最稀缺的不是创新资源，而是整合创新资源的能力。整合创新资源能力强的企业能够在全球市场上整合创新资源，将好的创意变成有价值的新产品或新技术，也能从市场上获取有商业价值的技术成果，通过产业化占有这些新技术的价值。组织变革能力强的企业更能适应环境的变化，通过更新技术创新的资源基础，改变落后的创新惯例与流程，提升企业的研究开发和新技术的产业化绩效。基于以上分析，我们提出以下假设：

假设 3a：技术创新动态能力的各维度对研究开发绩效有正向影响。

假设 3b：技术创新动态能力的各维度对新技术产业化绩效有正向影响。

2.4 技术创新动态能力在互补知识与企业技术创新绩效间的中介作用分析

能力的基础是知识，根据产业组织经济学提出的"结构决定行为，行为决定绩效"的理论观点，我们可以认为，企业有什么样的创新绩效，取决于企业的创新行为，而企业的创新行为是由企业的知识结构决定的。企业的知识结构不同，其感知技术机会、整合创新资源和变革企业组织的行为就不同，不同的行为体现出来的企业感知技术机会的能力，从企业内外整合创新资源的能力，以及根据创新的需要对组织做出合理变革的能力是不同的。这些能力的异同，会形成企业获取的创新机会和创新资源以及组织对创新的适应性的异同，从而会形成企业的研究开发成果和新技术产业化成果上的差异。基于这一分析，我们提出以下假设：

假设 4a：技术机会的感知能力在互补知识的各维度与企业研究开发绩效间具有中介作用。

假设 4b：创新资源的整合能力在互补知识的各维度与企业研究开发绩效间具有中介作用。

假设 4c：适应环境的组织变革能力在互补知识的各维度与企业研究开发绩效间具有中介作用。

假设 4d：技术机会的感知能力在互补知识的各维度与新技术产业化绩效间具有中介作用。

假设 4e：创新资源的整合能力在互补知识的各维度与新技术产业化绩效间具有中介作用。

假设 4f：适应环境的组织变革能力在互补知识的各维度与新技术产业化绩效间具有中

介作用。

根据上述理论分析，本研究提出互补知识影响企业技术创新绩效的理论模型，如图1所示：

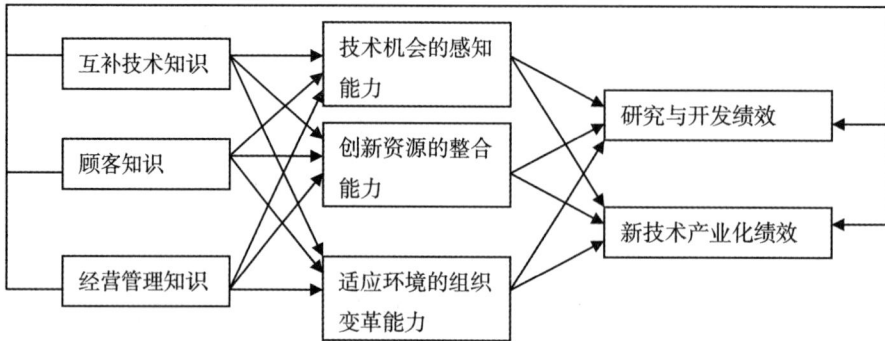

图 1　研究变量关系图

3. 研究设计

对上述假设的检验是对中国企业的问卷调查进行的。目前，中国无论在国家层面，还是在企业层面，技术创新都是重要的战略目标，知识和技术创新动态能力对企业的创新绩效发挥着重要作用。我们研究的企业包括各种规模、行业特点和产权结构的企业，这些企业不仅具有行业的核心技术知识，而且具有丰富的互补知识。近些年，这些企业也取得了明显的技术创新绩效。

3.1　研究设计与数据收集

问卷是通过广泛的文献研究和实地调查开发的，采用的是李克特7级量表。问卷的第一稿是基于文献开发的。根据 Sveiby（1997）；赵静杰、张少杰（2005）；陈晓红（2009）；汤湘希、杨帆、田延平（2011）等人的理论观点，我们拟定了测量互补知识的 14 个题项。根据 Teece（2007）；林萍（2009）；王菁娜、王亚江、韩静（2010）；贺小刚、李新春、方海鹰（2006）等人的理论观点，拟定了测量技术创新动态能力的 13 个题项。针对这一稿问卷，我们向两个精通知识管理的专家咨询了互补知识题项内容的有效性，向两位精通技术创新管理的专家咨询技术创新动态能力题项的有效性，向一位精通调查设计的教授咨询问卷总体结构的合理性。在根据专家意见修改之后，将调查问卷发送到部分目标企业，这些企业是随机挑选的，问卷发送对象是企业对知识管理或技术创新活动最熟悉的研发主管或主管技术创新的副总裁，并按照他们的意见对问卷做了进一步修改。数据的收集是通过三种方式进行的：一是面对面的调查收集。利用现场调查，访谈的机会收集数据。二是利用学校校友资源，通过 E-mail 向校友所在企业的研发主管和技术副总裁发放了问卷。三是通过问卷调查中介公司调查收集一部分问卷。

问卷调查是分两个阶段进行的：第一个阶段是预调研，向目标企业发放了 200 份问卷，回收有效问卷 165 份。采用主成分分析法与最大方差法进行因子分析，删除了因子载荷小于 0.5 的题项，其余的题项构成了本研究正式的调查问卷，题项见表 1 和表 2。第二个阶段是正式调研。本次研究共发放了 530 份正式调查问卷，回收问卷 308 份，有效问卷 252 份，有效回收率为 47.55%，剔除了 56 份填写信息不全或连续多题项填写相同答案的无效问卷。检验假设采用了 252 个企业样本。

3.2 变量的测量

（1）因变量。技术创新绩效是因变量，包括研究开发绩效与新技术产业化绩效。本文分别用"和同行其他企业相比，本企业所开发的新产品和新技术数量较多"测量研究开发绩效，用"和同行其他企业相比，本企业新产品的销售额占销售总额的比重较大"测量新技术的产业化绩效。

（2）自变量。互补知识是自变量，在预调研的基础上形成了 12 个题项的量表，如表 1 所示。测量维度包括互补技术知识、顾客知识和经营管理知识。

表 1　　　　　　　　　　　　互补知识量表（N=252）

构念	测量题项	因子载荷	Cronbach's α 值
互补技术知识	本企业拥有许多与核心技术相关的其他学科的高素质的技术人员	0.787	0.743
	本企业经常组织各学科的技术人员开展交流、研讨技术问题	0.775	
	本企业能够从外部获取专家建议等智力资本用于支持企业决策	0.640	
顾客知识	本企业和重要顾客保持着密切的联系，及时获取顾客需求信息	0.654	0.719
	本企业能适时根据顾客对产品与服务喜好的变化，进行产品的改进	0.770	
	本企业对顾客能接受的价格水平有深刻的了解	0.704	
	本企业对提供的产品与服务受顾客欢迎程度的信息比较了解	0.568	
经营管理知识	本企业经常订购各种科技期刊，供企业科技人员学习	0.563	0.693
	本企业有良好的信息系统帮助员工获取和利用所需的相关知识	0.748	
	本企业时常吸收顾客参与新产品的设计	0.695	
	本企业主要管理者参与过许多重大的经营决策	0.726	
	本企业曾多次实施成功的战略和商业模式	0.600	

（3）中介变量。技术创新动态能力是中介变量，在预调研的基础上形成了 11 个题项的量表，表 2 所示。包括技术机会的感知能力、创新资源的整合能力和适应环境的组织变革能力三个维度。

表2 技术创新动态能力量表 (N=252)

构念	测量题项	因子载荷	Cronbach's α 值
技术机会的感知能力	本企业频繁考察和分析环境的变化，评估环境变化对顾客的影响	0.796	0.818
	本企业管理者和技术人员对技术的变化态势有较强的洞察力	0.795	
	本企业经常开展市场调研，及时了解顾客需求的变化	0.766	
创新资源的整合能力	本企业定期吸收新的技术知识和信息，并将个人能力整合成组织能力	0.733	0.803
	本企业有多种渠道吸收和利用外部技术知识	0.809	
	本企业各部门员工都有适当的途径参与技术创新活动	0.754	
	本企业能根据需要适时获取或利用外部研发资金、样品制造、营销网络等创新资源	0.795	
	本企业能适时获取和利用外部技术创新成果，并将其成功地产业化	0.787	
	本企业经常和其他企业、社会研究机构开展联合创新	0.805	
适应环境的组织变革能力	本企业能根据新技术或新产品的特点选择合适的战略和产业化模式	0.826	0.816
	本企业能根据新技术发展的要求适时改变旧的决策规则	0.857	
	本企业能根据创新项目的要求适时授予创新部门、创新团队和创新者较多的决策自主权	0.780	
	本企业能为保护知识产权并促进创新产业化建立适宜的治理机制	0.809	

（4）控制变量。因为技术创新绩效还要受企业规模、企业的核心技术知识、行业类型和企业产权性质的影响，因此本文将这四个因素作为控制变量。对控制变量的赋值情况为：①企业规模。本文用1、2、3、4、5依次表示50人以下、51~100人、101~500人、501~1000人、1000以上；②企业核心技术知识。本文用1、2、3、4、5依次表示很弱、较弱、一般、较强、很强；③行业类型。用1-11依次代表电子电气、化工、机械、交通运输、能源、汽车、软件与通信、新材料、冶金、医药、其他行业。④产权性质。用1、2、3、4、5、6依次代表国有企业、集体企业、民营企业、三资-内资控股、三资-外资控股、其他企业。

3.3 量表的信度和效度检验

本文运用SPSS19.0对互补知识量表和技术创新动态能力量表进行了信度和效度的检验。结果如表1和表2所示。结果显示，每个构念的Cronbach's α值均大于0.60，表明两个量表都有较好的信度。由于问卷是根据深度的文献回顾和现场访谈设计的，其构念的内容效度是理想的。运用SPASS19.0统计软件计算发现，互补知识量表的KMO值为0.889，大于0.800；Bartlett球形检验的卡方值为890.888，自由度66，统计显著概率P值为0.000<0.001，达到显著水平，适合做因子分析。本文运用主成分分析法与最大方差法进

行因子分析，提取出三个因子的公共贡献率57.63%，大于40%。因子载荷如表1所示，各题项的因子载荷均大于0.5，这表明互补知识量表通过构建效度检验。

技术创新动态能力量表的KMO值为0.914，大于0.900；Bartlett球形检验的卡方值为1213.071，自由度78，统计显著概率P值为0.000<0.001，达到显著水平，适合做因子分析。运用因子分析，提取出三个因子的公共贡献率55.446%，大于40%。因子载荷如表2所示，各题项的因子载荷均大于0.5，这表明技术创新动态能力量表具有较好的构建效度。

4. 相关分析、回归分析与假设的检验

4.1 相关分析

表3显示了变量的平均值、标准差和相关系数。各变量之间均存在显著的正相关关系，这表明本研究假设初步得到支持。

表3　　　　　　　　　　　　变量间的相关分析（$N=252$）

	1	2	3	4	5	6	7	8
互补技术知识	1							
顾客知识	0.518***	1						
经营管理知识	0.683***	0.624***	1					
感知能力	0.679***	0.634***	0.654***	1				
整合能力	0.637***	0.625***	0.655***	0.672***	1			
变革能力	0.598***	0.520***	0.541***	0.647***	0.611***	1		
研究开发绩效	0.486***	0.428***	0.503***	0.552***	0.565***	0.503***	1	
产业化绩效	0.470***	0.436***	0.500***	0.470***	0.489***	0.473***	0.659***	1
均值	5.42	5.65	5.49	5.52	5.56	5.58	5.21	5.45
标准差	0.89	0.81	0.91	0.81	0.82	0.80	1.13	1.07

注：*** 表示 $p \leqslant 0.001$ 的水平（双侧）上显著。

4.2 互补知识与企业技术创新绩效关系的回归分析

回归结果分别显示在表4和表5中。表4中的模型1是研究开发绩效与四个控制变量的回归结果。模型2是加入了互补知识的各维度变量的回归结果，其中，$R^2=0.408$，$F=35.604$，$p=0.000<0.001$，回归方程显著，R^2变动为0.258，模型的整体解释力上升。这表明，互补知识各维度对研究开发绩效是具有显著正向影响的，假设1a成立。

表4　　　　　互补知识与企业的研究开发绩效关系的多元回归分析（$N=252$）

变量	因变量：研究开发绩效					
	模型1			模型2		
	β	P	VIF	β	P	VIF
企业规模	0.073	0.277	1.313	0.034	0.549	1.332
企业核心技术	0.253***	0.000	1.353	0.153**	0.010	1.410
行业类型	−0.172**	0.005	1.056	−0.125*	0.015	1.075
企业产权	0.098	0.101	1.032	0.028	0.576	1.058
互补技术知识				0.230***	0.001	2.064
顾客知识				0.143*	0.030	1.784
经营管理知识				0.236**	0.003	2.525
	$R^2=0.150$　　$\Delta R^2=0.136$　　$F=10.858$			$R^2=0.408$　　$\Delta R^2=0.392$　　$F=35.604$		
	$p=0.000$　　DW$=2.122$			$p=0.000$　　DW$=2.122$		

注：＊表示$p\leqslant0.05$的水平（双侧）上显著；＊＊表示$p\leqslant0.01$的水平（双侧）上显著；＊＊＊表示$p\leqslant0.001$的水平（双侧）上显著，下同。

表5　　　　互补知识与企业的新技术产业化绩效关系的多元回归分析（$N=252$）

变量	因变量：新技术产业化绩效					
	模型1			模型2		
	β	P	VIF	β	P	VIF
企业规模	0.126	0.062	1.313	0.090	0.117	1.332
企业核心技术	0.243***	0.000	1.353	0.141*	0.017	1.410
行业类型	−0.112	0.064	1.056	−0.066*	0.200	1.075
企业产权	0.131*	0.029	1.032	0.063	0.218	1.058
互补技术知识				0.202**	0.005	2.064
顾客知识				0.163*	0.015	1.784
经营管理知识				0.240**	0.003	2.525
	$R^2=0.149$　　$\Delta R^2=0.135$　　$F=10.812$			$R^2=0.403$　　$\Delta R^2=0.385$　　$F=34.527$		
	$p=0.000$　　DW$=1.840$			$p=0.000$　　DW$=1.840$		

表5是互补知识与新技术产业化绩效的回归结果。模型1是产业化绩效与四个控制变量的回归结果。模型2中加入了互补技术知识、顾客知识、经营管理知识三个变量，$R^2=0.403$，$F=35.604$，$p=0.000<0.001$，回归方程显著，其中R^2变动为0.254，模型2比模型1的整体解释力上升。这表明互补知识对新技术产业化绩效也是有显著的正向影响的，假设1b成立。

4.3 互补知识与技术创新动态能力关系的回归分析

互补知识的三个维度与技术创新动态能力的三个维度的多元回归结果如表6所示。回归模型显示，互补知识的各维度对企业感知技术机会的能力和创新资源的整合能力都有显著正向的影响，假设2a、假设2b得到验证，但对适应环境的组织变革能力而言，有显著正向影响的因素是"互补技术知识"和"顾客知识"，经营管理知识的影响在置信水平0.05上是不显著的，这表明假设2c只是部分成立。

表6　　　　　　互补知识与技术创新动态能力关系的多元回归分析（$N = 252$）

自变量	因变量	β	P	t 值	容忍度	VIF
互补技术知识		0.386 ***	0.000	6.732	0.493	2.029
顾客知识	技术机会的感知能力	0.322 ***	0.000	6.032	0.570	1.755
经营管理知识		0.186 **	0.004	2.943	0.407	2.454
	$R^2 = 0.598$　　$\Delta R^2 = 0.594$	$F = 123.157$	$p = 0.000$	DW = 2.049		
互补技术知识		0.301 ***	0.000	5.141	0.493	2.029
顾客知识	创新资源的整合能力	0.320 ***	0.000	5.884	0.570	1.755
经营管理知识		0.259 ***	0.000	4.023	0.407	2.454
	$R^2 = 0.581$　　$\Delta R^2 = 0.576$	$F = 114.642$	$p = 0.000$	DW = 2.112		
互补技术知识		0.386 ***	0.000	5.771	0.493	2.029
顾客知识	适应环境的组织变革能力	0.253 ***	0.000	4.069	0.570	1.755
经营管理知识		0.133	0.072	1.808	0.407	2.454
	$R^2 = 0.452$　　$\Delta R^2 = 0.446$	$F = 68.332$	$p = 0.000$	DW = 2.123		

4.4 技术创新动态能力与技术创新绩效关系的回归分析

以技术创新动态能力的三个维度为自变量，技术创新绩效的两个维度分别为因变量进行多元回归分析，分析结果如表7所示。

表7　　　技术创新动态能力与企业技术创新绩效关系的多元回归分析（$N = 252$）

自变量	因变量	β	P	t 值	容忍度	VIF
技术机会的感知能力		0.223 **	0.002	3.107	0.439	2.279
创新资源的整合能力	研究开发绩效	0.356 ***	0.000	5.107	0.464	2.156
适应环境的变革能力		0.168 *	0.013	2.498	0.498	2.009
	$R^2 = 0.441$　　$\Delta R^2 = 0.434$	$F = 65.109$	$p = 0.000$	DW = 2.035		

自变量	因变量	β	P	t 值	容忍度	VIF
技术机会的感知能力		0.146	0.059	1.894	0.439	2.279
创新资源的整合能力	新技术产业化绩效	0.303***	0.000	4.045	0.464	2.156
适应环境的变革能力		0.222**	0.002	3.070	0.498	2.009
$R^2 = 0.353$ $\Delta R^2 = 0.345$ $F = 45.122$ $p = 0.000$ DW = 1.981						

回归结果显示，技术创新动态能力的三个维度对研究开发绩效都有显著影响，假设3a得到验证。创新资源的整合能力、适应环境的变革能力对新技术产业化绩效的影响在0.000置信水平上显著，而技术机会的感知能力对新技术产业化绩效的影响不显著，这说明假设3b只是部分成立。

4.5 技术创新动态能力的中介效应分析

（1）技术创新动态能力在互补知识与研究开发绩效间的中介效应。表8中，模型1是研究开发绩效与四个控制变量的回归结果。模型2加入了互补技术知识、顾客知识、经营管理知识和中介变量技术机会的感知能力。结果显示，$R^2 = 0.445$，$F = 32.335$，回归方程显著。其中R^2变动为0.295，模型的整体解释力上升，技术机会的感知能力在0.000置信水平上显著，互补技术知识、顾客知识的影响不显著，因此技术机会的感知能力起完全中介，经营管理知识对研发绩效的影响在置信水平0.05上显著；$\beta = 0.174 < 0.236$，说明技术机会的感知能力在此过程中起部分中介作用，因此，假设4a成立。模型3中，加入互补技术知识、顾客知识、经营管理知识和中介变量创新资源的整合能力，回归结果显示，$R^2 = 0.456$，$F = 34.155$，回归方程显著，其中R^2变动为0.306，模型的整体解释力上升，创新资源的整合能力在0.000置信水平上显著，互补技术知识、顾客知识、经营管理知识的影响不显著，这说明创新资源的整合能力具有完全中介作用，假设4b成立。

由于经营管理知识对适应环境的组织变革能力影响不显著，检验适应环境的组织变革能力的中介效应时删除经营管理知识变量。模型4中，加入互补技术知识、顾客知识时，$R^2 = 0.386$，$F = 47.308$，回归方程显著。模型5中，加入适应环境的组织变革能力，$R^2 = 0.425$，$F = 38.900$，回归方程显著，模型的整体解释力上升，适应环境的组织变革能力在0.000置信水平上显著。互补技术知识对研发绩效的影响在0.001置信水平上显著，$\beta = 0.226 < 0.345$，这表明，适应环境的组织变革能力在此过程中起部分中介作用。顾客知识对研发绩效的影响在0.05置信水平上显著，$\beta = 0.153 < 0.229$，这部明适应环境的组织变革能力在此过程中也具有部分中介效应，假设4c成立。

表8　技术创新动态能力在互补知识与研究开发绩效间的中介效应分析（$N=252$）

变量	因变量：研究开发绩效				
	模型1	模型2	模型3	模型4	模型5
企业规模	0.073	0.054	0.033	0.070	0.050
企业核心技术	0.253 ***	0.158 **	0.121 *	0.172 **	0.149 **
行业类型	−0.172 **	−0.108 *	−0.095	−0.115 *	−0.107 *
企业产权	0.098	0.054	0.050	0.040	0.047
互补技术知识		0.113	0.129	0.345 ***	0.226 ***
顾客知识		0.048	0.040	0.229 ***	0.153 *
经营管理知识		0.174 *	0.149		
感知能力		0.305 ***			
整合能力			0.344 ***		
变革能力					0.264 ***
R^2	0.150	0.445	0.456	0.386	0.425
ΔR^2	0.136	0.427	0.438	0.371	0.408
F	10.858	32.335	34.155	47.308	38.900

（2）技术创新动态能力在互补知识与新技术产业化绩效间的中介效应。由于技术机会的感知能力对新技术产业化绩效的影响不显著，说明技术机会的感知能力在互补知识资产与新技术产业化绩效中无中介作用，假设4d不成立。在此无需进行中介效应分析。

表9　技术创新动态能力在互补知识与新技术产业化绩效间的中介效应（$N=252$）

变量	因变量：新技术产业化绩效			
	模型1	模型2	模型3	模型4
企业规模	0.126	0.089	0.095	0.104
企业核心技术	0.243 ***	0.125 *	0.161 **	0.142 *
行业类型	−0.112	−0.050	−0.055	−0.049
企业产权	0.131 *	0.074	0.075	0.081
互补技术知识		0.147 *	0.319 ***	0.218 ***
顾客知识		0.107	0.250 ***	0.186 **
经营管理知识		0.193 *		
整合能力		0.185 *		
变革能力				0.223 ***

变量	因变量：新技术产业化绩效			
	模型 1	模型 2	模型 3	模型 4
R^2	0.149	0.416	0.380	0.407
ΔR^2	0.135	0.397	0.365	0.390
F	10.812	27.806	45.592	35.409

表 9 显示，模型 2 在模型 1 的基础上加入了互补技术知识、顾客知识、经营管理知识和中介变量创新资源的整合能力，这时的 $R^2 = 0.416$，$F = 27.806$，回归方程显著。其中 R^2 变动为 0.267，模型的整体解释力上升，创新资源的整合能力在 0.05 置信水平上显著，互补技术知识对新技术产业化绩效的影响在 0.05 置信水平上显著，$\beta = 0.147 < 0.202$，这表明创新资源的整合能力在此过程中起部分中介作用。顾客知识对新技术产业化绩效的影响不显著，这表明创新资源的整合能力起完全中介作用。经营管理知识对新技术产业化绩效的影响在 0.05 置信水平上显著，$\beta = 0.185 < 0.240$，表明创新资源的整合能力在此过程中起部分中介作用，由此假设 4e 得到验证。

由于经营管理知识对适应环境的组织变革能力的影响不显著，检验中介效应的过程中，删除经营管理知识变量。模型 3 是在模型 1 的基础上加入互补技术知识和顾客知识，$R^2 = 0.380$，$F = 45.592$，回归方程显著。模型 4 是在模型 3 的基础上加入了中介变量适应环境的组织变革能力，结果显示，$R^2 = 0.407$，$F = 35.409$，回归方程显著，模型的整体解释力上升，中介变量适应环境的变革能力在 0.001 置信水平上显著，互补技术知识对新技术产业化绩效的影响在 0.001 置信水平上显著，$\beta = 0.218 < 0.319$，这表明适应环境的组织变革能力在此过程中起部分中介作用。顾客知识对新技术产业化绩效的影响在 0.01 置信水平上显著，$\beta = 0.186 < 0.250$，说明适应环境的组织变革能力在此过程中也具有部分中介作用，由此，假设 4f 得到验证。

5. 研究结论与展望

5.1 研究发现与实践意义

本研究有以下发现：（1）互补知识各维度对企业的技术创新绩效都有显著的影响。（2）互补技术知识和顾客知识对技术创新动态能力各维度的影响都是显著的，但经营管理知识只是显著地影响企业感知技术机会的能力和创新资源的整合能力，对企业适应环境的组织变革能力的影响是不显著的。这一发现说明，现代企业组织管理方式是受技术导向和顾客导向的，经营管理知识不是主要影响因素。只有当企业的各种技术知识和顾客知识决定的企业技术创新活动需要组织做相应的变革时，组织变革才会发生。（3）技术机会的感知能力在互补知识与研究开发绩效间具有中介作用，但在互补知识与新技术产业化绩效间没有中介作用。（4）资源整合能力无论是在互补知识与研究开发绩效，还是在互补知识与新技术产业化绩效间都具有中介作用。（5）组织变革能力在互补技术知识和顾客知识与研究开发绩效和新技术产业化绩效间都有部分中介作用。

上述结论具有以下实践意义：（1）互补知识对技术创新绩效有明显的影响。因此，企业要取得良好的创新绩效，就不仅要重视核心技术知识的积累，而且要重视互补知识的建设和积累。（2）不同创新导向的企业，技术创新动态能力各维度的中介作用是不同的。对于研究开发为创新导向的企业，技术创新动态能力的三个维度都很重要。对于以新技术产业化作为创新导向的企业，最重要的技术创新动态能力是创新资源的整合能力和组织变革能力。（3）经营管理知识对组织变革能力没有明显的影响，但它对企业感知技术机会的能力和创新资源的整合能力的影响是明显的。因此，要提升技术创新绩效和技术创新动态能力，企业加强经营管理知识的建设和积累也是必要的。

5.2 研究的不足与展望

互补知识和技术创新动态能力的构成维度的测量工具都还在探索之中，本文使用的量表是笔者基于国内外相关文献，结合对企业调查数据的分析确定的。受掌握的文献资料的局限，对量表的测量题项的设计可能不够全面。同时，本研究的样本主要来自我国中部地区的企业，这样的样本可能有利于提高量表的内部一致性，但也可能会降低研究的外部效度。随着互补知识和技术创新动态能力理论研究的深入，进一步检视和完善测量量表的题项，并从更多的地区获取样本，从而完善现有的量表是未来的一个研究方向。

互补知识相同的企业，技术创新动态能力未必完全相同。在互补知识向技术创新动态能力的转化中，组织学习可能具有重要的作用。受篇幅的局限，本研究没有考察组织学习的调节作用。将组织学习引入研究模型，进一步揭示互补知识向技术创新动态能力转化的机理是未来研究的另一个方向。

◎ 参考文献

[1] 陈晓红，李喜华，曹裕. 技术创新对中小企业成长的影响——基于我国中小企业板上市公司的实证分析 [J]. 科学学与科学技术管理，2009，30（4）.

[2] 贺小刚，李新春，方海鹰. 动态能力的测量与功效：基于中国经验的实证研究 [J]. 管理世界，2006，22（3）.

[3] 林萍. 动态能力的测量及作用：来自中国企业的经验数据 [J]. 中南大学学报（社会科学版），2009，15（4）.

[4] 汤湘希，杨帆，田延平. 企业知识资产价值贡献测度研究 [M]. 北京：经济科学出版社，2011.

[5] 王菁娜，王亚江，韩静. 企业动态能力的概念发展与维度测量研究 [J]. 北京师范大学学报（社会科学版），2010，62（6）.

[6] 熊胜绪，崔海龙，杜俊义. 企业技术创新动态能力理论探析 [J]. 中南财经政法大学学报，2016，60（3）.

［7］徐宁，徐鹏，吴创 . 技术创新动态能力建构及其价值创造效应——来自中小上市公司的经验证据［J］. 科学学与科学技术管理，2014，35（8）.

［8］赵静杰，张少杰 . 知识资本化及其评价指标体系分析［J］. 情报科学，2005，23（9）.

［9］Ambrosini, V. , Bowman, C. What are dynamic capabilities and are they a useful construct in strategic Management? ［J］. *International Journal of Management Reviews*, 2009, 11 (1).

［10］Atuahene-Gima, K. An exploratory analysis of the impact of market orientation on new product performance：A contingency approach ［J］. *Journal of Product Innovation Management*, 1995, 12 (4).

［11］Butler, S. Customer relationships：changing the game：CRM in the e-world ［J］. *Journal of Business Strategy*, 2000, 21 (2).

［12］Eisenhardt, K. M. , Martin, J. A. Dynamic capabilities：What are they? ［J］. *Strategic Management Journal*, 2000, 21 (10-11).

［13］Lehrer, M. Organizing knowledge spillovers when basic and applied research are interdependent：German biotechnology policy in historical perspective ［J］. *The Journal of Technology Transfer*, 2007, 32 (3).

［14］Mäkipää, M. , Antikainen, M. , Ahonen, M. Motivating and supporting collaboration in open innovation ［J］. *European Journal of Innovation Management*, 2010, 13 (1).

［15］Nonaka, I. A dynamic theory of organizational knowledge creation ［J］. *Organization Science*, 1994, 5 (1).

［16］Rothaermel, F. T. Incumbent's advantage through exploiting complementary assets via interfirm cooperation ［J］. *Strategic Management Journal*, 2001, 22 (6-7).

［17］Sanchez, R. , Mahoney, J. T. Modularity, flexibility, and knowledge management in product and organizational design ［J］. *Strategic Management Journal*, 1996, 17 (S2).

［18］Sveiby, K. E. *The new organizational wealth：Managing and measuring knowledge-based assets* ［M］. Oaklard：Berrett-Koehler Publishers, 1997.

［19］Teece, D. J. , Pisano, G. , Shuen, A. Dynamic capabilities and strategic Management ［J］. *Strategic Management Journal*, 1997, 18 (07).

［20］Teece, D. J. Explicating dynamic capabilities：The nature and micro-foundations of sustainable enterprise performance ［J］. *Strategic Management Journal*, 2007, 28 (13).

［21］Thomke, S. , Kuemmerle, W. Asset accumulation, interdependence and technological change：Evidence from pharmaceutical drug discovery ［J］. *Strategic Management Journal*, 2002, 23 (7).

［22］Tripsas, M. , Gavetti, G. Capabilities, cognition, and inertia：Evidence from digital imaging ［J］. *Strategic Management Journal*, 2000, 20 (10).

A Study of the Impacts of Complementary Knowledge on Corporate Technological Innovation Performance

——The Mediating Effect of Corporate Technological Innovation Dynamic Capability

Xiong Shengxu[1]   Li Ting[2]   Ma Zixing[3]

(1, 2, 3   Business and Administration College of Zhongnan
University of Economics and Law, Wuhan, 430064)

Abstract: This paper explores the impact of complementary knowledge on corporate technological innovation performance and the mediating effect of corporate technological innovation dynamic capability. By means of combining literature review and questionnaire survey research methods, we developed the measurement scales of complementary knowledge and dynamic capability of corporate technological innovation. The results of statistical analysis from 252 enterprises show: (1) all dimensions of complementary knowledge have a significant positive impact on corporate technological innovation performance. (2) Complementary technical knowledge and customer knowledge have a significant positive impact on all dimensions of corporate technological innovation dynamic capability. But the management knowledge only has a significant impact on perceived capability of technical opportunity and resources integration capability, and its impact on organizational change capability is not significant. (3) The perceived capability of technical opportunity has a mediating effect in the impact of complementary knowledge on R&D performances, but has no mediating effect in the impact of complementary knowledge on performance of industrialized new technology. (4) The capability of resources integration has a mediating effect both in the impact of complementary knowledge on R&D performance and the complementary knowledge on performance of industrialized new technology. (5) The organizational change capability has a partial mediating effect in the impact of complementary technical knowledge and customer knowledge on R&D performance and performance of industrialized new technology.

Key words: Complementary knowledge; Dynamic capability of technological innovation; Innovation performance

专业主编：陈立敏

跨国公司外派人员回任适应研究述评与展望[*]

● 叶晓倩[1,2] 崔秋霞[3] 李岱霖[4] 王泽群[5]

(1，3，4，5 武汉大学经济与管理学院 武汉 430072；
2 武汉大学人力资源管理研究中心 武汉 430072)

【摘 要】外派回任人员是跨国公司借以提高竞争能力的关键人力资源，但长期存在的回任人员高离职率却导致这一重要资源的流失问题。回任适应作为外派-回任的重要环节，是分析上述难题并改进组织和个人行为的重要理论视角。本文基于文献研究，首先对比分析了回任适应的内涵、概念维度和阶段划分，介绍了回任适应的测量量表；然后，系统归纳了回任适应的影响因素，总结介绍了回任适应所产生的影响效应；最后，在述评现有研究成果的基础上，提出了本文的整合框架、管理启示与研究的不足，并展望了未来研究的方向。研究结果表明，未来应该丰富不同文化情境下回任适应的研究、深化应对回任适应困境的个体策略研究，以及拓展回任适应的影响与作用机制的研究。

【关键词】外派人员 回任人员 回任适应 影响因素 影响效应
中图分类号：F272.92 文献标识码：A

1. 引言

经济、贸易和资本的全球化发展促进了跨国公司（Multinational Coporations，MNCs）及其国际业务的持续发展，人力资源外派活动愈加频繁。完成外派任务的员工回到国内一般位于组织的中高层，在工作中具有一定自主权（Selmer，1999）。国外的成功就职经历让回任人员具有国际化视野，更加丰富的知识网络、跨文化管理经验以及对国际市场更为准确的把握和洞察力等专有性能力，这些能力有助于 MNCs 国际化战略的进一步实施和推动企业人力资本与知识资本的增长。但是外派后回任也将面临诸多挑战，如，重返母国文化冲击、对新的工作环境的适应以及家属的重新安置，等等。与人们的通常认知不同，回任适应其实比外派适应还要难（Caligiuri & Lazarova，2001；Andreason & Kinneer，2005）。

＊ 基金项目：国家自然科学基金面上项目"中国跨国经营企业外派管理人员回任组织支持行为的实证研究"（71172204）；教育部人文社会科学研究规划基金项目"回任适应与跨国公司回任知识转移：个体—组织多元匹配视角"（16YJA630066）。

通讯作者：叶晓倩，E-mail：yxhq@ whu. edu. cn。

回任后不适应会导致情绪低落、工作积极性和效率低下甚至发生离职这种极端的不适应行为，这显然不利于员工个人的职业生涯发展和 MNCs 对于回任知识这一专门性知识的获取。

回任人员在外派中积累了丰富而又具异质性的知识、技能与经验，他们对回国后的工作与生活有较高预期，但现实却是回任人员的职位往往并未得到提升，工作职责与工作自主程度等远低于回任预期。因此，面对变化的社会环境、变差的居住条件和更低的津贴，不但回任人员本人，其家庭也同样面临再适应困境（Andreason & Kinneer, 2005; Malek & Budhwar, 2013）。逐渐降低的工作满意度和日益强烈的离职意愿，使得回任人员的离职率远高于国内任职员工（回任人员回国后 2 年内的离职率高达 55%，其中，第一年占比 29%，第二年占比 26%；回国 2 年后的离职率仍有 24%）（数据来源于 Brookfield 公司 2014 年对 159 家 MNCs 进行的调查报告，该报告于 2015 年出版）。回任人员离职不仅损失了企业的时间成本、财务成本、人力资本以及外派人员的知识资本，还会影响到其他员工接受外派任务的意愿，最终影响 MNCs 国际化战略的进一步实施（Stahl et al., 2009; Kraimer et al., 2012; Cho et al., 2013）。因此，为降低回任人员的回任不适应以及减少因回任不适应而导致的高离职率，明确影响回任适应的关键因素及其影响效应、作用机制并给予科学界定和测量，助力 MNCs 借由回任人员这一特殊人力资本提高其国际竞争力，理论和实践意义兼具。

有鉴于此，本文依托 Springer、Emerald、Wiley、JStorm、中国知网等数据库，主要采用 "repatriation adjustment"、"repatriates adjustment" 及 "repats adjustment" 作为关键词搜索被 SSCI 收录的企业管理国际主流学术期刊（如，*Academy of Management Journal*，*Academy of Management Review*，*Journal of International Business Studies*）与人力资源管理、心理学国际主流学术期刊（如，*Personnel Psychology*，*Human Resource Management*，*International Journal of Human Resource Management*，*International Journal of Manpower*）；采用 "回任适应" 及 "归国适应" 作为关键词检索被 CSSCI 收录的管理学术期刊（如《管理世界》、《心理科学进展》等）。为获取较新的重要文献，通过阅读文献标题、关键字与摘要，根据文献与研究主题相关程度及发表刊物影响力进行甄选，所获文献需满足以下要求：（1）文献研究主题需与跨国公司外派回任人员回任适应的研究主题相关；（2）文献发表刊物需为本领域重要学术期刊，或文献作者需在此研究领域具有较好或延续性的研究成果；（3）除本领域经典文献，文献发表时间应在 1985 年后，即应为近三十年的研究成果。后续通过文献阅读、分析与理论追踪挖掘了搜索到的文献，最终遴选出 45 篇文献作为主要研读文献。在 45 篇参考文献中，英文文献为 40 篇，中文文献为 5 篇。英文文献主要来源于英文期刊 "*Human Resource Management*，*International Journal of Human Resource Management* 与 *Journal of International Business Studies*"。基于上述有关回任适应的经典研究文献的延展阅读，在广泛收集和研读回任适应研究领域的重要研究文献的基础上，对回任适应的内涵、维度划分、影响因素以及影响效应等相关研究做了系统的回顾与总结，并以此为基础，深入分析这些研究对于 MNCs 解决回任适应难题以及未来研究的启示。

2. 回任适应的内涵及其测量

2.1 回任适应的内涵

2.1.1 回任适应的界定

回任适应的概念界定目前尚未统一，概括来说主要有三种观点，即过程观、状态观与综合观。过程观认为回任适应是一个由不平衡进入平衡的过程，回任人员为实现个体与环境的和谐而采取行动。回任后，员工努力规避母国环境不确定性，实现个体与环境的协调，一般需要一至一年半的时间实现回任适应（Gregersen & Black，1990）。状态观认为回任适应是一种和谐的状态。在渡过冲击阶段后，环境需求与个体态度及行为间的匹配程度提升、冲突减少，回任人员进入回任适应状态（Berry 等，1992），故回任适应是个体在母国感知到的心理舒适及满意程度（Gregersen & Black，1990）。综合观认为回任适应具有多重含义，既表明接纳与满意的整体感觉（Brislin，1981）、对文化所接受的能力与行为的获取（Bochner 等，1977），也指没有心理健康问题，如压力或沮丧（Berry & Kim，1988），及个体在新环境中感受到的心理舒适等（Gregersen & Black，1990）。

过程观与状态观的差异在于对回任适应内涵界定的侧重点不一致，过程观侧重于采取行动以实现适应的时间过程，状态观侧重于最终形成的适应结果。虽然两种观点的视角不同，但都认同回任适应需经过态度与行为的阶段性修正，以形成内部心理与外部行为相平衡、自身与外部环境处于和谐的状态。综合观虽将过程与结果相混合，看似全面，但缺乏系统性与内在逻辑。目前由于研究者尚未对回任适应提出明确且统一的概念界定，在综合考虑三种观点后，本文认为回任适应是外派人员从东道国返回母国后，为重新满足环境要求不断调整态度与行为，直至实现自身与环境匹配，对社会环境、工作与人际交往等感受到持久的心理舒适、愉悦与满意。

2.1.2 回任预期与回任适应

回任预期是回任人员所形成的与工作、人际交往及社会整体环境相关的预期（Vidal 等，2010）。回任预期形成于外派人员回国前的准备阶段，是回任适应的重要组成部分（Sussman，2001）。外派员工回国后，往往会感到现实的工作和生活与预期不一致：一方面，母国与自身已融入的东道国在社会、组织、工作、人际各层次存在差异；另一方面，对母国的原有认知与母国现有实际已不相符合。面对母国的新环境，回任人员面临比外派时更加复杂的不确定性（Andreason & Kineer，2005）。回任人员在外派期间受东道国影响，已形成了与东道国要求相适应的价值观、态度及行为模式，回国意味着要进行思维习惯与行为模式的转换。对于已远离一段时间的母国的观念、态度及行为感到陌生，难以准确预期不同行为所产生的结果。为降低回国后的不确定性，提高对工作与生活的掌控，回任人员在回国前应进行预测控制，以使其能形成准确的回任预期（Black 等，1991），即通过整合不同来源的信息，逐渐形成母国工作及生活的印象轮廓，明确环境对个体的要求，以降低不确定性。因此，回任预期是回任适应重要的影响因素，回任预期越准确，意味着回任人员越能准确预测回国后新环境的要求，相对来说回任适应会变得更容易。

2.2 回任适应的维度与阶段划分

回任适应是多维度、多阶段概念。从宏观上看，回任人员的观念、态度与行为要满足社会整体环境的要求；从中观上看，回任人员要与组织与工作环境相匹配；从微观来看，员工要适应人际交往与居住条件等。并且，不同阶段的回任适应任务及适应程度也不同。

2.2.1 回任适应维度

清晰界定回任适应的维度是进行实证研究的前提。以往研究大多认为回任适应包括三个维度，即工作适应（work adjustment）、互动适应（interaction adjustment）与一般适应（general adjustment）（如，Black，1988；Hechanova et al.，2003）。工作适应主要指员工对母国组织与新工作的适应，包括工作职责、绩效水平及监管职责；互动适应指回任人员对与母国的人际交往与互动感到舒适；而一般适应指回任人员对母国整体文化环境及生活感到愉悦，例如气候、食物、居住、生活成本、交通与健康设施等（Vidal et al.，2010；Hechanova et al.，2003）。但也有学者提出四维度观，在前面基础上将工作适应进一步分解为职位适应（job adjustment）与组织适应（organization adjustment），且这两个维度独立发生作用（Suutari & Valimaa，2002）。在四维度观中，职位适应与组织适应两个维度是以专业性为中心的适应，而一般适应与互动适应两个维度是以个体为中心的适应（Andreason & Kinneer，2005）。除此以外，针对回任适应的维度划分还有其他观点，如，Arman（2009）认为应将回任适应划分为：工作适应、社会文化适应与心理适应。工作适应指回任人员需适应组织与工作职责的变化；社会文化适应指回任人员需适应母国的文化、生活方式、社会活动、关系与财务状况；心理适应指回任人员需调整认知，包括对期望、所经历的压力及失去以前的诸多条件与关系的认知。本文认同研究者广为接纳和使用的回任适应维度观，即回任适应所包含工作适应、互动适应与一般适应等三个维度，涵括了回任人员回到母国后，对社会、组织、工作与人际的各层次适应，相对全面准确。

2.2.2 回任适应阶段

基于自我控制理论，个体在进入新环境时，为减少不确定性，一般会使用预测控制与行为控制的策略提高控制水平以适应环境。回任人员在回国前，了解并预测即将进入的母国环境，权衡自己应该采取何种适宜的行为，并在回国后依据环境调整自我行为（Bell & Staw，1989）。据此，Berry 和 Kim（1988）认为回任适应分为两个阶段，回国前适应与回国后适应。回国前适应是在回国前预测新环境，以降低回任后行为不确定性的适应过程；回国后适应是指回到母国后，依据环境调整行为的适应过程。但对此也有研究者持不同观点，如，Black 等（1999）认为，根据外派适应过程的 W 型理论应将回任适应过程分为三个阶段，即回国前适应，个体预期适应产生及回国后适应。他们认为员工在经过回国前的评估和预测，已经在一定程度上降低了不确定程度，从而对母国产生了初步适应，那么此阶段应当从回国前适应中分离为单独的阶段。比较来看，三阶段回任适应模型阐明了回任人员从回国前信息搜集、预测到产生回任预期，以及回国后改变态度与行为从而最终适应的整个过程，比两阶段模型更加细致和完整。

2.3 回任适应的测量

现有研究对回任适应的测量主要采用问卷法,迄今已经产生了若干通过验证、较为成熟的量表。使用频率最高的是 Black 和 Stephens（1989）开发的量表,他们采用 14 个条目测量一般适应、工作适应及互动适应三个维度。其中,一般适应有 7 个条目,如"我能适应母国的居住条件"等;工作适应有 3 个条目,如"我能适应母国的绩效标准和期望"等;互动适应有 4 个条目,如"我与母国公民交往"等。研究结果显示一般适应的 Cronbach's a 为 0.82,工作适应为 0.91,互动适应为 0.89,可见量表具备较好的信度和效度（Wu et al., 2014）。其他研究者如 Vidal 等（2007）开发了包括 20 个条目的回任适应量表,分别从"工作适应、回任绩效、回任满意与回任离职意愿"四个维度来测量回任人员的回任适应。

由于回任预期也是回任适应包括的重要内容之一,学者们对其也开发了测量量表。如,Suutari 和 Brewster（2003）的研究中采用李克特五点计分,通过 15 个条目测量了回任人员回国前形成的工作预期、境况与互动预期、居住水平预期、组织待遇预期及职业前景预期;采用 2 个条目测量了家庭回任预期。其中工作预期测量使用了 4 个条目,包含对工作职位、工作任务、工作职责和工作自主性的预期,如"我承担的工作职责会与我预期一致"等。境况与互动适应预期的测量使用了 5 个条目,包含对在组织和部门总体境况、与同事及朋友交际及社会适应的预期。此外,对居住水平预期的测量采用了 2 个条目,对组织待遇预期的测量采用了 3 个条目,对职业前景预期的测量采用了 1 个条目。

通过梳理现有研究可以发现,外派人员回任即意味着其所处的社会、组织、工作与人际等全方位的变化,既包含工作适应、互动适应与一般适应等多层次的含义。同时,回任适应又意味着组织与个人共同努力,经信息搜集、产生预期、形成适应的多环节过程,且最终期望达到相互匹配的过程。

3. 回任适应的影响因素研究

虽然关于回任适应影响因素的观点尚存分歧,但 Black（1992,1999）的理论模型一直运用得最广。Black 认为归国后的回任适应性受到组织因素、工作因素、个体因素和其他因素等四个因素的影响,并认为这四个因素主要通过影响回任预期进而影响到回任后的适应性。一般来说组织满足回任人员的工作及非工作预期的程度越高,他们的回任适应程度也会越高（Shen & Hall, 2009）。后来的研究者基于 Black 理论模型展开了大量研究,并得到了有价值的研究结果,下面分别从上述四个方面予以阐述。

3.1 组织因素

3.1.1 职业规划与管理

回任人员在外派期间培养了国际化视野,获取了国际化知识、能力与经验,对回国后的职业生涯发展有相当的期待。组织的回任政策与人力资源管理实践,能给予回任人员充分地协助与支持,满足其在工作、职业发展及生活等多方面的需求,缓解其回任后的压力与紧张，如职业发展支持等回任支持政策与实践，都能够让回任人员相信组织重视其贡献从而产生主观层面的组织支持感，而达到缓解其回任适应困难的作用（Takeuchi et al.，2009），因此 Kulkarni 等认为（2010）回任管理的关键在于职业规划与管理。一方面，组织通过完整、系统和结构化的回任政策及与之一致的人力资源管理实践，可为员工回任后的职业发展提供制度保障与实践支持，有效提升员工的职业清晰度；另一方面，职位晋升是组织对员工国际工作经历的充分肯定，通过充分发挥回任人员外派经历价值降低其不适应感，如果缺乏内部职业发展，员工甚至会做出离开组织的决策（Caliguiri & Lazarova，2001）；同时，组织规模越大，实力越强，组织制度越成熟，越能为员工职业发展提供平台，员工越愿意回到母国（姜秀珍等，2011）。因此，MNCs 若能重视回任人员的职业发展预期并能恰当地管理其职业发展期望、履行结构化与战略性的人力资源管理职能，便能够有效改善回任过程。突出组织职业发展规划与管理的回任政策，可以说是回任人员管理实践中最重要的组成部分。

3.1.2 培训与导师

回任人员在整个外派-回任周期内需要两次适应新的社会环境（由母国外派到东道国，再由东道国回任到母国），面对两次跨文化冲击，研究显示充分的培训可以在较大程度上减轻文化冲击。回任前后，组织为回任人员提供培训并分配导师，通过传递信息及提供一对一的指导，能够帮助回任人员尽快调整认知、态度与行为，熟悉母国环境与组织氛围，匹配组织的要求。组织提供的培训越严格，内容越充实、越准确，越能促进回任人员形成合理预期及回任适应。导师作为指导者的示范功能有助于促进两者之间的互动并提升工作适应，而职业发展功能有助于提升回任人员的一般适应（Wu et al.，2014）。但要注意的是，导师也可能会对回任后的工作适应产生负面影响（Vidal et al.，2007），如：导师素质不高则无法为员工传递有效信息并予以正确指导；或者导师辅导期过短则无法充分发挥导师制的价值。Mezia 和 Scandura（2005）认为，在回任过程中，帮助性的导师能有效满足回任人员工作角色适应和母公司文化适应的需求；而在导师缺失的情况下，工作中的上级和同事也能帮助回任人员适应新环境，其中正式的上级指导关系能有效促进工作角色适应，而非正式的同事指导关系能有效促进母国文化适应。因此，对回任人员导师所赋予的功能定位不同，或者担任导师的人员身份不同，其影响力将存在差异。

3.1.3 沟通

回任适应困难很大程度上源于不确定性带来的焦虑与茫然，如果能够与母国员工及家人频繁沟通，获取母国组织及社会的关键信息，有助于降低回任人员的心理压力。因此，沟通是降低回任人员所感知的不确定性并形成良好预期的重要方式。母国组织为回任人员提供的沟通交流渠道和机会越多，帮助回任人员与外界多交流、多沟通，获取更丰富的信息量，其回任后对社会、组织与工作的陌生感将越低。研究表明，在回国前，母国与东道国的母子公司间的沟通频率与内容，组织与员工间交流频率，都对回任前的工作预期有显著影响，并进而影响回任人员的回任适应性（Vidal et al.，2010；McEvoy & Buller，2013）。

3.2　工作因素

那些与回任人员职业与工作相关的因素是回任成功与否的重要决定性因素，工作内容、工作自主性及角色清晰度等工作特征对回任人员的回任适应都有重要影响。如果回任人员在外派期的工作具有更多与母国交流的内容，其与母国间因工作任务而进行的频繁联系，能够通过增加双方的信息交换，有助于回任人员形成合理工作预期，促进回任适应（Black et al.，1992）；如果回任后的工作内容使回任人员觉得并没有充分利用其在外排期所获得的技能，将导致较差的回任适应（Arnaez et al.，2014），即工作职位是否晋升将影响回任人员的工作适应性及适应程度（Vidal et al.，2007）。因为，一般而言，若回任人员在外派时享有更高的社会地位与更多的生活补贴，那么在回国以后他们会因为社会地位下降产生负面心理感受，导致回任适应的难度加大。而回任后的工作自主性越强，一般适应及互动适应也会越好（Black & Gregersen，1991）；工作职责越清晰、角色越明确，则工作适应性越好。Gregersen 和 Stroh（1997）的实证研究结果表明角色清晰度与角色自主性能促进芬兰回任人员的工作适应；Vidal 等（2010）证实了这种关系在西班牙回任人员中也存在；研究也发现，回任后的角色冲突程度与角色新奇度越高，回任人员的工作适应越差（Gregersen & Stroh，1997；Suutari &Valimaa，2002）。这意味着如果回任后所担任职位的工作及其职责与之前差别越大，回任人员越难以得心应手地处理工作。

3.3　个体因素

3.3.1　个体特质与能力

一是年龄对回任人员的回任适应也有影响。年长的回任人员，拥有更加丰富的经验与能力，比年轻员工更容易重新适应母国（Black & Gregersen，1991；Black，1994）。根据控制理论，当回任人员拥有更高的自我效能感时，员工有强烈的信心与信念，能够通过预测与行为控制降低不确定性，从而也更容易实现回任适应（Vidal et al.，2007）。二是核心自我评价影响回任适应。自我评价高的回任人员，具有更强的信心学习新的事物，他们能在指导者的协助下更好地适应环境；而自我评价较低者，需要指导者的更多帮助才能摆脱回任适应困境。三是社会能力强的回任人员，更善于运用社会能力解决回任后遇到的问题（Vidal et al.，2010），从而有助于回任适应。

3.3.2　个体感知与行为

在外派期，外派人员若能与家庭保持更多联系，持续感受到信息及情感支持，其回任后适应性更好（Suutari & Valimaa，2002）；若员工感知到较多外派适应问题，意味着其与东道国融合程度低，可能与母国环境契合程度更高（Vidal et al.，2010），回任后能够更好地适应。而有意思的是，员工对外派任务的满意度高，也有助于提升回任适应水平。Suutari 和 Valimaa（2002）对此分析后认为：由于外派人员在外派期间获得较好的外派体验，对母公司的满意度随之提升，回任后心理上的适应困难较低。Shen 和 Hall（2009）则指出，回任人员的组织支持感越高，越能感知到组织对其人力资本价值的重视，从而越能缓和其回任适应面对的困境。

个体的主动应对策略也很重要。工作转换与主动性理论表明，主动性较强的回任人员的主动性策略，如信息搜寻和社会网络构建等行为既开拓了合适的职业，也因此获得更好的回任适应。相比较于情感中心型应对方式，采用问题中心型应对策略的员工有助于其获得互动适应及工作适应（Herman & Tetrick，2009）。基于自我调节理论，回任人员作为具有自我控制及调节能力的个体，不论组织是否给予足够的回任支持，他们都会有主动行为策略以适应母国社会、工作及人际交往。Andreason 和 Kineer（2005）的研究也恰好印证了这一点，他们认为回任人员及其家属可以借助信息搜寻与社会网络途径来积极应对回任适应中的困难。

3.3.3 回国时长

根据适应的 W 型曲线理论，外派人员的外派任期越长，母国的变化越多，不确定性越大，越容易产生异化感，外派人员越难以形成准确的回任预期（Black & Gregersen，1992）。且外派人员对东道国的社会、文化、组织与工作的熟悉与适应程序越深，回到母国重新适应的困难也就越大。但是，如果在外派期间，员工能经常回到母国及公司，有助于其形成准确的回任适应预期。而在结束外派任务回国以后，在国内生活的时间越长，所获取的母国信息越多，越容易适应母国环境（Gregersen & Stroh，1997）。

3.4 其他因素

文化情境是回任适应的重要影响因素，东道国与母国间的文化距离影响到外派人员回任后的互动适应与一般适应（Gregersen & Stroh，1997），东道国与母国文化差距越大，员工的态度、观念与行为的调整越复杂，员工的互动适应与一般适应就会越低（Malek & Budhwar，2013）。而且在不同文化情境下，回任适应还存在特性差异（Black et al.，1991；Gregersen & Stroh，1997；Vidal et al.，2010）。

此外，家庭因素也不容忽视。Brookfield（2015）的调查数据表明，配偶跟随外派人员出国的比例高达 78%，孩子跟随外派员工出国的比例是 47%。因此，回任适应不仅仅是回任者本人要面对的问题，也是其整个家庭需要面对的问题。回任人员与家属的互动适应与一般适应具有显著一致的相关关系（Black & Gregersen，1991），家属在回任后的人际交往状况及社会适应会对回任人员产生连带效应。因此，为提升外派人员的回任适应性，其家属的适应问题同样要引起重视。

回任适应影响因素的现有理论框架主要聚焦于影响回任适应预期及回任适应的各因素，其中 Black 等（1999）关于回任适应四项影响因素的观点认同度最高，呈现一般性特征，并具有相当的延展性与适用性。学者多以此为基础，在不同文化情境下对此理论框架进行了验证，遗憾的是迄今未在非盎格鲁-撒克逊国家检测过（Vidal et al.，2010）。然而，Vidal 等（2007）的研究也表明回任适应在不同文化情境下的验证结果具有差异性，国内也有部分学者（杨春江等，2013；姜秀珍，2011、2013；闫燕，2012）就此进行了概念性研究，但深层次的实证分析研究较少。未来的研究应该顺应全球化与跨国企业的发展趋势，探讨多元文化情境下的回任适应影响因素模型。

4. 回任适应的影响效应分析

相较于回任适应的影响因素研究，涉及影响结果分析的文献较少，且现有研究主要集中于对直接效应的分析，间接效应与交互效应的研究成果明显不足。

4.1 直接影响效应

短期内的回任适应问题主要影响回任人员的绩效。回任人员工作适应性越差，越无法顺利承担在组织中的工作职责，工作绩效也会越差（Vidal et al.，2010）。如果回任以后一直无法提高工作适应程度，消极情绪就会随之出现。当工作满意度下降到一定程度，离职意向逐渐增强最终引发离职行为（Vidal et al.，2007）。在所有影响因素中，回任人员及其配偶的回任适应困难、工作满意度低是与离职意愿相关程度最高的因素（Bhaskar-Shrinivas et al.，2005；Hechanova et al.，2003），也即，回任适应性越差，回任人员离职意愿越强，最终导致高离职率（Harvey，1989）。对回任人员来说，因不适应导致较低的工作绩效阻碍了个体的职业生涯发展。对组织来说，因回任不适应带来的低绩效、消极情绪、工作不满意与离职行为，使组织不仅无法充分利用员工外派时获得的知识、技能与经验，促进组织创新与进步，反而导致企业财务成本上升及人力资本的流失（Stahl et al.，2009）。因此，回任以后的不适应无论是对员工个体还是对组织都不利。

4.2 回任适应与其他因素的交互影响效应

Black 等（1992）提出，回任适应与组织承诺的高低会交互影响回任人员的离职与留任，并且导致四种有差异的离职与留任模式：即，当回任人员的回任适应及组织承诺都高时，员工的绩效高，愿意留在组织中，此时产生功能性留任，员工的绩效与其留任意愿具有一致性；当员工回任适应与组织承诺都低时，员工在组织中的绩效低，并且不愿意再留在组织中，导致功能性离职，此时员工的绩效与其留任意愿也具有一致性；而当员工的回任适应与组织承诺的高低不一致时，绩效与留任意愿相反，出现失调性留任或离职。

一部分学者研究了回任适应与工作嵌入的交互影响作用，在这种影响作用下回任人员会做出不同的职业探索决策。如，Shen 和 Hall（2009）构建了回任人员组织内外职业探索矩阵图（参见图1），根据图1可以判断出，不同程度的回任适应困难与工作嵌入组合下，回任人员对职业探索的决策不同。当回任人员遭遇回任适应困难时，如果员工工作嵌入程度高，员工不愿离开组织，为逃避不适应的困境，被迫在组织内寻找新的职业机会；但如果工作嵌入低，员工不愿再留在组织内，就会被迫积极探索组织外的职业机会，继而引发离职。

4.3 回任适应的调节效应

除了上述对回任适应的因果关系研究外，一些研究者关注了回任适应的调节作用。姜秀珍等（2013）研究了中国 MNCs 的外派管理回任人员，将回任适应分为工作适应性、回任后绩效、回任满意度和回任后离职倾向 4 个维度，证实了回任适应的部分维度在回任人

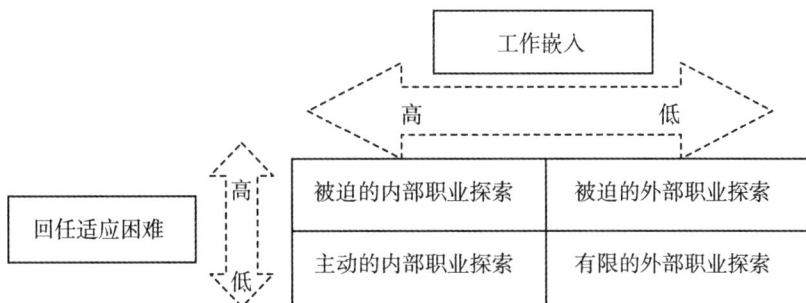

图 1　回任人员组织内外职业探索矩阵①

员领导力对母公司组织创新的关系中起调节作用。当回任后工作绩效高时，将增强领导力中的共启愿景维度与管理创新的正相关关系；而在回任后工作满意度越高的情况下，将增强领导力中的激励人心维度与技术创新的正相关关系。由此可见，回任适应能够影响外派管理人员的领导力对母公司组织创新的作用。Furuya 等（2009）研究者认为积极的回任自我调试可以带来国际管理能力转移。与此观点相似，王娟茹（2015）认为，回任人员在外派中获得的经验与知识无法在回任后被有效利用的原因之一是重返母国后文化的冲击、不能适应母国环境，可见回任适应与回任人员在回国后的知识转移存在关联。鉴于回任知识作为能被母公司吸收和整合，可以推动 MNCs 提升国际竞争力、改善全球化经营的重要知识资源（Harzing et al.，2016），如何转移回任知识正成为跨国公司知识管理的重要组成部分，回任适应对知识转移的影响成为研究的新关注点。

经过对已有文献的分析可知，对回任适应结果变量的研究仍较为缺乏，且研究成果多集中在个体层面。但是，回任人员作为人力资本的载体，对组织知识管理及组织创新具有重大意义，回任适应将因对回任人员这一国际化经营所需的重要资源的利用，不仅影响到跨国公司回任人员的去留和职业定位，也会深刻影响到组织的创新和知识转移。

5. 讨论及进一步研究建议

5.1　研究成果与管理启示

从国内外现有研究来看，对回任适应的内涵界定测量、影响因素及结果效应等方面已经初步形成了较为系统的理论和方法。通过对关于回任适应研究的文献进行总结，本文认为，回任适应是外派人员从东道国返回母国后，为重新满足环境要求不断调整态度与行为，直至实现自身与环境匹配，对社会环境、工作与人际交往等感受到持久的心理舒适、愉悦与满意，包含工作适应、互动适应与一般适应等多重纬度，跨越信息搜集、产生预

---

① Shen，Y.，Hall，D. T. T. When expatriates explore other options：Retaining talent through greater job embeddedness and repatriation adjustment ［J］. *Human Resource Management*，2009，48（5）：793-816.

期、形成适应等多个环节，覆盖回任前后较长一段时期。这是一个过程、状态兼具的管理概念，回任适应的状态是管理实践需要达成的结果，其过程则是管理实践可以发挥作用的空间。作为与个人感知高度相关的概念，回任适应与回任预期高度相关，甚而可以说是回任适应的重要组成部分。现有文献显示，研究影响回任适应各项因素的理论就主要聚焦于影响回任适应预期的因素以及影响回任适应的因素，其中 Black 等（1999）所提出的组织因素、工作因素、个体因素和其他因素的四因素理论框架的影响最为广泛，后续许多研究基于这一理论框架展开。梳理现有研究，可以发现，组织因素主要包括职业规划与管理、培训与导师、沟通机制等方面，工作因素主要包括工作内容、工作自主性及角色清晰度等方面，个体特质与能力、个体感知与行为、回国时长等是个体因素的主要组成部分，此外回任适应还会受到回任过程所处的文化情境、外派人员的家庭等其他因素的影响；而外派人员的回任后是否适应，以及适应水平若何，不仅直接影响回任人员的绩效，而且还会对回任人员的离职与留任、职业探索决策、组织创新、知识转移等产生间接影响（见图 2）。

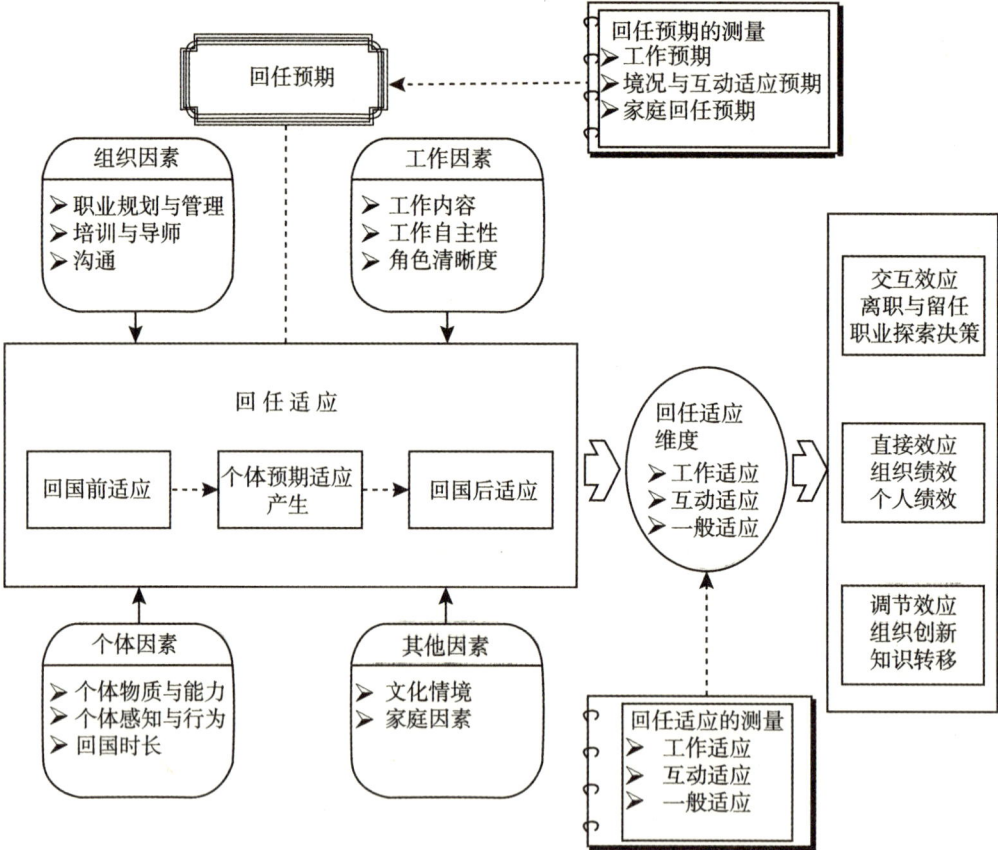

图 2　回任人员回任适应理论框架图①

---

① 作者整理所得。

然而现实是，在 MNCs 中外派人员回任适应难是较为普遍的现象。因此，在人力资源管理实践中需要认识到：一是超越回任期管理回任适应，将管理行为向回任前延伸，通过加强外派期与外派人员的沟通联系，提供相应的组织支持措施，帮助外派人员形成合理的回任预期，能够有效提升回任适应水平；二是解决回任适应难需要组织与外派人员双方主动相向而行，组织应有规划地为外派人员提供职业规划与管理、培训与导师、沟通机制等方面的体制机制支持，特别是要遴选具有主动性人格的外派人员，并在外派期予以引导强化，在回任适应过程充分激发个体的主动应对能力；三是 MNCs 应高度重视回任适应管理，将其纳入企业战略予以管理，从而促进组织、个人共同提高绩效实现双赢，也能通过解决回任适应难题实现对回任人员这一宝贵人力资源的充分应用，推动回任知识转移和管理创新，打造国际化核心竞争能力。

5.2 研究的不足与展望

在经济日益全球化的今天，与外派相关的国际人力资源管理是当前以及未来研究的热点之一，其中与外派人员职业生涯发展高度相关的回任适应是其中的重要主题之一。特别是在我国提出"一带一路"倡议，大力推进企业走出去的情况下，研究更具现实意义。但是，截至目前在国外顶级期刊上已经发表的实证研究文章还不多，国内不多的相关研究也主要集中在概念理论方面，现有研究存在的不足和面临的困难也为进一步研究提供了大量的机会。如：现有文献中不多的实证研究主要集中在欧美文化背景的国家，研究的样本主要取自欧洲与美洲，如美国、西班牙与芬兰等国，现有理论框架在东方文化背景中的延展性与适用性还有待实证检验；虽然回任人员的主动性有助于改善回任适应，但是关于个体究竟该如何主动、积极应对回任适应困难的研究依然缺乏；回任适应作为一个组织、个体相互影响的过程，需要双方相向而行，互相匹配满足对方的需求，但现有研究较少从个体——组织匹配的视角出发，探讨回任适应和回任知识转移的相关问题。未来研究可能的方向有：

一是丰富不同文化情境下回任适应的研究。基于中国企业国际化经营飞速发展所形成的丰富经验和数据，选择中国跨国经营企业或在我国经营的他国企业的外派人员为样本，基于 Black 等的回任适应四方面影响因素等经典理论进行实证研究，验证经典理论观点对于中国跨国公司的适用性、中国的东方文化情境对他国外派人员回任的影响，以及各因素维度的真实作用和意义。此外，未来的研究还应该顺应全球化与跨国企业的发展趋势，探讨多元文化情境下的回任适应模型，通过比较不同文化情境下的研究结果完善回任适应理论模型并扩展其适用范围。

二是深化应对回任适应困境的个体策略研究。未来研究可关注在面临回任适应困境时，回任人员的主动性人格、主动行为及自我调节等因素对回任适应的影响。同时，也可关注回任人员应当采用何种策略以实现回任适应，尤其需要区分在获得组织、同事及家庭的支持或者缺乏各方面支持时，个体应对策略的差异性，这些研究结果将可以为回任人员应对回任困境提供参考和指导。

三是拓展回任适应的影响与作用机制的研究。未来可从个体-组织匹配视角出发，更深层次地探究回任适应的本质及其对回任知识转移的影响、对跨国公司的知识创新行为与组织绩效、部门绩效的影响，探究回任适应在其中的作用机制。如此，既可以对回任适应的影响效应有更全面的阐述，也可以丰富知识创新理论。

◎ 参考文献

[1] 姜秀珍，金思宇，包伟琴等．外派人员回任意愿影响因素分析——来自中国跨国经营企业的证据 [J]．管理学报，2011，8（10）．

[2] 姜秀珍，赵传辉，项佳慧．领导力与组织创新：外派管理人员回任适应的调节作用 [J]．上海市经济管理干部学院学报，2013，11（6）．

[3] 王娟茹．回任支持对双元性创新的影响研究 [J]．管理学报，2015，12（7）．

[4] 闫燕．海归知识员工组织支持感和主动性人格对组织承诺的影响研究 [D]．西南财经大学，2012．

[5] 杨春江，刘锐，李陶然．跨国公司外派人员回任后缘何离职频繁？——基于工作嵌入理论的阐释 [J]．东北大学学报（社会科学版），2013，15（1）．

[6] Andreason, A. W., Kineer, K. D. Repatriation adjustment problems and the successful reintegration of expatriates and their families [J]. *Journal of Behavioral and Applied Management*, 2005, 6（2）.

[7] Arman, G. Repatriation adjustment：Literature review [J]. *Journal of European psychology students*, 2009（6）.

[8] Arnaez, N., Arizkuren, A., Muñiz, M., et al. New approaches on repatriation research [J]. *Management Research*, 2014, 12（3）.

[9] Bell, N. E., Straw, B. M. *People as sculptors versus sculpture：The roles of personality and personal control in organizations*. In：Arthur, M. B., Hall, D. T., Lawrence, B. S., Handbook of Career Theory [M]. Cambridge, UK：Cambridge University Press, 1989.

[10] Berry, J. W., Kim, U. *Acculturation and mental health* [M]. In：Daasen, P. R., Berry, J. W.（Eds.），Health and Cross-Cultural Psychology. Newbury Park, CA, US：Sage Publications, 1988.

[11] Berry, J. W., Poortinga, Y. H., Segall, M. H., et al. *Cross cultural psychology：Research and applications* [M]. Cambridge, UK：Cambridge University Press, 1992.

[12] Bhaskar-Shrinivas. P., Harrison, D. A., Shaffer, M. A., et al. Input-based and time-based models of international adjustment：Meta-analytic evidence and theoretical extensions [J]. *Academy of Management Journal*, 2005, 48（2）.

[13] Black, J. S. Work role transitions：A study of American expatriate managers in Japan [J]. *Journal of International Business Studies*, 1988, 19（2）.

[14] Black, J. S., Gregersen, H. B. When Yankee comes home：Factors related to expatriate and spouse repatriation adjustment [J]. *Journal of International Business Studies*, 1991, 22（4）.

[15] Black, J. S., Gregersen, H. B., Mendenhall, M. E. Toward a theoretical framework

of repatriation adjustment ［J］. *Journal of International Business Studies*, 1992, 23 （4）.

［16］ Black, J. S. , Gregersen, H. B. , Mendenhall, M. E. , et al. *Globalizing people through international assignments* ［M］. New York: Addison-Wesley Longman Inc, 1999.

［17］ Black, J. S. O. Kaerinasai: Factors related to Japanese repatriation adjustment ［J］. *Human Relations*, 1994, 47 （12）.

［18］ Black, J. S. , Stephens, G. K. The influence of the spouse on American expatriate adjustment and intent to stay in Pacific rim overseas assignments ［J］. *Journal of Management*, 1989, 15 （4）.

［19］ Bochner, S. , McLeod, B. M. , Lin, A. Friendship patterns of overseas students: A functional model ［J］. *International Journal of Psychology*, 1977, 12 （4）.

［20］ Brislin, R. W. *Cross-cultural encounters: Face to face interaction* ［M］. New York: Pergamon Press, 1981.

［21］ Brookfield Global Relocation Services. *Global relocation trends* 2014 *survey report* ［R］. Chicago: Brookfield Global Relocation Services, 2015.

［22］ Caligiuri, P. M. , Lazarova, M. B. *Strategic repatriation policies to enhance global leadership development* ［M］. In: M. E. Mendenhall, T. M. Kühlmann, G. K. Stahl （Eds. ）, Developing Global Business Leaders. Westport, CT: Quorum, 2001.

［23］ Cho, T. , Hutchings, K. , Marchant, T. Key factors influencing Korean expatriates' and spouses' perceptions of expatriation and repatriation ［J］. *International Journal of Human Resource Management*, 2013, 24 （5）.

［24］ Furuya, N. , Stevens, M. J, Bird, A. , et al. Managing the learning and transfer of global management competence: Antecedents and outcomes of Japanese repatriation effectiveness ［J］. *Journal of International Business Studies*, 2009, 40 （2）.

［25］ Gregersen, H. B. , Black, J. S. A multifaceted approach to expatriate retention in international assignments ［J］. Group and Organization Management, 1990, 15 （4）.

［26］ Gregersen, H. B. , Stroh, L K. Coming home to the arctic cold: Antecedents to finnish expatriate and spouse repatriation adjustment ［J］. *Personnel Psychology*, 1997, 50 （3）.

［27］ Harvey, M. G. Repatriation corporate executives: An empirical study ［J］. *Journal of International Business Studies*, 1989, 20 （1）.

［28］ Harzing, A. W. , Pudelko, M. , Reiche, S. B. The bridging role of expatriates and inpatriates in knowledge transfer in multinational corporations ［J］. *Human Resource Management*, 2016, 55 （4）.

［29］ Hechanova, R. , Beehr, T. A. , Christiansen, N. D. Antecedents and consequences of employees' adjustment to overseas assignment: A meta-analytic review ［J］. *Applied Psychology: An International Review*, 2003, 52 （2）.

［30］ Herman, J. L. , Tetrick, L. E. Problem-focused versus emotion-focused coping strategies and repatriation adjustment ［M］. *Human Resource Management*, 2009, 48 （1）.

［31］ Kraimer, M. L. , Shaffer, M. A. , Harrison, D. A. , Ren, H. No place like home?

An identity strain perspective on repatriate turnover [J]. *Academy of Management Journal*, 2012, 55 (2).

[32] Kulkarni, M., Lengnick-Hall, M. L., Valk, R. Employee perceptions of repatriation in an emerging economy: The Indian experience [J]. *Human Resource Management*, 2010, 49 (3).

[33] Malek, M. B., Budhwar, P. Cultural intelligence as a predictor of expatriate adjustment and performance in Malaysia [J]. *Journal of World Business*, 2013, 48 (2).

[34] McEvoy, G. M., Buller, P. F. Research for practice: The management of expatriates [J]. *Thunderbird International Business Review*, 2013, 50 (2).

[35] Mezias, J. M., Scandura, T. A. A needs-driven approach to expatriate adjustment and career development: A multiple mentoring perspective [J]. *Journal of International Business Studies*, 2005, 36 (5).

[36] Selmer, J. Effects of coping strategies on sociocultural and psychological adjustment of western expatriate managers in the PRC [J]. *Journal of World Business*, 1999, 34 (1).

[37] Shen, Y., Hall, D. T. T. When expatriates explore other options: Retaining talent through greater job embeddedness and repatriation adjustment [J]. *Human Resource Management*, 2009, 48 (5).

[38] Stahl, G. K., Chua, C. H., Caligiuri, P., et al. Predictors of turnover intentions in learning-driven and demand-driven international assignments: The role of repatriation concerns, satisfaction with company support, and perceived career advancement opportunities [J]. *Human Resource Management*, 2009, 48 (1).

[39] Sussman, N. M. Repatriation transitions: Psychological preparedness, cultural identity, and attributions among American managers [J]. *International Journal of Intercultural Relations*, 2001, 25 (2).

[40] Suutari, V., Brewster, C. Repatriation: Empirical evidence from a longitudinal study of careers and expectations among Finnish expatriates [J]. *International Journal of Human Resource Management*, 2003, 14 (7).

[41] Suutari, V., Valimaa, K. Antecedents of repatriation adjustment: New evidence from Finnish repatriates [J]. *International Journal of Manpower*, 2002, 23 (7).

[42] Takeuchi, R., Wang, M., Marinova, S. V., et al. Role of domain-specific facets of perceived organizational support during expatriation and implications for performance [J]. *Organization Science*, 2009, 20 (3).

[43] Vidal, M. E. S., Valle, R. S., Aregon, M. I. B. The adjustment process of Spanish repatriates: A case study [J]. *International Journal of Human Resource Management*, 2007, 18 (8).

[44] Vidal, M. E. S., Valle, R. S, Aregon, M. I. B. Analysis of the repatriation adjustment process in the Spanish context [J]. *International Journal of Manpower*, 2010, 31 (1).

[45] Wu,M. , Zhuang, W. L. , Hung, C. C. The effects of mentoring functions on repatriate adjustment- moderating role of core self-evaluations [J]. *International Journal of Intercultural Relations*, 2014 (43).

A Literature Review and Prospects of Expatriates
Repatriation Adjustment in Multinational Corporations

Ye Xiaoqian[1,2]   Cui Qiuxia[2]   Li Dailin[3]   Wang Zequn[4]

(1, 3, 4, 5   Economics and Management School of Wuhan University, Wuhan, 430072;

2   Research center of Human Resource Management of Wuhan University, Wuhan, 430072)

Abstract: Repatriates are the key human resources to improve the competitiveness of multinational corporations. But the losses of the important resources are caused by high turnover rate for a long period. As one of the most important link, repatriation adjustment is an important theoretical perspective to analyze the above problems and improve the organization and individual behavior. Based on the literature review, firstly, this paper analyzes the connotation, the dimension and stages of repatriation adjustment, and introduces the measurement of repatriation adaptation. Secondly, this paper systematically summarizes the factors, and summarizes the effect caused by the repatriation adaptation. Finally, this paper puts forward the integrated framework, and management enlightenment, and points out the direction for future research based on the existing research results. The results of the study indicate that the future research should enrich the adaptation of different cultural contexts, deepen the study of the individual strategies to cope with the plight of the adaptation, and the research on developing the influence and mechanism of the adaptation.

Key words: Expatriates; Repatriates; Repatriation adjustment; Effect factors; Influence effects

创造力效能感、积极情绪与
创新行为的关系研究[*]

● 周文莉[1]　顾远东[2]　彭纪生[3]

（1，3　南京大学商学院　南京　210093；2　南京审计大学工商管理学院　南京　211815）

【摘　要】快乐并创新着，创新并快乐着——"乐创新，创新乐"是员工充实创新工作的理想状态。本研究从社会认知理论视角，实证检验了员工创造力效能感、积极情绪和创新行为的关系。结果发现：员工的积极情绪与创新行为显著正相关，创造力效能感、积极情绪都对员工的创新行为有显著正向影响；创造力效能感还通过积极情绪的部分中介作用，间接影响员工创新行为。以上结果表明，积极情绪与创新行为的共变关系可能是由创造力效能感所引发的。因而，为实现"乐创新、创新乐"蓝图，通过人力资源管理策略设计，努力提升员工的创造力效能感是重要途径之一。

【关键词】创造力效能感　积极情绪　创新行为

中图分类号：C931　　　文献标志码：A

1. 问题提出

让员工快乐地工作是缔造员工幸福健康与和谐组织的出发点和落脚点，"如何让员工快乐地工作"是积极组织行为学的重要研究主题之一（Nelson，Cooper，2011）；在知识经济时代，环境瞬息万变，员工的创造性关系到组织的生存与发展（Amabile et al.，1996），激发员工创造性地开展工作也是当前创新管理研究的热点之一。那如何才能使员工快乐并创新着，创新并快乐着——"乐创新，创新乐"呢？

围绕这一问题，创造力研究者们实证探讨了积极情绪（positive affect）与个体创造性之间的关系，并取得了重要进展。研究发现两者关系可能是双向的、螺旋上升的，即积极

＊ 基金项目：国家自然科学基金面上项目"企业研发团队集体效能感的形成及对团队效能的影响机制研究（71173102）"，教育部人文社科研究青年基金资助项目"领导反馈对员工创造力的影响机制：社会认知理论视角的实证研究"（17YJC630030），江苏省高校人文社科项目"领导反馈对员工创造力的影响机制研究（2016SJB630050）"，江苏省高校优势学科建设工程资助项目（PAPD）资助。

通讯作者：顾远东，20953117@163.com。

情绪状态引发的思想和行为更富创造性，有助于灵活有效地解决问题和决策（Amabile et al.，2005）；那些从事专业技术工作（Argyle，2001），在工作中积极提出新点子、尝试新方法的员工更快乐（Carr，2008）。虽然积极情绪与个体创造力的积极关系得到了实证检验，但有关情绪如何与组织情境中的创造力相关联仍是一个有待深入探究的问题，特别是，当前比较缺乏工作场所中积极情绪与员工创新行为的关系研究（Lyubomirsky et al.，2005；Zhou，Shally，2010），国内的相关研究更是少见。更为重要的是，以往研究基本都是在西方文化背景下进行的，有关幸福的跨文化研究表明，幸福的情感因素（包括积极情绪）与幸福的认知因素的关系（Diener，Suh，2000），以及人格特质与幸福的关系等都没有跨文化一致性（Triandis，Suh，2002），因而积极情绪与个体创新行为的关系在东西方文化背景下可能也是不一样的。在西方个体主义文化背景下，员工更多地追求个人自我价值实现，创造性地完成工作是其实现自我的重要途径之一，已发现的积极情绪与员工创新行为的关系可能是积极情绪与个人自我价值实现两者关系的反映。而在集体文化背景下，员工更为关注工作中的人际关系，并期望保持情绪的稳定性，这很可能影响到积极情绪与个体创新行为之间的关系强度。为此，本研究首先要检验"乐创新、创新乐"在中国组织情景中是否依然成立。

值得进一步深入探讨是：既然积极情绪和创新行为之间是双向关系，那两者很有可能受到共同的第三因素的影响。什么因素推动着"乐创新，创新乐"这个螺旋不断上升呢？社会认知理论认为自我效能感是个体行为的动因基础（班杜拉，2003），实证研究表明创造力自我效能感（creative self-efficacy，以下简称创造力效能感）——个体对于自己能否取得创新成果的信念——对个体创新行为有重要影响（Tierney，Farmer，2002）。班杜拉认为自我效能机制在情感状态的自我调节中也发挥着关键作用，效能信念通过思维定向、行动定向和情感定向三种基本方式影响情绪体验的性质和强度（Boehm，Lyubomirsky，2008）。但是，以往研究极少关注工作情景中自我效能感对员工工作情绪的影响，相关研究集中于教育研究领域。基于以上分析，本研究选取创造力效能感作为第三因素，实证检验员工的创造力效能感与积极情绪、创新行为的关系。

2. 文献回顾与研究假设

2.1 积极情绪与员工的创新行为

20 世纪 90 年代初，Isen 和 Baron（1987）就明确指出适当的积极情绪在组织行为中的重要性，但当时工作场所中的情绪研究更多地关注消极情绪。直至进入 21 世纪，随着积极心理学和积极组织行为学的兴起，工作场所中的积极情绪研究才大量涌现。"快乐的员工是高产的员工"也得到实证研究的支持。元分析结果表明，积极情绪比消极情绪更能引起有效的结果（Lyubomirsky et al.，2005），积极情绪之于职业成功具有重要意义（Boehm，Lyubomirsky，2008）。

创造力可能是积极情绪引发的有效结果之一。Isen 等人（1987）认为积极情绪能扩大人们的视野，使我们能够对更广泛的物理环境和社会环境保持清晰的意识，这种开阔的注意范围使我们对新思想和新活动保持开放的心态，并且比平常更具有创造性。Fredrickson（2001）提出了积极情绪扩展–建构理论（the broaden-and-build theory of positive emotions），认为积极情绪能够扩展了个人的认知和行动范围。这有利于建构持久的个人资源，从而产生积极的"情绪–认知–行为"螺旋上升的力量，为个人的成长和发展提供潜能。实证研究为积极情绪的扩展–建构理论提供了有力支持，研究表明无论是自发的积极情绪，还是诱发的积极情绪，两者引发的思想和行为都更富有创造性和灵活性（Johnson et al.，2010）。Amabile 等人（2005）的纵向研究发现某天总体的积极情绪与当天的创造性思维相关，还可以预测第二天及随后几天的创造力。Hirt 等人（2008）提出了享乐权变理论（hedonic contingency theory）来解释情绪与创造力的关系，并指出积极情绪体验可以增加人们的认知能力和动机，从而有利于提升创造性思维和问题解决能力。Bass 等人（2008）的元分析结果表明积极情绪与消极情绪、中性情绪相比，对个体创造力的影响更大；积极情绪通过趋近动机（approach motivation）和激发关注（promotion focus）影响个体创造力。Davis（2009）的元分析也证明积极情绪对个体创造力的积极作用更大。耿昕（2011）以中国员工为对象，研究发现积极情绪对员工创新行为产生积极影响；消极情绪对员工创新行为产生消极影响；情绪（积极情绪和消极情绪）还在领导授权赋能行为与员工创新行为之间发挥着中介作用。汤超颖等人（2011）指出情绪主要通过认知和动机路径影响个体创造力，而他们的研究证实积极情绪还通过人际互动路径影响团队的创造力。

有意思的是，"成功的员工更快乐"也得到很多研究者的认可和实证研究的支持。那些获得满意收入、主管的积极评价等职场成功标志的员工更快乐（Diener，Biswas-Diener，2002）。Argyle（2001）研究发现从事专业技术工作的员工比那些从事非技术工作的员工更幸福。这可能由于人们喜欢那些运用技能才能完成的、自主性强的、任务更为多样化的、内在价值更高的工作。也有研究表明那些对创造新点子、尝试新方法乐此不疲的人会更满意、更轻松、更幸福，并且被看作是最成功和最抢手的员工（Carr，2008）。基于以上分析，本文提出如下假设：

假设1：积极情绪对员工的创新行为有显著正向影响

2.2　创造力效能感与员工的创新行为

自我效能感是个体行为的动因基础（班杜拉，2003）。元分析结果显示自我效能感对个体行为及绩效有重要影响（Stajkovic，Luthans，1998）。班杜拉（2003）认为"创新要有一种不可动摇的效能信念，在需要长期投入时间和努力、进步慢得让人泄气、结果很不确定、或者因与现存方式格格不入而受到社会贬斥等情况下，仍能坚持创造性努力"。

Tierney 和 Farmer（2002）将自我效能感概念拓展到员工创新行为研究领域，提出了创造力效能感概念，并发现创造力效能感对个体创新行为及绩效具有积极影响，创造力效能感比工作效能感（job self-efficacy）更好地预测了个体创新行为及绩效。在后续研究中，他们又发现创造力效能感在主管预期、管理者支持性行为对员工创新行为及绩效的影响中起中介作用（Tierney，Farmer，2004）。他们的纵向研究则进一步证明：随着创造力效能感增强，员工的创造性表现也会增多（Tierney，Farmer，2011）。Gong 等人（2009）研究发现员工创造力效能感在变革型领导、员工学习导向和员工创造力的关系中起到中介作用。Michael 等人（2011）以中国台湾员工为样本的纵向研究发现，在控制了工作任期和大五人格特质的影响后，高创造力效能感的员工在工作中表现得更富创造力。徐联恩和樊学良（2006）以研发工程师为对象，实证检验了创造力效能感在组织创新氛围与员工创造力、工作满意感之间的中介作用。顾远东和彭纪生（2011）的实证研究也表明创造力效能感在组织创新氛围与员工创新行为之间起部分中介作用。杨付和张丽华（2012）则实证检验了创造力效能感在团队沟通、工作不安全氛围与员工创新行为之间的调节作用。基于以上分析，本文提出如下假设：

假设 2：创造力效能感对员工的创新行为有显著正向影响

2.3　创造力效能感与员工的积极情绪

班杜拉（2003）认为自我效能机制在情感状态的自我调节中发挥着关键作用。Carr（2008）则指出自我效能感让人们把潜在的威胁看成一种可控制的挑战，以减少对潜在威胁的焦虑和消极情绪，从而调节个体的情绪体验。自我效能感可以通过以下策略来调节个体的情绪体验：采取以问题为中心的应对策略来改变潜在的威胁情境；通过寻求社会支持来缓冲应激所带来的影响；运用自我安抚的方法（如幽默）来减轻由潜在威胁情境引起的情绪唤醒。

教育领域的大量实证研究验证了自我效能感对青少年学生的情绪调节、情感平衡，特别是对消极情绪（如焦虑）的调节作用（Jex，Bliese，2000）。但是目前缺乏工作场所中的领域相关自我效能感与员工积极情绪的研究。耿昕（2011）在检验领导授权赋能行为对员工创新行为的影响机制的过程中，分别检验了员工的情绪和创造力效能感两个变量的中介效应，遗憾的是他并未考虑和检验情绪和创造力效能感间的关系。基于以上分析，本文提出如下假设：

假设 3：创造力效能感对员工的积极情绪有显著正向影响

2.4　积极情绪在创造力效能感与创新行为间的中介作用

社会认知理论认为情感过程是自我效能感调节人们活动的主要过程之一。自我效能感通过思维、行动和情感定向三种基本方式影响情绪体验性质和强度（Amabile et al.，2005）。

在思维定向的影响模式中，自我效能感导致注意偏向，并影响人们是以温和的方式，还是令人心烦意乱的方式来解释、认知表征和回忆其所经历事件。例如，高自我效能感的个体倾向于将成功视为其能力的体现，将失败更多地归为外部条件的妨碍，这有利于其保持良好的情绪状态，进而影响其下一步行动。在行动定向影响模式中，自我效能感通过激发个体有效的行动（如寻求外部支持），以改变环境方式调节情绪状态。高自我效能感的个体更多地实施对外部环境的干预和控制，通过寻求支持因素，以避免环境潜在威胁因素对个体情绪的不良影响——限制和削弱个体的活动水平（班杜拉，2003）。以往管理研究已经表明积极情绪在情境支持因素对员工创新行为影响过程中的中介效应。如 Madjar 等人（2002）研究发现组织内外对员工创造力的各类支持，通过积极情绪的中介作用影响员工创造力。George 和 Zhou（2007）的研究则发现，在上级提供的支持性环境（如建设性的反馈）下，积极情绪和消极情绪对员工创造力的共同积极作用才会显示出来。情感定向的影响模式则与改善不良情绪的效能知觉——情绪调节效能感有关。情绪调节自我效能感是指个体对能否有效调节自身情绪状态的一种自信程度。它对个体应对突发情绪事件和自身情绪管理具有积极作用（Bandura et al.，2003）。

目前比较缺乏积极情绪在个体自我效能感与创新行为间的中介效应的深入分析。但从前文文献回顾可知，高自我效能感往往伴随着高积极情绪，而积极情绪对于员工创造力具有积极影响，结合班杜拉关于自我效能感通过情感过程对人类活动产生影响的理论分析，本文提出如下假设：

假设 4：积极情绪在创造力效能感与创新行为间起中介作用

3 研究方法

3.1 样本与数据收集

本研究采用问卷调查方法收集数据。正式调查在南京进行，调研对象为高新技术企业的员工，委托企业人力资源管理部门发放问卷，共发放问卷 410 份，收回问卷 298 份，按照①缺选题项超过五题；②连续 5 个题项的选择相同，进行废卷筛选，最终得到有效问卷 248 份，有效回收率为 60.5%。有效样本构成情况如表 1 所示。

表 1　　　　　　　　　　样本构成情况（ *n* = 248 ）

类别		人数	百分比	类别		人数	百分比
性别	女	52	21.0%	年龄	25 周岁及以下	56	22.6%
	男	196	79.0%		26~35 周岁	164	66.1%
工作年限	不到半年	28	11.3%		36 周岁以上	28	11.3%
	半年~2 年	64	25.8%	学历	中专及同等学历	8	3.2%
	2~5 年	112	45.2%		大专	44	17.7%
	5~10 年	32	12.9%		本科	124	50.0%
	10 年以上	12	4.8%		硕士、博士研究生	72	29.0%

3.2 变量度量

3.2.1 创造力效能感

本研究采用了 Carmeli 和 Schaubroeck（2007）编制的个人创造力效能感问卷，如"面对困难的任务时，我肯定我会有创意地完成它们"，得到了 8 个项目，形成了本研究的创造力效能感问卷，主要包括员工对自己有创意地完成创新任务、达到创新目标、有创意地克服困难与挑战等方面的信心评价。问卷采用李克特五点量表测度，让受访者对自己在工作过程中的创造性表现的信念进行评估，计分方式从"完全不符合"到"完全符合"依次计 1 到 5 分，得分越高表示员工的创造力效能感越高。

3.2.2 积极情绪

本研究所探讨的积极情绪是一个状态类变量，我们围绕员工在工作过程中的情绪状态进行项目编制，形成的积极情绪问卷包括 4 个项目，如"在工作中，我是快乐的"等。采用李克特五点量表测度，让受访者评估自己在工作过程中积极情绪状态出现的频率，计分方式从"几乎没有"到"几乎总是如此"依次计 1 到 5 分，得分越高表示在工作过程中的积极情绪体验越多。

3.2.3 创新行为

本研究以 Scott 和 Bruce（1994）编制的个人创新行为量表为底本，选择了其中 6 个项目，包括创意尝试行为 3 个项目，如"在工作过程中，我会尝试各种新的方法或新的构想"；创意推广行为 3 个项目，如"我会说服别人关于新方法或新构想的重要性"。采用李克特五点量表测度，让受访者评估自己在工作过程中的创新行为表现，计分方式从"完全不符合"到"完全符合"依次计 1 到 5 分，得分越高表示在工作过程中的创新行为表现越多。

在调查问卷形成后，进行了正式调查前的问卷修订工作。第一，邀请一名中文专业教师就所有项目的措词等方面进行了修订；第二，邀请两名管理学教授就项目与概念内涵之间的匹配程度进行评价，并进行了相应的修订；第三，试测了十几名员工，询问他们能否理解项目语义，并请他们就问卷设计的各方面提出修改建议，即在试测问卷最后增加一个开放式问题——"您认为本问卷存在哪些设计方面的问题？请下面空白处写出或在提交问卷时及时向我们提出，不胜感激"！最后，根据专家和试测人员的建议，对问卷进行了全面修订并确定正式调查问卷。

4. 研究结果

4.1 同源方差检验

采用 Harman 的单因素检验法进行同源方差检验。将创造力效能感问卷 8 个项目、积极情绪问卷 4 个项目、创新行为问卷 6 个项目，共 18 个项目一起做因素分析，结果抽取了 4 个特征根大于 1 的公共因子，累计解释方差 73.6%，其中第一个公共因子未旋转前的解释方差为 31.7%，未占绝大多数，说明虽然本研究存在一定程度的同源偏差，但并不严重，可进行下一步的数据分析。

4.2 问卷信效度检验

本研究采用 Cronbach's α 系数作为问卷的信度指标，用探索性因素和验证性因素分析来检验问卷的结构效度，其中探索性因素分析采用主成分分析、正交旋转方法提取公共因子。

4.2.1 创造力效能感问卷

创造力效能感问卷的 Cronbach's α 系数为 0.935，问卷信度良好。探索性因素分析结果显示 8 个项目抽取了 1 个特征根大于 1 的公共因子，解释总方差的 69.0%，所有项目的共同度都在 0.600 以上，因子载荷在 0.787~0.877。以 8 个项目构建一阶单因素验证性因素分析模型，模型与数据拟合良好（χ^2/df = 3.613，NFI = 0.969，RFI = 0.938，IFI = 0.978，TLI = 0.955，CFI = 0.977，RMSEA 为 0.103），表明创造力效能感问卷结构效度良好。

4.2.2 积极情绪问卷

积极情绪问卷的 Cronbach's α 系数为 0.744，探索性因素分析结果显示 4 个项目抽取了 1 个特征根大于 1 的公共因子，解释总方差的 55.7%，所有项目的共同度都在 0.400 以上，因子载荷在 0.553~0.904 之间。以 4 个项目构建一阶单因素验证性因素分析模型，模型与数据拟合良好（χ^2/df = 3.867，NFI = 0.997，RFI = 0.986，IFI = 0.997，TLI = 0.990，CFI = 0.997，RMSEA 为 0.165），表明积极情绪问卷结构效度良好。

4.2.3 创新行为问卷

创新行为问卷的整体 Cronbach's α 系数为 0.850，其中创意尝试行为的 Cronbach's α 系数为 0.859，创意推广行为的 Cronbach's α 系数为 0.715，问卷信度良好。探索性因素分析结果显示 6 个项目抽取了 2 个特征根大于 1 的公共因子，解释总方差的 76.8%，所有项目的共同度都在 0.600 以上，因子载荷在 0.584~0.939。以 6 个项目构建一阶双因素验证性因素分析模型，模型与数据拟合良好（χ^2/df = 5.239，NFI = 0.964，RFI = 0.940，IFI = 0.971，TLI = 0.926，CFI = 0.970，RMSEA 为 0.131），表明员工创新行为问卷结构效度良好。

4.3 假设检验

本研究所涉及潜变量的描述性统计，以及各潜变量间的相关系数见表 2。结果显示创造力效能感、积极情绪与创新行为都显著正相关。

表 2 　　　　　　　　　　**基本统计描述与相关系数（$n = 248$）**

变量名称	平均数	标准差	F1	F2	F3
F1 创造力效能感	3.770	0.724	(0.935)		
F2 积极情绪	3.022	0.777	0.368 **	(0.715)	
F3 创新行为	7.462	1.342	0.680 **	0.417 **	(0.850)

注：** 表示 $P<0.01$；对角线单元格内为该变量的 Cronbach's α 系数。

在相关分析的基础上，采用结构方程建模方法（SEM）检验假设 1、假设 2、假设 3（因版面原因，所有模型的拟合结果图中未列出观测变量及其与潜变量之间路径的标准化估计结果），模型拟合系数见表 3。结果显示，三个路径模型与数据都拟合良好，积极情绪与创新行为的相关路径系数（0.390）、创造力效能感对积极情绪的影响路径系数

（0.244），以及创造力效能感对创新行为的影响路径系数（0.815）都显著，假设1、假设2、假设3都通过了检验。

表3　　　　　　　　　　　　　结构模型的拟合指标（$n=248$）

问卷	χ^2	df	$\chi^2/$ df	RMSEA	NFI	RFI	IFI	TLI	CFI
M1	92.948	32	2.905	0.102	0.933	0.880	0.950	0.910	0.950
M2	177.247	58	3.056	0.091	0.942	0.909	0.960	0.937	0.960
M3	103.230	38	2.717	0.095	0.952	0.917	0.966	0.941	0.966
M4	338.378	103	3.285	0.096	0.911	0.868	0.937	0.905	0.936

最后，本研究构建SEM模型检验假设4，结果如图1所示，创造力效能感通过积极情绪的部分中介作用，间接影响创新行为，此间接效应为0.024（0.262×0.092），假设4基本通过假设。但相对于创造力效能感对创新行为的直接效应（0.793），这一间接效应相对较弱。

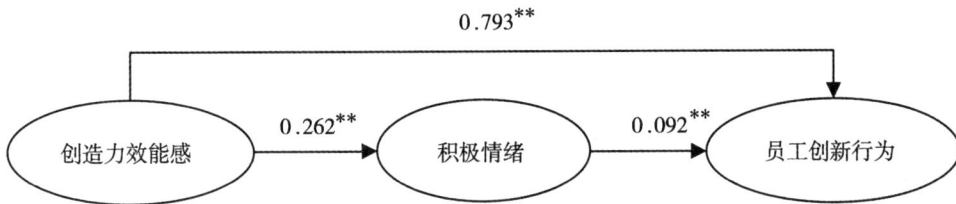

图1　积极情绪在创造力效能感与创新行为之间的中介作用模型（M4，$n=248$）
注：** 表示 $p<0.05$。

5. 研究结论与讨论

5.1　研究结论

受积极组织学影响，本研究围绕"如何让员工快乐并创造性地工作"研究主题，实证考察了中国文化情景下，积极情绪与个体创新行为的关系性质及强度，以及创造力效能感对积极情绪、创新行为的影响，获得了具有重要意义的发现。

第一，积极情绪对员工创新行为有显著正向影响。这与西方情景下的研究是基本一致的，如 Lyubomirsky 等人（2005）的元分析报告指出，虽然证据还不太充分，但已有研究结果表明处于长期幸福（long-term wellbeing）和即时的积极情绪（momentary positive affect）的人们可能更富创造性，更有效地解决问题。Staw 等人（1994）的纵向研究也表明，员工在工作中的积极情绪体验与主管评价的创造力的相关显著。但是，由于

Lyubomirsky 等人并未分别报告长期幸福感、即时的积极情绪与创造性的关系，Staw 等人对员工创造力的评估采取主管评价的方式，加之本研究的研究样本只是中国籍员工，因而还无法进行跨文化比较分析。希望后续研究，可以采用同样的研究方法与程序，选择不同文化背景下的员工为样本，进行跨文化研究，以探讨文化因素是否对积极情绪与创新行为具有调节作用。

第二，创造力效能感对员工创新行为有显著正向影响，SEM 分析结果表明创造力效能感对员工创新行为的影响路径系数为 0.815。这表明员工对自己的创造性表现的信心越强，他们在工作过程中的创新行为表现则越多。这一结果进一步证实创造力效能感之于员工创新行为的重要作用，可以与以往以一般员工为样本的研究和教育领域以学生为样本的研究相互佐证。并且，还可以证明领域相关自我效能感是特定行为的根本动因作用，为自我效能感理论提供创新活动领域的有力证据。

第三，创造力效能感对员工的积极情绪有显著正向影响。SEM 分析结果表明创造力效能感对员工积极情绪的影响路径系数为 0.244，这为社会认知理论有关自我效能感在情感状态调节中的作用机制的理论推断提供了实证支持，表明员工对自己的创造性表现的信心越强，他们在工作过程中的积极情绪体验越多。这可能是由于创造力效能感越高的员工，更多地采取积极的问题解决策略来应对遇到的工作挑战，更多地寻求他人的帮助来缓冲工作压力所带来的情绪影响，也可能更多地运用幽默等自我安抚的方法减轻威胁情境诱发的消极情绪，从而调节自己的情绪体验。社会认知理论认为自我效能感通过动机、认知、选择和情感等中介过程实现其主体作用，而本研究只关注情感调节过程，下文将就此进一步深入分析。

第四，积极情绪在员工创造力效能感与创新行为之间起部分中介作用。SEM 分析结果显示创造力效能感通过积极情绪的中介作用对创新行为的间接效应为 0.024，相对于模型中创造力效能感对创新行为的直接效应（0.793），非常弱。这一方面表明创造力效能感确实通过情绪调节过程，间接影响员工的创新行为，但情绪调节过程只是创造力效能感实现其对个体创新行为的影响路径之一，创造力效能感可能更多地通过认知、选择和动机过程影响个体创新行为，这已得到一些研究的验证。从另一角度来分析模型 4 的拟合结果发现，在增加了创造力效能感这一共同的前因变量后，积极情绪对创新行为的解释力大大下降了，积极情绪至创新行为的影响路径系数仅为 0.092。由此可以推论，积极情绪和创新行为都受到第三变量——创造力效能感的影响，积极情绪与创新行为间的双向共变关系很大程度上是由创造力效能感所引起的，即创造力效能感高的员工，在工作中是既快乐，又富创造性的。这一发现对于管理实践的意义在于，为了实现让员工"乐创新，创新乐"的人力资源管理理想蓝图，努力提升他们的创造力效能感是重要途径之一。

5.2 研究意义

基于以上发现，我们认为本研究的价值体现在以下几个方面：首先，实证检验了"乐创新、创新乐"在中国企业情境中存在的可能性和合理性，拓展了国内企业情景下员工积极情绪与创新行为关系研究；其次，以社会认知理论为基础，开创性地引入第三变量——创造力效能感，分别检验了创造力效能感对员工积极情绪、创新行为的积极影响，并发现积极情绪与创新行为的共变关系可能是由创造力效能感所引发的；最后，实证检验了积极情绪在员工创造力效能感与创新行为之间的中介作用，这为社会认知理论有关自我效能感对个体行为的作用机制的论断提供了实证支持；同时发现积极情绪的中介效应是比较弱的，这提示后续研究需要综合考虑认知、选择、动机等其他中介过程，以全面分析创造力效能感对员工创新行为的作用机制，增强解释力。

5.3 未来研究方向

由于各种限制，本研究存在一些局限，有待后续研究的完善。第一，在研究方法上，本研究采用截面问卷调查方法，获得了很有意义的发现，但我们仍然难以判断创造力效能感影响员工积极情绪和创新行为的动态过程，希望后续研究能采用实验/准实验方法或追踪调查方法，更严谨地检验本研究的研究发现，从而提高研究结论的说服力；第二，本研究尝试以积极情绪为中介变量，探究创造力效能感对员工创新行为的影响，但这一效应比较弱，后续研究需要综合考虑认知、选择和动机等其他中介过程，进行更为深入、全面的研究；第三，本研究虽然验证了创造力效能感对积极情绪的积极作用，但并未深入分析高创造力效能感员工如何调节自己的情绪体验，后续研究可以以社会认知理论为基础，探究高创造力效能感员工调节情绪体验的具体策略。

◎ 参考文献

[1] 班杜拉. 自我效能：控制的实施（上、下册）［M］. 缪小春，李凌，井世洁，等，译. 上海：华东师范大学出版社，2003.

[2] 耿昕. 领导授权赋能行为对员工创新行为的影响研究——基于创新自我效能感、情绪及团队创新气氛的视角［D］. 上海交通大学博士毕业论文，2011.

[3] 顾远东，彭纪生. 创新自我效能感对员工创新行为的影响机制研究［J］. 科研管理. 2011（9）.

[4] 汤超颖，艾树，龚增良. 积极情绪的社会功能及其对团队创造力的影响：隐性知识共享的中介作用［J］. 南开管理评论，2011（4）.

[5] 徐联恩，樊学良. 组织创新氛围及其效果：创新效能感之中介效果［C］. 创新与管理国际学术研讨会，2006.

[6] 杨付，张丽华. 团队沟通、工作不安全氛围对创新行为的影响：创造力自我效能感的调节作用［J］. 心理学报. 2012（10）.

[7] Carr, A. 积极心理学——关于人类幸福和力量的科学［M］. 郑雪，等，译. 北京：中国轻工业出版社，2008.

[8] Nelson, D. L., Cooper, C. L. 积极组织行为学［M］. 王明辉，译. 北京：中国轻工业出版社，2011.

[9] Zhou, J., Shalley, C. E. 组织创造力研究全书［M］. 魏昕，陈云云，张航，等，

译. 北京：北京大学出版社，2010. 6.

[10] Amabile, T. M. , et al. Assessing the work environment for creativity [J]. *Academy of Management Journal*, 1996 (5).

[11] Amabile, T. M. , et al. Affect and creativity at work [J]. *Administrative Science Quarterly*, 2005 (3).

[12] Argyle, M. *The Psychology of Happiness* [M]. New York：Taylor & Francis, 2001.

[13] Baas, M. , et al. A meta-analysis of 25 years of mood-creativity research：Hedonic tone, activation, or regulatory focus? [J]. *Psychological Bulletin*, 2008 (6).

[14] Bandura, A. , et al. Role of affective self-regulatory efficacy in diverse spheres of psychosocial functioning [J]. *Child Development*, 2003 (3).

[15] Boehm, J. K. , Lyubomirsky S. Does happiness promotecareer success? [J]. *Journal of Career Assessment*, 2008 (1).

[16] Carmeli, A. , Schaubroeck, J. The influence of leaders' and other referents' normative expectations on individual involvement in creative work [J]. *The Leadership Quarterly*, 2007 (1).

[17] Davis, M. A. Understanding the relationship between mood and creativity：A meta-analysis [J]. *Organizational Behavior and Human Decision Processes*, 2009 (1).

[18] Diener, E. , Suh, E. M. *Subjective well-being across cultures* [M]. Cambridge, MA：MIT Press, 2000.

[19] Diener, E. , Biswas-Diener, R. Will money increase subjective well-being? A literaturereview and guide to needed research [J]. *Social Indicators Research*, 2002 (2).

[20] Fredrickson, B. L. The role of positive emotionsin positive psychology：The broaden-and-build theory of positive emotions [J]. *American Psychologist*, 2001 (3).

[21] George, J. M. , Zhou, J. Dual tuning in a supportive context：Joint contributions of positive mood, negative mood, and supervisory behaviors to employee creativity [J]. *Academy of Management Journal*, 2007 (3).

[22] Gong,Y. , et al. Employee learning orientation, transformational leadership and employee creativity：The mediating role of employee creative self-efficacy [J]. *Academy of Management Journal*, 2009 (4).

[23] Hirt, E. R. , et al. I want to be creative：Exploring the role of hedonic contingency theory in the positive mood-flexibility link [J]. *Journal of Personality and Social Psychology*, 2008 (2).

[24] Isen, A. M. , et al. Positive affect facilitates creative problem solving [J]. *Journal of Personality and Social Psychology*, 1987 (6).

[25] Jex, S. M. , Bliese, P. D. The impact of self-efficacy on stressor-strain relations：Coping style as an explanatory mechanism [J]. *Journal of Applied Psychology*, 2000 (3).

[26] Johnson, K. J. , et al. Smile to see the forest：Facially expressed positive emotions

broaden cognition [J]. *Cognition and Emotion*, 2010 (2).

[27] Lyubomirsky, S., et al. The benefits of frequent positive affect: Does happiness lead to success? [J] *Psychological Bulletin*, 2005 (6).

[28] Madjar, N., et al. There's no place like home? The contributions of work and non-work creativity support to employees' creative performance [J]. *Academy of Management Journal*, 2002 (4).

[29] Michael, L. A. H., et al. Creative self-efficacy and innovative behavior in a service setting: Optimism as a moderator [J]. *The Journal of Creative Behavior*, 2011 (4).

[30] Scott, S. G., Bruce, R. A. Determinants ofinnovative behavior: A path model of individual in the workplace [J]. *Academy of Management Journal*, 1994 (3).

[31] Stajkovic, A. D., Luthans, F. Self-efficacy and work related performance: A meta-analysis [J]. *Psychological Bulletin*, 1998 (2).

[32] Staw, B. M., et al. Employee positive emotion and favorable outcomes at the workplace [J]. *Organization Science*, 1994, 5 (1): 51-71.

[33] Talarico, J. M., et al. C. Positive emotions enhance recall of peripheral details [J]. *Cognition and Emotion*, 2009 (2).

[34] Tierney, P., Farmer, S. Creative self-efficacy: Its potential antecedents and relationship to creative performance [J]. *Academy of Management review*, 2002 (6).

[35] Tierney, P., Farmer, S. M. The Pygmalionprocess and employee creativity [J]. *Journal of Management*, 2004 (3).

[36] Tierney, P., Farmer, S. M. Creative self-efficacy development and creative performance over time [J]. *Journal of Applied Psychology*, 2011 (2).

[37] Triandis, H. C., Suh, E. M. Cultural influences on personality [J]. *Annual Review of Psychology*, 2002 (3).

A Study of the Relationship among Staffs' Creative Self-efficacy, Positive Affect and Creative Behavior

Zhou Wenli[1]　Gu yuandong[2]　Peng Jisheng[3]

(1, 3　Business School of Nanjing University, Nanjing, 210093;

2　Management School of Nanjing Audit University, Nanjing, 211815)

Abstract: The status that staffs is happy and creative at the same time is a desired state of modern human resources management. Can that desired state be achieved in Chinese enterprises? How to achieve? In this study, we empirical test the interaction among staffs' creative self-efficacy, positive affect and creative behavior based on social cognitive theory. The results show that there are significant and positive correlations between staffs' positive affect and creative behavior. Both creative self-efficacy and positive affect have significant positive effect on staffs' creative behavior. Positive affect plays a partial mediating role between the staffs' creative self-efficacy and creative behavior. These indicate that the desired state can be achieved in Chinese enterprises; and the relationship between positive affect and creative behavior is possibly caused by creative self-efficacy; and creative self-efficacy may stimulate staffs' positive affect state, thereby affect their creative behavior.

Key words: Creative self-efficacy; Positive affect; Creative behavior

金融科技浪潮下微金融机构的变革之道
——基于中兴飞贷的案例研究[*]

● 黄 宪[1] 程 成[2] 张皓瑜[3]

（1，2，3 武汉大学经济与管理学院 武汉 430072）

【摘 要】 本文以中兴飞贷案例为对象，讨论金融科技浪潮下微金融机构如何掌握变革之道从而实现生存和发展。本案例研究认为金融科技是技术带动的金融创新，金融是根本，不能本末倒置。金融科技的运用降低了小微信贷中信息不对称所带来的道德风险和逆向选择，微金融机构应在把握金融科技内涵的基础上主动进行金融科技创新，提供更优质的微金融服务，这才是微金融机构的变革之道。作为延伸，本文还探讨了微金融机构与银行的业务边界及相处模式的问题。本案例研究希望能够给金融科技浪潮下微金融机构的创新与变革提供参考并对微金融理论的进一步研究尽可能地提供启发。

【关键词】 微金融 金融科技创新 小额贷款公司 组织机构变革 业务边界

中图分类号：F830 文献标识码：A

1. 引言

以交易成本和信息不对称为基础，金融中介理论根据默顿提出的"功能观"视角和逻辑来解释金融中介的存在和竞争优势。近年来，传统金融中介理论的研究领域尽管得到了拓展，却仍然无法回答"小微企业融资难"的问题。随着时代发展，银行为代表的传统金融中介机构在信息技术、风险控制等方面取得了长足进步，极大地降低了交易成本并缓解了信息不对称问题，然而银行的快速发展与小微企业的融资需求之间却显得更加对立，小微企业融资难仍是个世界性难题，在我国也不例外。

学界为回答上述问题，引入了"微金融"的概念作为对传统金融中介理论的补充。

---

* 基金项目：国家自然科学基金项目"法、金融与经济增长之再考察——中国的变革挑战与英国等国的经验"（7161101129）；教育部哲学社会科学研究重大课题攻关项目"经济发展新常态下我国货币政策体系建设研究"（15JZD013）。

通讯作者：黄宪，E-mail：hxian@ whu. edu. cn。

理论上，微金融理论完善了传统金融中介理论难以研究小微企业融资的缺陷；实务上，依托微金融理论诞生的微金融机构一定程度改善了小微企业的融资状况。

小微企业看似微不足道，但由于数量巨大，已成为国民经济的重要支柱。工商总局数据显示，截至 2016 年底，全国个体私营经济从业人员实有 3.1 亿人，比 2015 年增加 2782.1 万人，小微企业活跃度不断提升，带动就业作用愈加显著。因此我国政府十分重视小微企业的融资问题，采取多种政策支持，并鼓励小额贷款公司等微金融机构的发展。

近年来，随着互联网的迅速发展，金融科技成为一大热点。依托互联网信息技术，金融科技在发展普惠金融方面具有天生优势，在微金融领域服务小微企业融资本应大有可为，但不同公司对金融科技的理解与实践却存在明显差异。部分 P2P 等互联网金融公司忽视了金融科技的本质，导致微金融行业出现无序竞争甚至爆发风险，在这种背景下以小额贷款公司为代表的传统微金融机构的生存和发展面临严峻压力。

面对残酷现实，变革是微金融机构不得已的选择。那么在金融科技浪潮下，微金融机构的变革之道是什么？如何运用金融科技真正发展微金融，服务小微企业融资？这是本文探讨的第一大焦点。

在众多微金融机构仍在困惑的时候，中兴飞贷已用成功的实践给出了答案。中兴飞贷全称为深圳中兴飞贷金融科技有限公司，其前身深圳市中兴微贷金融服务有限公司创建于 2010 年。中兴飞贷自成立以来始终专注小微信贷领域。梳理其发展历程，中兴飞贷共发生了三次大变革，分别是第一次变革的信贷工厂模式、第二次变革的"飞侠"体系和第三次变革的手机 APP 贷款"飞贷"，其中特别是第三次变革令中兴飞贷发生了翻天覆地的变化，并由中兴微贷更为现名。可以说，变革贯穿了中兴飞贷的发展道路，它始终把握住金融科技的内涵，勇于创新，率先变革，探索出一条真正运用金融科技发展微金融的道路，从而保持着微金融行业领跑者的地位。

除此之外，为了继续改善小微企业的融资状况，2017 年《政府工作报告》提出鼓励大中型商业银行设立普惠金融事业部。银行如何做好普惠金融或者说微金融？微金融机构能起到怎样的作用？微金融机构和银行间是否存在一个业务边界？这是本文探讨的第二大焦点。

变革过程中，中兴飞贷与银行始终保持着良好关系，从开拓性助贷模式的建立到对自身助贷机构身份的定位，中兴飞贷的案例同样在微金融机构与银行之间的业务边界及相处模式问题上给了我们很多启示。

综上，本文作为一个案例研究，聚焦中兴飞贷的变革全过程，旨在讨论以下问题：第一，微金融机构应如何变革，以更好服务小微企业或者说微金融客户，而金融科技在其中又起着怎样作用；第二，微金融机构与银行应保持何种关系，从而真正缓解小微企业融资难问题。

2. 文献回顾

在正式进入案例分析之前，本文有必要对微金融和金融科技的基本概念和重要文献进行一个简单的回顾。

2.1 微金融

金融中介理论以交易成本和信息不对称作为基石，指出金融中介的存在很大程度是为了缓解融资过程中信息不对称所导致的逆向选择和道德风险。而微金融理论的研究起点来自小微企业自身的信息特征。来自贷款客户的信息可以分为两种类别：第一类是以真实财务报表、抵押和担保等可精确量化、便于传递为基础的信息，被称为"硬"信息；第二类则是通过以往与客户交往获得的，并以此为基础形成对其未来风险和收益预期评估的信息，这些难以量化、以"质量"为基础的信息被称为"软"信息。微金融理论认为，银行对借款者的信息偏好和处理信息内在机制和系统与微金融客户的信息类型是不兼容的，这解释了银行主导的传统金融中介体系难以解决小微企业融资难问题的原因。微金融机构成为服务微金融客户的更好载体。

Berger 和 Udell（2002）率先将贷款分为两大类即"交易型贷款"和"关系型贷款"，并将银行贷款技术概括为四类：财务报表型贷款、资产保证型贷款、信用评分贷款和关系型贷款，前三类贷款技术统称为关系型贷款，对应硬信息，而关系型贷款对应软信息。信息特征不同，造成贷款类型不同，进而导致需要采取的贷款技术不同，这成为微金融机构在服务小微企业融资时发挥独特作用的理论基础。

黄宪（2012）指出小额贷款公司的优势与小微企业的融资特点正好相匹配，微金融机构在风险控制、贷款定价方面均呈现出与传统银行不同的特点，从而更好地处理小微企业的软信息；并且不同规模的银行有不同的业务边界，这个业务边界由该类银行的业务流程、运行机理、激励约束机制和系统最优设计所决定的。

黄宪（2016）进一步根据改进的 B-T 模型得到，"小银行优势假说"在我国是成立的。小银行为代表的微金融机构有着独有的对软信息处理的技术优势、成本优势和相匹配的风控体系和激励机制，因此与大中型银行的贷款业务存在着边界，而竞争的加剧会影响这一业务边界，造成边界的移动。

2.2 金融科技

金融科技的概念最早正式出现在 2011 年，是由英美互联网或者科技公司将先进的信息科学、计算机技术运用到金融业务中产生的。因此，金融科技除了具备传统金融的特征外，还融入了互联网科技的特征。

作为新概念，金融科技的内涵在各方看来可能不同。引用全球金融治理的核心机构——金融稳定理事会（FSB）在 2016 年发布的首个金融科技专题报告中对"金融科技"的定义：金融科技是技术带动的金融创新，它能创造新的业务模式、应用、流程或产品，从而对金融市场、金融机构或金融服务的提供方式产生重大影响。因此，金融科技实质是一种金融创新，应被称为金融科技创新。

国外 Mishkin（1999）很早就指出技术进步很大程度上降低了交易成本并改善了信息不对称的状况，从而驱动金融结构发生变化，提高了金融系统的效率，但也对金融监管部门提出了新的挑战。

国内学者先前研究的重点主要在于互联网金融领域。谢平等（2012）研究了互联网金融模式的支付方式、信息处理和资源配置，认为互联网金融模式能通过提高资源配置效率、降低交易成本来促进经济增长，社会效益巨大。谢平等（2014）讨论了互联网金融监管的必要性与核心原则，并指出不能因发展不成熟就对互联网金融采取自由放任的监管理念，必须以监管促发展，在一定底线思维和监管红线下鼓励互联网金融创新。王达（2014）对中美互联网金融进行了比较，认为互联网金融模式的发展将对传统的金融机构产生冲击，但其从根本上颠覆传统的金融业态与竞争格局的可能性很小。沈悦等（2015）剖析了互联网金融对商业银行全要素生产率的影响机制，得出互联网金融通过技术溢出效应，显著提升了我国商业银行的全要素生产率。王馨（2015）基于长尾理论，认为互联网技术可以促进"长尾"小微企业的需求甄别，因此互联网金融对小微企业融资弥补了适量的供给缺口，减轻了信贷配给程度，促进了金融资源的合理配置。

近年来，随着金融科技概念的确立，国内对金融科技的研究也开始日益丰富。赵鹞（2016）系统梳理了金融科技（Fintech）的特征、兴起、功能及风险，指出金融科技的本质仍是金融中介，作用始终是发挥金融功能，金融技术的核心竞争力在于使资金融通更有效率；金融科技仍会面临传统金融中介的道德风险和逆向选择的问题，并会强化金融的固有风险并改变金融风险的分布，需要监管部门特别重视。廖岷（2016）总结指出金融科技主要包括四类，即互联网和移动支付、网络融资、智能金融理财服务以及区块链技术，不同类别在技术和商业模式成熟程度以及对现有金融体系的影响程度等方面完全不同，因此对监管提出了不同挑战；其中网络借贷发展存在局限性，只是对现有金融体系的重要补充，无法真正取代传统金融机构引导社会资源配置的作用，其目的是服务微金融以提高金融服务的覆盖面。王丽辉（2017）通过博弈论方法得出，以大数据为核心的金融科技创新，缓解了金融市场信息不对称问题，降低了中小企业融资成本，金融科技公司也由此获得"长尾"市场。李文红等（2017）从监管者视角分析金融科技，指出监管机构应加强对新兴技术的关注、监测和研究，做好监管准备并遵循"技术中立"原则，坚持按照金融业务本质实施监管。

回顾文献我们发现，尽管学者们对微金融理论的研究有了较大进展，但对金融科技的研究较少，并且主要是从监管视角出发或研究偏向宏观，缺乏从微观企业角度出发分析金融科技影响的研究。除此之外，已有研究对微金融与金融科技两者的结合很少考虑，或仅从理论角度进行简单叙述，缺乏实证和案例分析进行支撑。事实上，在金融科技的浪潮下，微金融领域出现了很多新变化、新模式和新业态，而微金融机构运用金融科技也能减轻信息不对称所带来的道德风险和逆向选择，从而更好服务客户群体，帮助解决小微企业融资难问题；同时在这种背景下，微金融机构与银行之间的关系也发生了许多变化。本文接下来就基于中兴飞贷的案例进行分析，研究金融科技浪潮下微金融机构的变革之道。

3. 前两次变革：金融科技的初探索

微金融服务的客户群体的信息特征是软信息，绝大多数没有正规的财务报表，各种用于信贷决策的信息相对欠缺并且比较分散，因此从事小微信贷的微金融机构处在严重信息不对称一方，做好小微信贷业务在技术上存在很大困难。

中兴飞贷的前身中兴微贷初创时，较先进和流行的小微信贷风控技术是国际上相对成熟的 IPC（International Project Consult）技术，其流程与传统信贷相仿，但在每个环节的细节方面，充分考虑小微信贷的特点，在尽量简化的同时突出重点，使信贷员掌握对软信息的处理。使用 IPC 技术也存在诸多问题，主要表现在：IPC 技术对信贷员的专业水平和道德水平均提出了很高的要求，专业人才的培养速度跟不上业务发展的要求，业务运行效率也难以提高，成为微金融机构的发展瓶颈。如何更高效处理软信息，降低小微信贷中的信息不对称，提高业务运行效率？这成为中兴微贷酝酿第一次变革的出发点。

经过不懈努力，中兴微贷针对微金融特点设计出新的整套流程，并命名为"信贷工厂"。信贷工厂模仿现代化工厂的流水线，将小微信贷的审核审批全流程进行科学的分拆，使每名审核人员专注于其中的一个部分，再运用高科技技术的嵌入将各个部分连接起来，最终形成信贷决策。它不但解决了 IPC 技术的主要瓶颈，而且增加了更多判断信贷风险的维度，再加上多套适用于不同地区和人群的评分模型，使信贷决策更为客观、科学和高效。

在信贷工厂模式中，中兴微贷最自豪的是"准确的模糊化甄别和审批技术"，即通过各种权重设计，将客户的各类模糊信息半智能化地输入到拥有自主知识产权的各种评分模型中，从而把客户的非财务信息最大程度还原为财务报表信息，实现软信息向硬信息的转化。这里的"模糊信息"是指由模糊现象中获得的精确度不高、难以定量的信息，这与微金融理论中的"软信息"是相对应的，甚至内涵更加宽泛。

尽管在进行第一次变革时，金融科技的概念刚在国外萌芽，但中兴微贷已运用相关理念，将计算机技术融入了传统微金融领域小微信贷的流程，实现了准确模糊化甄别和审批技术，进行了金融科技的初探索，极大降低了信息不对称所带来的道德风险和逆向选择，这是信贷工厂模式取得巨大成功的关键。

中兴微贷依托金融科技在业内率先实现了高效化、无纸化、标准化、批量化的信贷管理流程。截至 2013 年底，深圳共有小额贷款公司 88 家，贷款余额为 116.77 亿元，中兴微贷起步不到四年，贷款余额却达到 11.88 亿元，占深圳整个行业的 10.17%（见图 1），从而脱颖而出成为微金融行业的领跑者，这其中金融科技的力量不容忽视。

以往研究认为，微金融机构同传统金融机构相比，在处理小微信贷业务的信息不对称问题上具有竞争优势。这一优势很大程度上建立在风险控制方面，即微金融机构的运作体现出与传统金融机构完全不同的风险管理理念：第一，微金融机构将小微贷款的营销与风险控制完全融为一体，即业务员与信贷员同为一人，在营销时便开始同步进行风险识别；第二，微金融机构将风险控制的过程和客户维护的过程贯穿于贷款业务的全流程之中，这在显著降低人力成本的同时，还极大提高了贷款业务的效率和质量。

但从 2014 年开始，随着互联网金融公司的加入，微金融行业参与者数量开始急剧增加，激烈的竞争使从业人员的心态趋向浮躁和功利。为了业绩和收入，信贷员私自收费或用假材料包装客人等违规做法层出不穷。业务员与信贷员为一人，本是处理软信息以缓解信息不对称的针对性措施，但微金融行业的无序竞争打破了小微信贷中"人"的可靠性，在业绩压力的同时做好风险控制，还可行吗？"人"的使用带来了新的信息不对称问题，这给行业发展提出了严峻的问题：微金融机构的小额贷款一般没有担保抵押，客户如果同

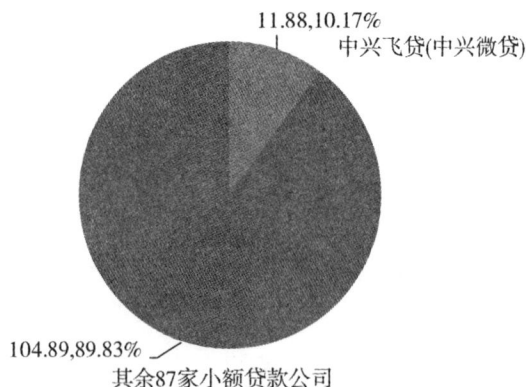

11.88,10.17%
中兴飞贷(中兴微贷)

104.89,89.83%
其余87家小额贷款公司

图1　2013年底深圳地区小额贷款公司的贷款余额分布

时向多家机构申请贷款并且信贷员为这种客户提供便利，那么"多头"贷款就会形成，客户的过度负债使风险逐步积累，可能导致微金融机构的坏账集中爆发。与此同时，业务员的大规模使用令公司的人力成本迅速攀升，微金融机构的利润空间因此被不断压缩。

在这种背景下，中兴微贷选择跟随互联网潮流，展开第二次变革，具体可分为两个阶段。在第一阶段，它借鉴保险行业"保险代理"的众包模式，创造了小微信贷兼职代理人的"飞侠"体系，完成了将获客模式由"物理网点加信贷员"到招募兼职代理人"飞侠"的转变。中兴微贷在2013年10月正式推出PC端"E贷贷"网站。"飞侠"通过"E贷贷"网站将借款人的信息提供给中兴微贷，同时将客户的纸质申请资料就近提交给线下网点，一旦客户融资申请获批，"飞侠"就可以获得佣金。互联网成为"飞侠"与中兴微贷间进行客户融资需求信息交互的唯一途径。第二阶段则始于2014年5月，为进一步建立优势，中兴微贷在PC端基础上推出了移动互联网端的手机APP"飞侠"，飞侠们能更便利地将融资需求者的信息传送到中兴微贷的数据中心。飞侠推荐借款人的难度和工作量大幅降低，数量也急增至十余万人，但中兴微贷直属销售团队却由近2000人缩减到近200人。

中兴微贷运用互联网科技对微金融行业传统的营销与风险控制理念进行了创新，改进后的"飞侠"模式成为微金融行业第一个基于移动互联网的O2O模式，实现了线上获客、线下服务和风险控制的无缝对接。借力金融科技，"飞侠"模式一方面将业务员和信贷员的身份实现了一定程度的分离，缓解了小微信贷中"人"所带来信息不对称下的道德问题和逆向选择；另一方面则通过将业务员"众包"，在快速扩大业务规模的同时，显著降低了人力成本。

小额贷款公司数量从2010年底的2614家攀升至2014年底的8791家，行业竞争日趋激烈。2010—2014年小额贷款公司的平均管理资产分别为6810万元、7750万元、8470万元、10450万元、10720万元。不难看出，微金融行业从2013年开始发展速度开始明显放缓。但中兴微贷却始终保持业绩高速成长的势头，仅在2014年就实现了近50%的税后利润增长（分别见图2和图3）。可见，中兴微贷通过对金融科技进行初步探索与运用，实现了又一次腾飞。

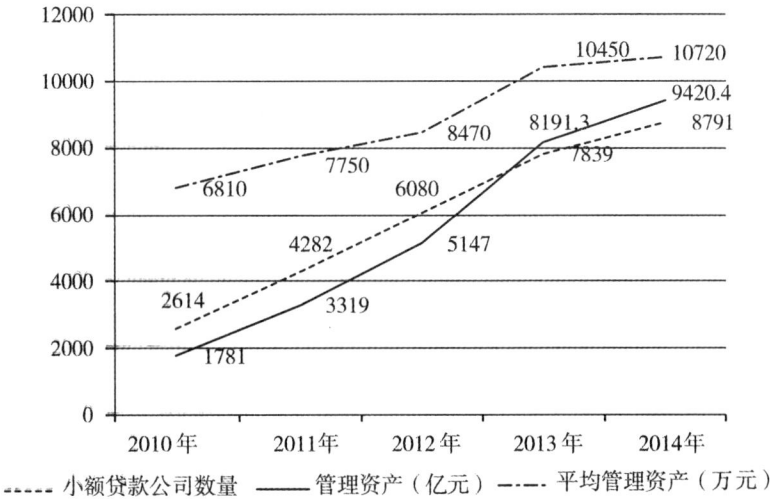

图 2　2010—2014 年小额贷款公司发展情况

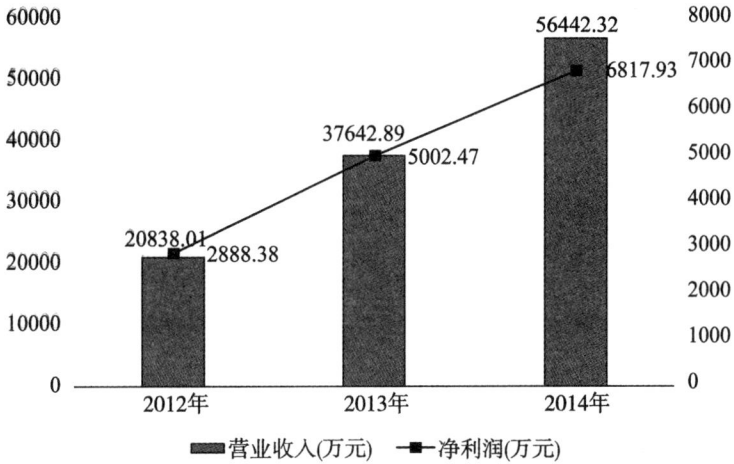

图 3　2012—2014 年中兴飞贷（中兴微贷）的营业收入及净利润

4. 第三次变革：金融科技与变革之道

4.1　产品为先，确立核心价值

中兴微贷第二次变革推出的"飞侠"模式，根据外部市场反馈和内部运营数据来看是非常成功的。但市场上跟随者迅速涌现，同行开始模仿"飞侠"模式并通过比拼佣金来争抢"飞侠"以获得客户资源，行业陷入新的恶性竞争。

在这种情况下，中兴微贷的管理团队很快意识到"飞侠"模式对获客方式的创新并没有改变微金融行业同质化竞争的根本现状，危机并未得到解除。在思考下一步变革的过程中，他们逐渐认识到：金融服务中最能够体现客户价值的落足点就是产品。在互联网时代，金融创新往往与科技相联系，进而产生了金融科技或者说是金融科技创新的概念，但在金融科技浪潮下，金融创新的本质仍然在于产品创新，在于创造出最大程度满足客户的利益与需求的金融产品。并且在移动互联网时代，客户拥有更大的选择权，产品只有真正满足客户的利益与需求，才会被主动选择。

传统金融机构的产品存在太多显性或隐性障碍，将大量微金融客户拒之门外，直接造成"小微企业融资难"。因此，中兴微贷的第三次变革围绕产品进行创新，并抓住金融产品的核心价值，即始终从客户的利益与需求出发，从而真正解决传统金融产品使客户面对的诸如申请难、获批难、用款难、还款难、再借难等问题。

通过高管带头，公司全体员工参与的大量实地调研，中兴微贷决定将"随借随还"这一特性作为关系微金融客户利益的痛点来设计差异化的金融产品，其团队敏锐意识到，移动互联网是未来的发展趋势，公司应将业务全部放至移动互联网端，做一款"随时随地、随借随还"的手机 APP 贷款产品，从而实现双赢。这里所谓双赢：对外而言，客户不再通过任何中间环节来直接获得产品和服务，得到良好的体验；对内而言，砍掉线下及PC 端业务，可以降低成本并提高效率，公司更可能将有限资源全部聚焦到手机 APP 贷款上，把产品创新做到极致。

为告别过去传统的产品和模式，中兴微贷决定将这款"随时随地、随借随还"的手机 APP 贷款产品命名为"飞贷"，公司也一并更名为中兴飞贷，全面展开第三次变革。

4.2　金融科技，互联网时代微金融机构生存和发展的核心竞争力

如果产品创新对客户利益需求满足得越多，那么企业内在综合能力面临的挑战也就越大。中兴飞贷想给微金融客户提供"随时随地、随借随还"的良好体验，对其内功的考验不可小觑，相应组织机构、运营管理等都需要做出变革，而其中面临的最大挑战是如何完善小微信贷的风控体系。微金融的风控体系所内含的技术是与大银行决然不同的，它们对现代信息技术和科技的要求非常高。

在系统阐述中兴飞贷的金融科技核心竞争力之前，我们有必要回顾近年来在我国异常火热但问题迭出的互联网金融。以我国互联网金融的一大主力军 P2P 为例，资金池、期限错配、资产拆标、自融等行为充斥其中，甚至出现 e 租宝等非法集资、庞氏骗局的现象。问题的根本原因在于众多 P2P 平台不具备基本的风险管理能力，无法建立完善的风控体系，更缺乏微金融领域处理小微贷款模糊信息或者说软信息的技术手段，只用超高收益率吸引资金，却无法将资金与优质的信贷资产相匹配。P2P 平台的本质仍是金融中介，资金端和资产端的不匹配使其无法履行金融中介的功能，投资者的利益自然难以保障，跑路和倒闭也在所难免。

发达国家对互联网与金融关系的理解与我国有着本质差异，其代表是美国的"金融科技"。美国的金融业极其成熟，引入互联网的实质是为了满足传统金融机构难以满足的客户需求以扩大服务面，绝不是为了降低金融业的门槛。互联网时代金融业的门槛并不

低，因为金融的核心在于风险，风险识别、风险控制和风险定价都需要极强的专业能力。因此，美国进行的是金融互联网化的过程，不同于我国的互联网金融。

互联网金融的正确落脚点是金融，必须重视风险，而在互联网时代，大数据的运用使风控越来越来依赖互联网和信息技术来实现，金融科技开始成为微金融机构生存和发展的核心竞争力。因此，"飞贷"要想实现"随时随地、随借随还"，毫无疑问离不开金融科技，微金融风控技术和互联网技术成为第三次变革的关键。

4.3 "天网"风控体系，微金融的"技术范"

为实现第三次变革，中兴飞贷首先在信贷工厂模式自建的核心数据库的基础上，同经过筛选后的外部数据供应商合作，将内外部数据统一接入一个专门的大数据平台，并对它们进行优化组合和精细化技术处理，使之成为评估客户进而做出最终信贷决策的基础。这里必须强调，中兴飞贷在专注多年小微信贷的基础上，积累和构建了一个"贷款人行为数据库"，它使评估小微贷款客户贷前贷后风险时的精确性得到极大提高，这与其他电商互联网的商品交易和社交大数据具有本质差异，因此具有极高的价值。这一大数据平台可以对海量数据在毫秒内进行准确的运算，因而在业内被称为"大数据应用神算平台"。

与此同时，中兴飞贷通过自建和引进共部署了三套决策引擎，分别管控信用风险、欺诈风险、核算及流程，搭建起一整套风控核心决策系统。该系统使用"规则引擎"、"建模工具"和"评分分级"等技术，并部署和运营独有的"贷款申请"、"额度优选"、"风险定价"等策略，使其像"超级计算机"一样，能运用既定规则精准调用对应数据，再结合"大数据应用神算平台"进行分析、运算和判断，以确保对借款客户信用甄别、决策、定价的快速和准确。这套独特而立体的风控体系自此正式确立，并被命名为"天网"。

风控是金融的核心，以往风控的关注点在于防范潜在不良客户，但"天网"在此基础上进一步实现了对客户信誉动态、立体的甄别，并快速配以不同的贷款额度和费率，完成了风控领域的一大突破。我国当前信用体系的建设无疑是欠缺的，中兴飞贷的风控完全建立在金融科技之上，基于客户的真实行为数据不断更新客户的相应评分，实现动态调额定价，目的便是鼓励客户珍视并累积良好的信用记录，因为这些良好的信用记录会使客户在额度提高的同时利率反而下降。这种金融科技之上的风控体系看似冷冰冰且不近人情，实则是有"温度"的，因为它能尽量做到鼓励诚信并惩罚失信，从而真正唤醒社会的诚信意识，这对推动我国信用体系建设具有重要的示范效应。

"天网"中金融科技的运用使中兴飞贷的风控能力得到明显提高，其信贷违约率从2015年的3.4%下降到2016年的2.9%，在行业保持领先水平。与此同时，中兴飞贷对金融科技的投入也在持续加大（分别见图4和图5）。

在第三次变革中，中兴飞贷对金融科技的运用已经是淋漓尽致，并且是在清楚理解金融科技内涵下，对产品进行金融科技创新，处处尽显"技术范"，已成为一家专注模糊信息处理的金融科技公司。这次变革更使得微金融行业传统的风险管理理念发生重大改变，金融科技的全面应用极大削弱了小微信贷中"人"的作用，通过对大数据整合，处理软信息的智能化信用度甄别模型、风控策略和程序规则，完成审核审批过程，解决了"如

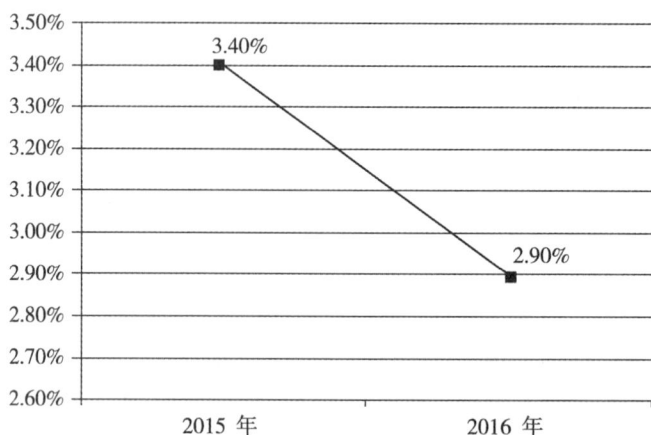

图 4　2015—2016 年中兴飞贷的信贷违约率

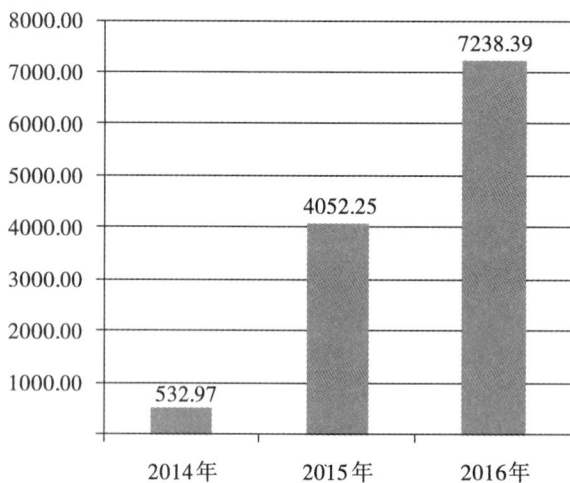

图 5　2014—2016 年中兴飞贷的金融科技投入（万元）

何才能使人可靠"的问题，结果更加真实客观，业务处理效率大幅提高。并且该系统专为微金融业务设计，能够快速高效处理软信息或模糊信息，还通过机器学习等技术手段持续进行改良升级，真正减缓了小微信贷中的最难以量化的信息不对称问题。

　　这也延伸出不同规模金融机构是否存在一个相对优势的业务边界的问题。以中兴飞贷为代表的微金融机构，其小微信贷的经营理念与银行间存在较大差别，在处理软信息方面存在明显优势。无论是中兴飞贷第一次变革创立的"准确的模糊化甄别和审批技术"的信贷工厂模式，还是第三次变革"天网"运用的"大数据时代计算机模型智能化处理模糊信息"，均能比银行更为准确地甄别微金融客户的信用状态。而大中型银行的信贷业务体系以大中型企业为对象设计，其风险管理体系的设计以巴塞尔协议理念为核心，强调风险承担与经济资本挂钩、抵押和担保的信用增强以及对违约损失的近乎"零容忍"等激励约束机制，这些与小微信贷都不兼容，使得银行难以模仿微金融机构的技术优势。因此，金融机构应在各自业务边界内发挥优势，才能形成差异化金融服务，避免低水平、同质化的无序竞争①。

中兴飞贷很早便与多家银行建立起"助贷"模式，即大中型银行"打包"批量购买中兴飞贷发放的小微贷款，而这些贷款的贷后风险管理仍由中兴飞贷承担。现如今，中兴飞贷已将自己定位为一家专业助贷机构，通过金融科技创新，助力金融机构，为小微企业和个人提供高效、便捷的融资服务。进一步地，中兴飞贷立志转型成为移动互联网信贷整体方案服务商，发挥自身在产品、风控、科技、营销、大数据等方面的优势，针对以银行为代表的 B 端做零售信贷业务全局性的输出，从而通力合作深耕微金融领域。这一理念和举措为微金融机构和银行的相处模式带来了重大突破。

银行有资金优势，但缺乏微金融所需的信贷技术；微金融机构有技术优势，但资金实力不强，因此微金融机构和银行拥有广阔的合作空间。中兴飞贷的"助贷"商业模式将银行原本直接从事的小微信贷采取"两头外包"——小微贷款的贷前客户筛选和贷后风险管理交由专业的微金融机构负责处理，银行成为资金批发供给人，这样充分实现了两类金融机构各自的优势及资源互补。

中兴飞贷第三次变革背后还存在着一个中国古代哲学思想所强调的"道"与"术"的关系问题。金融科技是利用科技的金融创新，其中金融是核心，或者说，金融产品是核心，这是金融科技的"道"，具有相对的稳定性；金融科技任何时候都离不开对金融本质的理解，必须重视风险，并遵循基本规律。而科技是实现金融创新或者产品创新的工具和手段，这是金融科技的"术"，其具体表现形式会随社会发展不断变化。

因此，金融科技浪潮下微金融机构应积极运用金融科技，并牢牢把握金融科技的内涵，抓住金融产品的核心价值，始终从客户的利益与需求出发设计金融创新，再运用科技实现金融创新，这才是微金融机构的变革之道。

第三次变革的金融科技创新让中兴飞贷彻底转型为一家专注模糊信息处理的金融科技公司，其员工规模和结构发生巨大变化，并且业绩表现突出：2010 年 11 月至 2016 年 3 月，中兴飞贷老产品累计客户数 9.3 万，累计放款 60 亿元，而新产品"飞贷"上市一年的新增客户申请数就达到 550 万，其中获批额度客户数 45.5 万，授信总额攀升至 220 亿元；与此同时，金融科技使中兴飞贷的信贷业务处理能力明显增强，单日平均申请数量、单日平均放款数量和单日平均放款金额均得到大幅度提高。为实现第三次变革，中兴飞贷在 2015 年投入了巨大成本，为此承受了主动型亏损，终于在 2016 年取得了收获，其营业收入增长远超营业成本增长，净利润因此站上了新高度（分别见图 6 至图 9）。

---

① 我们认为，我国大中型银行的优势在于处理"硬信息"的金融技术以及规模庞大的资金实力。在目前我国政府同时强调"一带一路"国际经济战略布局、经济增长方式转型和产业结构调整和普惠金融背景下，大银行应该更多地发挥自己的优势，承担国外项目的投贷、大项目、大工程、国企改制的资本置换、开发各类金融衍生品等，而将自己不擅长的小微贷款采取与微金融机构合作的模式。任何金融机构都应根据自己的特质性和相对优势拥有相应的核心业务边界，不可能"包打天下"。

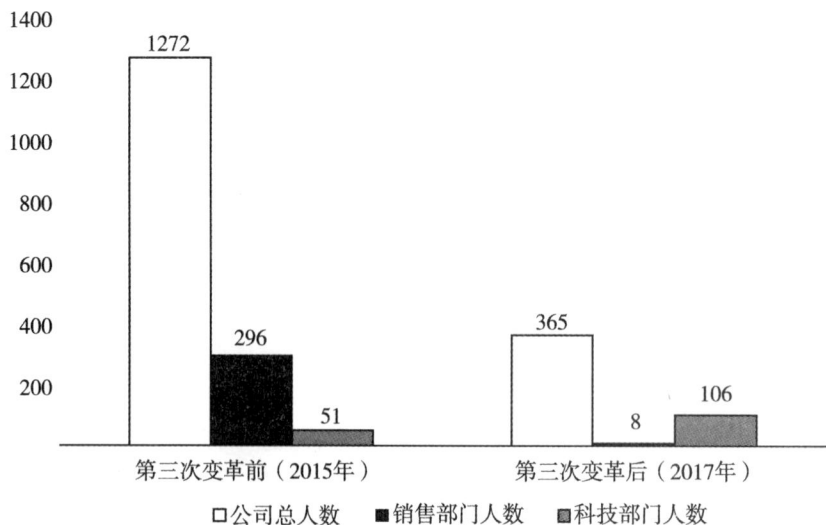

图 6　第三次变革前后中兴飞贷员工规模及结构的变化

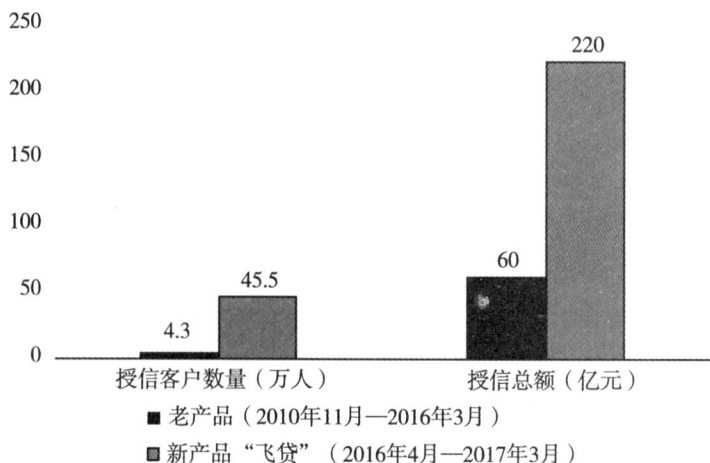

图 7　第三次变革前后中兴飞贷产品授信客户数量及总额的对比

5. 案例总结

金融科技浪潮下，技术带动的金融创新创造出了全新的业务模式、应用、流程或产品，对金融市场、金融机构及金融服务的提供方式产生了深远的影响。分析中兴飞贷的三次变革，第一次变革的核心是基于"准确的模糊化甄别和审批技术"的信贷工厂模式，第二次变革的核心是基于移动互联网端的小微信贷兼职代理人的"飞侠"体系，第三次变革的核心是基于"大数据时代计算机模型智能化处理模糊信息的天网体系"的手机APP 贷款"飞贷"，三次变革均是技术带动的金融创新因此微金融机构必须积极主动运用金融科技，并牢牢把握金融科技的内涵，抓住金融产品的核心价值，始终从客户的利益与

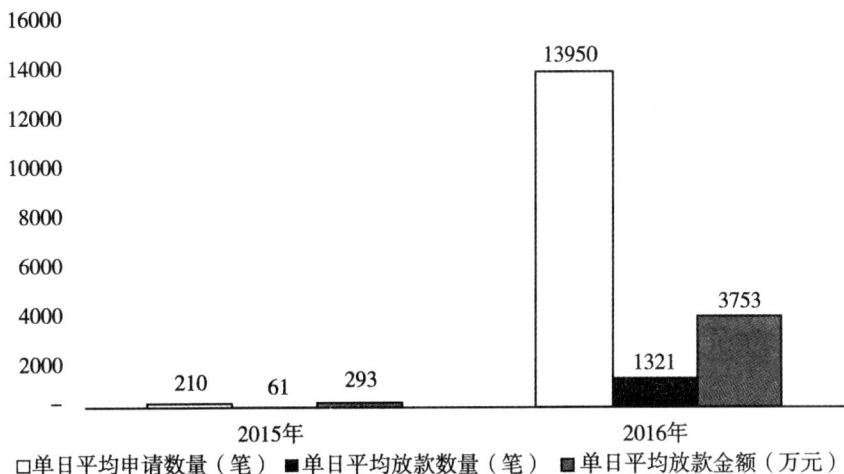

图 8　2015—2016 年中兴飞贷业务处理能力的变化

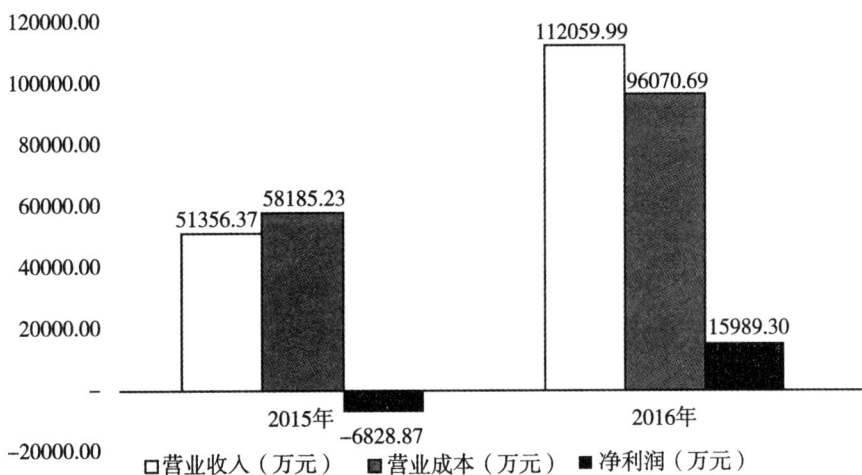

图 9　2015—2016 年中兴飞贷收入、成本和利润的变化

需求出发设计金融创新，进而运用科技去实现，从而发挥处理软信息、解决信息不对称问题的优势，最终提供更优质的微金融服务，这才是微金融机构的变革之道。

　　金融与科技的融合其实可以追溯到很久前，只是近年来飞速发展的互联网、计算机技术引爆了这一热点，让科技更深层次地融入金融之中。金融科技浪潮下，微金融领域发生了很多变化，例如微金融的业务流程和风控体系出现巨大变化，计算机很大程度上代替了人的作用，呈现出真实化、客观化、快速化、高效化、智能化的趋势，但科技再发达，拥抱金融科技的微金融机构仍改变不了其金融中介的本质，信息不对称仍是金融中介得以存在的基石，对软信息处理的优势仍是微金融机构得以发展的原因。

　　归根到底我们要应对的还是信息不对称问题，而微金融机构的大数据、量化模型等计算机技术在处理模糊信息方面具有极大的天然优势，所以金融科技使微金融机构能更容易实现对软信息实现"硬化"，完成风险识别、风险控制和风险定价等过程，从而减轻由信息不对称所带来的道德风险和逆向选择。反观大中型银行，其核心技术是处理"硬信息"下的信息不对称，即基于规范财务报表，通过要求抵押、担保等信用增强机制，对授信企业或项目进行风险测度和评估，同时配置严格审贷分离的信贷管理流程和相应的约束激励机制。这套体系与处理小微信贷软信息和风控的系统不兼容。在巴塞尔协议资本监管不断强化下，由于小微信贷占用的经济资本高，技术的不匹配使其贷款违约的损失率也高，世界各国大银行对小微贷款的"天然歧视"普遍强化。

中兴飞贷提出和金融机构系统对接，输出风控策略和移动互联网科技，做专业助贷机构，共同解决小微企业融资难问题。这一开拓性理念不得不让我们认真思考：单纯推动银行成立普惠金融部，实行差别化考核评价办法和支持政策，真的是缓解中小微企业融资难问题的最有效的措施吗？微金融机构与银行间的业务边界是确实存在的，微金融领域未来可能的理性分工是：更多微金融机构将专注于小微贷款所特有的软信息或模糊信息处理和风险控制，大中型银行则会更多地将自己定位为作为微金融的资金"批发商"，让更多资金"精准"流向小微企业实体。政府相关部门在制定相关政策时，更应该从微金融机构角度出发，鼓励微金融机构应用金融科技创新并与银行开展广泛的合作，而不是单纯驱使银行从事业务边界以外的业务，而边界外业务的运行系统又与原本的运行系统存在较大差异，这样规律上并不具有可持续性，其结果往往会"事倍功半"。

本文通过分析中兴飞贷的案例，希望能为微金融机构如何理性应对金融科技浪潮，进行创新变革，实现生存发展，共同促进微金融行业良性发展提供参考，并能对政府部门从支持微金融机构与银行合作角度出发制定政策措施，以缓解小微企业融资难问题提供启发。同时，金融科技的发展使微金融领域发生了许多变化，本文希望给学界对微金融与金融科技的理论结合以及微金融中介与传统金融中介相互关系的研究尽可能提供新的启发或方向。

◎ **参考文献**

[1] 黄宪，叶晨，杜雪. 竞争、微金融技术与银行信贷业务边界的移动 [J]. 金融监管研究，2016（9）.

[2] 黄宪，曾冉. 微金融理论研究的发展 [J]. 经济评论，2013（5）.

[3] 李文红，蒋则沈. 金融科技（FinTech）发展与监管：一个监管者的视角 [J]. 金融监管研究，2017（3）.

[4] 廖岷. 全球金融科技监管的现状与未来走向 [J]. 新金融，2016（10）.

[5] 沈悦，郭品. 互联网金融、技术溢出与商业银行全要素生产率 [J]. 金融研究，2015（3）.

［6］王达．美国互联网金融的发展及中美互联网金融的比较——基于网络经济学视角的研究与思考［J］.国际金融研究，2014（12）.

［7］王丽辉．金融科技与中小企业融资的实证分析——基于博弈论的视角［J］.技术经济与管理研究，2017（2）.

［8］王馨．互联网金融助解"长尾"小微企业融资难问题研究［J］.金融研究，2015（9）.

［9］武汉大学银行管理研究所课题组．小微企业贷款难问题的中国式解答——对国内金融机构小额贷款的调查报告［J］.武汉金融，2012（5）.

［10］析文．美国金融科技蒸蒸日上，中国互联网金融或将消失？［J］.互联网周刊，2016（7）.

［11］谢平，邹传伟．互联网金融模式研究［J］.金融研究，2012（12）.

［12］谢平，邹传伟，刘海二．互联网金融监管的必要性与核心原则［J］.国际金融研究，2014（8）.

［13］杨涛．正视金融科技的变革与挑战［J］.清华金融评论，2016（10）.

［14］赵鹞．Fintech 的特征、兴起、功能及风险研究［J］.金融监管研究，2016（9）.

［15］Berger，A. N.，Udell，G. F. Relationship lending and lines of credit in small firm finance［J］. *Journal of business*，1995（4）.

［16］Berger，A. N.，Udell，G. F. Small business credit availability and relationship lending：The importance of bank organizational structure［J］. *The Economic Journal*，2002，112（477）.

［17］Fredric，S. Mishkin，Philip，E. Strahan. What will technology do to financial structure［R］. *NBER working paper*，No. 6892，1999.

The Key to Success of Micro-financial Institutions' Reform under the Wave of Fintech
——A Case Study on Feidai

Huang Xian[1]　Cheng Cheng[2]　Zhang Haoyu[3]

（1，2，3　Economic and Management School of Wuhan University，Wuhan，430072）

Abstract：This paper focuses on the case of Feidai，discussing how micro-financial institutions succeed in reforming to survive and develop under the wave of Fintech. We believe that Fintech is financial innovation driven by technology，and finance is the key so that we can't put the cart before the horse. Fintech reduces the information asymmetry caused by moral hazard and adverse selection，therefore，the micro-financial institutions should use Fintech actively on the basis of having a good knowledge of the connotation of Fintech to provide more high quality financial services，which is the key to success of micro-financial institutions' reform. As an extension， this paper also discusses the business boundary of micro-financial institutions and banks and how they get along with each other. We are aimed at providing some instructive advises and references to micro-financial institutions how to innovate and reform under the wave of Fintech. We also hope to inspire further study of micro-finance theory through this paper.

Key words：Micro-finance；Fintech；Small loan company；Organization reform；Business boundary

专业主编：潘红波

制度距离、渠道治理与
分销商机会主义行为研究[*]

● 杜　鹏[1]　缪　莎[2]

（1，2　中南财经政法大学工商管理学院　武汉　430073）

【摘　要】 当企业进军国际市场时，制度距离将带来合法性压力与市场不确定性，并且极易诱发分销商的机会主义行为，国家与国家之间的巨大差异成为阻碍企业获得良好出口绩效的重要原因。因此，研究在国际营销渠道中企业如何规避制度距离的不良影响，并减少分销商机会主义行为具有一定的意义。本文以渠道治理策略为切入点，以有出口经营实践并且拥有海外分销商的 147 家中国企业为研究对象，采用多元层次回归分析法探索了制度距离对渠道治理策略的影响、社会资本的调节作用以及渠道治理策略对分销商机会主义行为的影响。结果发现：①制度距离正向影响定制契约和关系规范；②社会资本对制度距离与定制契约的关系有负向调节作用，但社会资本对制度距离与关系规范的关系不存在调节作用；③定制契约和关系规范均能负向影响分销商的机会主义行为，并且二者负向交互影响分销商机会主义行为。

【关键词】 制度距离　渠道治理　社会资本　机会主义行为

中图分类号：C93　　　　文献标志码：A

1. 引言

据商务部统计数据，2015 年我国对外非金融类直接投资创下 1180.2 亿美元的历史最高值，并实现中国对外直接投资连续 13 年增长。并且最新数据表明，不论是增速还是金额，中国对外投资已经远超所吸引的外资。然而，随着中国企业大规模"出海"，折戟沉沙的投资事件也越来越多。据统计，中国有 2 万多家企业在海外投资，90% 以上是亏损的。究其原因，既有企业自身资金障碍和人才障碍，也有面对东道国差异甚大的制度环境所引起的管理障碍。当企业进军国际市场，不得不面对与中国差异甚大的东道国的制度环

---

　* 基金项目：国家自然科学基金青年项目"企业伪善行为的真伪边界与治理策略研究：基于消费者视角"（批准号：71602190）；中南财经政法大学 2016 年研究生教育创新计划教工项目资助（2015AL09）。

　通讯作者：缪莎，E-mail：miaosha_ ivy@ 163. com。

境时，制度距离导致企业难以得到当地市场上的政府部门、监管机构、供应商、分销商等利益相关者的认可与接受，因此难以获得合法性。特别地，制度距离导致这些企业难以约束其国外分销商，从而极易诱发分销商采取机会主义行为。国家与国家之间的巨大差异成为阻碍企业获得良好出口绩效的重要原因，因此，在国际营销渠道中，企业该如何规避制度距离的不良影响，并减少分销商机会主义行为呢？这是一个亟待解决的问题。

已有研究表明，制度力量总是内嵌于经济环境以及任务环境之中的（Oliver，1991），营销渠道更是内嵌于大的社会环境之中。但是当下，制度理论在营销渠道中的应用仍没有在学术界和实业界引起足够的关注与重视。出口企业的母国和东道国之间的制度距离致使外国分销商采取机会主义行为，而现有研究也很少关注其治理措施。本文意在构建一个有效的渠道治理框架体系，从交易成本理论、关系交换理论、制度理论以及渠道治理理论的整合视角入手，并引入社会资本这一调节变量，考察关系规范和定制契约这两种渠道治理机制如何克服出口企业面对的制度距离以及两种机制是如何减轻分销商的机会主义行为的。

2. 变量界定及相关论述

2.1 制度距离

"制度距离"的概念最早由 Kostova（1996）提出，随后得到了学界的广泛重视，他把制度距离定义为母国与东道国之间的制度环境差异，即母国与东道国之间的管制环境、规范环境和认知环境之间的差异。学者们对制度距离的构成维度进行了大量的研究，其中应用范围最广的是三支柱的划分方法，即把制度距离看作由管制距离、规范距离和认知距离构成（Xu，2001）。管理距离即法治环境的距离，规范距离指社会规范的距离，认知距离则是指共享的信仰、不证自明的心智模式之间的距离。鉴于本文属于制度理论与渠道管理理论的结合研究，因此对三支柱的具体解释应该与渠道管理相结合。根据 Grewal 和 Dharwadkar（2002）的研究，在营销渠道中，管制制度专注于渠道成员处理监管机构和政府的要求时对务实合法性的关注（Kelman & Steven，1987）。规范制度包括行业协会，专业协会，认证机构或行业本身，关注程序上的合法性，并要求渠道成员接受社会公认的准则和行为。认知制度则主要关注在文化上应被支持的习惯（Berger et al.，1967）。

2.2 应对制度距离的渠道治理策略

渠道治理是建立、维持和结束渠道交易关系的约定或制度安排，以及参与者对约定（即合同或不言自明的规则）的监督和执行过程（Yang et al.，2012）。各个学者对渠道治理机制的划分有着高度的重合，其中最具代表性的是将渠道治理机制划分为层级治理机制、契约治理机制与关系规范机制（Ouchi，1980；Heide & John，1992；Heide，1994；Poppo & Zenger，2002；Zhou et al.，2008）。因为本文研究的是制度距离对跨组织渠道治理策略选择影响，服务于公司治理的层级治理机制在此并不适用，因为跨国经营中中国企业在营销渠道中的权力表现得并不明显。故本文主要研究定制契约和关系规范两种渠道治理策略。此外，Brown（2000）把契约分成具有法律效力的正式契约与建立在渠道成员共同认可的规范基础上的规范契约。本文中的契约治理机制指的是正式契约。Grewal 和 Dharwadkar（2002）是最先把制度环境引入营销渠道研究的学者，他们认为制度环境影响了渠道结构、行为和过程。在现有的关于营销渠道的研究中，仅洞察了直接影响机制，而未考虑在其他情景或者条件下研究结果的稳健性。在本文中，我们将引入企业社会资本这一变量，验证其对制度距离与营销渠道治理之间关系的调节作用。

2.3 营销渠道中的机会主义行为

Williamson（1975）将机会主义行为定义为不道德地追求自我私利。渠道中的机会主义行为是渠道关系恶化、渠道冲突等后果的重要根源之一。因此，抑制机会主义行为对于提高渠道绩效和渠道满意度至关重要（Gassenheimer et al.，1996）。现有研究发现，机会主义行为在企业合作方和本方中均有可能出现，关于机会主义行为的治理机制研究中。Williamson（1985）认为，所有权可以成为机会主义行为的治理机制之一，公司可以对其上游的供应以及下游的分销进行垂直整合从而减少机会主义行为。总的来说，当前对渠道合作伙伴机会主义行为的研究已经非常丰富，但是就定制契约和关系规范两种治理手段而言，二者在抑制合作方机会主义行为的过程中究竟起到互斥的作用还是互补的作用，学界还并未形成统一的看法。

2.4 社会资本

当前，学界还未对社会资本形成统一的定义，引用最多的定义来自 Nahapiet 和 Ghoshal（1998）的研究，即认为社会资本是镶嵌在个人或社会个体占有的关系网络中、通过关系网络可获得的、来自于关系网络的实际或潜在资源的总和。而在其涉及主体上，又区分为企业社会资本、企业家社会资本。本文关注的是企业社会资本，即企业通过社会关系网络所获得的能够促进其目标实现的有形或无形资源（Leenders & Gabbay，1999）。Nahapiet 和 Ghoshal（1998）把社会资本划分为三个维度，分别是认知维度、结构维度和关系维度。由于本文研究的主体是出口企业，并主要聚焦于其在海外经营中的渠道治理问题。因此本文社会资本的三维度需要结合营销渠道研究进行适度再定义。刘婷，李瑶（2013）关于社会资本对渠道关系绩效影响的研究提供了一个很好的借鉴。本文将认知社会资本定义为企业与交易伙伴在合作关系中共享的愿景，表明企业与交易伙伴在追求的目标、价值观等方面的近似程度。本文中的结构社会资本描述了交易双方人员间进行社会联系的强度。关系社会资本则指的是通过交往形成的信任、团结、尊重和友谊。

3. 研究与假设

3.1 制度距离对渠道治理策略的影响

根据先前学者的研究，制度距离的两个重要结果为：（1）为实现可接受的商业惯例的合法性压力和（2）由于外国市场环境而引起的市场不确定性（Scott，2008；Dacin et al.，1999）。管制距离、规范距离、认知距离均会带来合法性压力（Grewal & Dharwadkar，2002；Scott，2008）且均会引发市场不确定性（Williamson，1985）。为了处理制度距离带来的合法性压力以及市场不确定性的问题，企业在国外市场经营中往往会为此制定专门的渠道治理策略。Yang 等（2012）讨论了企业在国际营销渠道中应对制度距离的两种渠道治理策略——定制契约和关系规范的作用。（1）对于定制契约。缺乏合法性容易造成信任缺失，从而引发企业与国外分销商之间的渠道冲突，而定制契约往往规定了渠道各方的义务、责任和利益来使企业免遭误会风险（Joskow，1990；Luo，2005）。而制度距离带来的市场不确定性同样会刺激契约的定制化。市场不确定意味着信息不对称，合作伙伴有动机不完全履行合同，导致自我利益寻求行为（Williamson，1989）。为了抑制此种降低公司绩效的行为，企业往往会选择制定专门条款来使得对分销商的监控变得合法化（Carson et al.，2006）。此外，Zhou 和 Poppo（2010）认为法律的可执行性也增加了企业对合同的使用，用以保护市场交易的进行。（2）对于关系规范。当制度距离较大时，企业往往依赖于关系机制，以确保业务开展有条不紊地进行，因为基于关系机制形成的社交网络能提供合法性以及重要资源的可获得性（Sheng et al.，2011）。为了处理制度距离带来的合法性缺失问题，企业常常选择与分销商共同制订计划、共同解决问题来加强渠道关系，增强双方信任度。而制度距离所引发的市场不确定也会促使企业采取关系规范，通过这种方式使自己变成"内部者"。

总之，制度距离越大，制造商更有可能采取定制契约与关系规范的渠道治理机制。因此，本文提出如下假设：

H1：母国与目标国之间的制度距离越大，制造商更有可能采取定制契约的渠道治理机制。

H1a：母国与目标国之间的管制距离越大，制造商更有可能采取定制契约的渠道治理机制。

H1b：母国与目标国之间的规范距离越大，制造商更有可能采取定制契约的渠道治理机制。

H1c：母国与目标国之间的认知距离越大，制造商更有可能采取定制契约的渠道治理机制。

H2：母国与目标国之间的制度距离越大，制造商更有可能采取关系规范的渠道治理机制。

H2a：母国与目标国之间的管制距离越大，制造商更有可能采取关系规范的渠道治理机制。

H2b：母国与目标国之间的规范距离越大，制造商更有可能采取关系规范的渠道治理机制。

H2c：母国与目标国之间的认知距离越大，制造商更有可能采取关系规范的渠道治理机制。

3.2 社会资本的调节作用

社会资本是行动主体与社会的联系以及通过这种联系摄取稀缺资源的能力（Portes & Sensenbrenner，1993），企业拥有的社会资本能在一定程度上克服制度距离带来的不良影响（Rottig，2008）。对于市场不确定性，一方面，企业社会资本具有信息功能、凝聚功能和交易费用节约功能（Fukuyama，2003），有助于企业更便捷地获得国外市场的信息与知识，显著减少市场不确定性。这种市场不确定性的减少会降低国外经营的潜在风险，进而降低企业与合作伙伴对定制契约的偏好。而关系规范虽然也是企业应对制度距离的一种策略，但关系规范可以通过建立信任而增加企业社会资本。因而为了进一步成功获取关键资源与市场信息，企业会采用更多关系规范机制来进一步积累社会资本，从而形成良性循环。另一方面，当海外经营企业与当地企业建立的联系增多，即社会资本越丰富时，企业越能够凭借其优势在国外市场中获得并维持其合法性（Rottig，2008）。在一定的制度距离下，高程度社会资本带来的合法性倾向减少会降低出口企业选择定制契约渠道治理方式，而为了更进一步积累社会资本，形成"合法性溢出"，出口企业会更多地采用关系规范机制。因此，本文提出如下假设：

H3a：社会资本越高，在一定的制度距离下，出口企业将更少地采取定制契约的渠道治理策略。

H3b：社会资本越高，在一定的制度距离下，出口企业将更多地采取关系规范的渠道治理策略。

3.3 渠道治理对分销商机会主义行为的影响

渠道治理机制的发展能够阻止或者至少是最小化机会主义行为对渠道成员的影响（Jap & Ganesan，2000）。当渠道冲突渠道发生时，合同有助于促进渠道合作伙伴澄清二者之间制度误解（Ren et al.，2010），契约对违约行为惩罚措施的明确规定也会抑制渠道成员寻求短期收益的投机行为（Poppo & Zenger，2002）。因此，制定详细的契约可以有效抑制渠道成员的投机行为（Wuyts & Geyskens，2005；Carson et al.，2006）。供应商与制造商二者之间的关系对制造商的可持续竞争优势发展具有举足轻重的作用（Cannon & Homburg，2001），关系的建立也是形成有效出口战略的关键资源能力（Leonidou et al.，2011）。关系交易通过共享的规范和价值来限制机会主义行为（Brown et al.，2000；Vázquez et al.，2007）。在关系规范下，交易伙伴认为关系是持续的、互利互惠的，因此将避免可能危及这种关系的任何行为。

学者对定制契约与关系规范对机会主义行为的影响存在两种竞争性观点。一种认为定制契约与关系规范是替代关系，非正式自执行契约会经常取代类似正式契约的正式控制方式（Dyer & Singh，1998）。另一种认为二者是互补关系，在机会主义行为的治理中需要借助于以市场、社会和所有权控制为基础的复合机制，而非某种单一机制（Weitz et al.，1995）。Bradach 和 Eccles（1989）也认为企业可以同时使用多种治理机制。本文认为，在机会主义行为的抵制中，定制契约和关系规范二者是互补的，当二者协同作用时，将能在更大程度上抑制渠道合作伙伴的投机行为。因为两种治理机制都能促进企业在国外市场获得合法性，与此同时降低市场的不确定性。因此，本文提出如下假设：

H4a：定制契约对分销商的机会主义行为有负向影响作用。

H4b：关系规范对分销商的机会主义行为有负向影响作用。

H4c：定制契约与关系规范负向交互影响分销商的机会主义行为。

3.4 研究模型

结合以上理论分析，提出本文的研究模型，如图1所示。

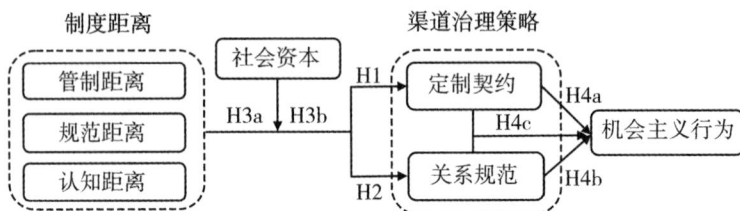

图1 研究模型

4. 研究方法与结果

4.1 研究设计与样本描述

根据相关文献的梳理以及本文的研究模型，本文从制度距离、渠道治理、社会资本和机会主义行为这四个维度出发设计变量。另外，为了排除其他干扰变量的影响，本文还考虑了八个控制变量，分别是企业所有权性质、员工数目、企业所在产业类型、交易历史、交易频率、地理距离、交易专项资产以及分销商重要程度。本文通过借鉴国内外相关文献中已有的具有良好信度和效度的成熟量表来设计问卷。具体变量见实证部分表3。

本研究采取问卷调查的方法收集样本，时间为2015年10—12月。数据收集渠道有如下几种：第一，在中南财经政法大学MBA课堂直接发放和回收问卷；第二，通过校友通讯录，寻找目标受访者的联系方式，发放在线问卷；第三，寻找从《境外投资企业（机构）名录》中挑选的企业业务负责人联系方式，发放在线问卷或者E-Mail问卷。综合来看，通过各种渠道发放的问卷数量共637份，收回问卷206份，回收率为32.34%。剔除未进行海外经营的47份、填答不全的7份以及选项答案过于重复的5份，有效问卷为147份，有效回收率为71.36%。

在147份有效样本中，国有/国有控股企业、集体/集体控股企业、民营/民营控股企业占比分别为32%、13.6%、54.4%。公司大小方面，拥有员工人数少于100人、101～500人、501～1000以及多于1000人的分别占25.9%、30.6%、17.7%和25.9%。

4.2 信度与效度检验

本文使用SPSS17.0计算各主要变量的Cronbach's α值，本文的总体量表Cronbach's α为0.939。各个变量的信度检验如表2所示，所有测量项目的Cronbach's α系数均大于0.7，说明问卷测项具有较高的精确性和可靠性，各个量表的内部一致性良好。

本研究中各个变量的量表都是在清晰定义变量内涵，熟悉变量特征的基础上，借鉴国内外相关文献中已有的具有良好信度和效度的成熟量表。有些量表项目则考虑中国国情差异，进行了适量修改，因此量表拥有很好的内容效度。本文采用AMOS22.0检验了量表的收敛效度和判别效度，从表1可以看出，7个变量的AVE（平均提炼方差）值均大于门槛值0.5（Fornell & Larcker, 1981），同时每个变量的CR（复合信度）全部大于0.7，表明量表具有良好的收敛效度。在判别效度方面，7个变量的相关系数都小于其AVE的平方根（AVE栏括号内值），说明本文量表具有良好的判别效度。

表1　　　　　　　　　　　　变量的信度和效度检验结果

变量	测量题项	标准化载荷	CR	AVE	Cronbach's α
管制距离（RD）	RD1	0.897	0.9660	0.8255（0.9086）	0.9660
	RD2	0.939			
	RD3	0.874			
	RD4	0.910			
	RD5	0.926			
	RD6	0.904			
规范距离（ND）	ND1	0.918	0.9564	0.8144（0.9024）	0.9560
	ND2	0.899			
	ND3	0.887			
	ND4	0.903			
	ND5	0.905			
认知距离（CD）	CD1	0.926	0.9594	0.8255（0.9086）	0.9590
	CD2	0.918			
	CD3	0.878			
	CD4	0.905			
	CD5	0.915			
定制契约（CC）	CC1	0.943	0.9473	0.8571（0.9258）	0.9460
	CC2	0.927			
	CC3	0.907			

变量	测量题项	标准化载荷	CR	AVE	Cronbach's α
关系规范（RN）	信息共享（IS）	0.927		0.9021（0.9498）	0.9700
	IS1	0.918	0.9313		
	IS2	0.853			
	IS3	0.881			
	IS4	0.862			
	灵活性（F）	0.966			
	F1	0.854	0.8842		
	F2	0.812			
	F3	0.875			
	团结（S）	0.956			
	S1	0.830			
	S2	0.846			
	S3	0.783	0.9075		
	S4	0.815			
	S5	0.794			
社会资本（SC）	认知资本（CSC）	0.746		0.7016（0.8376）	0.9370
	CSC1	0.945	0.9331		
	CSC2	0.910			
	CSC3	0.865			
	结构资本（SSC）	0.830			
	SSC1	0.880			
	SSC2	0.823			
	SSC3	0.764	0.9331		
	SSC4	0.826			
	关系资本（RSC）	0.927			
	RSC1	0.850			
	RSC2	0.813			
	RSC3	0.866			
	RSC4	0.874	0.9131		

变量	测量题项	标准化载荷	CR	AVE	Cronbach's α
机会主义行为（OB）	OB1	0.901	0.9653	0.7767 (0.8813)	0.9650
	OB2	0.901			
	OB3	0.875			
	OB4	0.889			
	OB5	0.863			
	OB6	0.882			
	OB7	0.834			
	OB8	0.903			

制度距离、社会资本以及关系规范各自的三个维度一阶斜交模型中，因子间的相关性均大于0.6，满足聚合为一个因子的条件。二阶验证性因子分析结果如表3所示，三个模型均拟合较好。机会主义行为的验证性因子分析结果显示见表3，因此机会主义行为的测量量表与所收集的数据拟合较好。

另外，本文通过计算方差膨胀因子来检验多重共线性，发现所有的VIF值取值皆在1~2，证明本文中涉及的各个变量均不存在多重共线性。

4.3 假设检验

本文运用SPSS17.0进行数据分析，通过多元层次回归分析方法，对各个假设分步进行验证。假设检验结果如表3、表4和表5所示，由结果的R^2值和调整R^2值可知，各个模型的拟合效果良好。

4.3.1 制度距离对渠道治理策略的影响

根据表中的F值可知，6个模型均通过了显著性检验。假设检验结果如表2所示，由各变量的显著性可知，H1a、H1b、H1c、H1和H2a、H2b、H2c、H2均通过检验。

表2 　　　　　　　　　　　制度距离对渠道治理策略层次回归结果

	因变量：定制契约（CC）			因变量：关系规范（RN）		
	模型1	模型2	模型3	模型4	模型5	模型6
第一步：控制变量						
Own	−0.019	0.053	0.054	−0.113	−0.019	−0.022
Num	−0.073	−0.062	−0.062	0.001	0.013	0.014
Typ	0.012	0.009	0.011	−0.021	−0.017	−0.022
TH	0.107	0.010	0.009	0.131	0.009	0.010
TF	0.130*	0.010	0.011	0.131	−0.017	−0.017

	因变量：定制契约（CC）			因变量：关系规范（RN）		
	模型 1	模型 2	模型 3	模型 4	模型 5	模型 6
LnDis	0.138*	0.056	0.053	0.079	−0.027	−0.026
AS	−0.545***	−0.136*	−0.139**	−0.404***	0.099*	0.101*
DI	0.124	0.013	0.018	0.146	0.018	0.014
第二步：解释变量						
RD	—	0.297***	—	—	0.282***	—
ND	—	0.232**	—	—	0.373***	—
CD	—	0.287***	—	—	0.358***	—
ID	—		0.780***	—		00.968***
R^2	0.300	0.737	0.737	0.175	0.848	0.847
ΔR^2	0.259	0.715	0.719	0.127	0.835	0.837
F	7.345	34.129	42.261	3.636	67.754	83.757
sig.	0.000	0.000	0.000	0.001	0.000	0.000

注：Own 表示所有权性质，Num 表示员工数目，Typ 表示所在产业类型，TH 表示交易历史，TF 表示交易频率，LnDis 表示地理距离（取自然对数），AS 表示交易专项资产，DI 表示分销商重要程度，RD 表示管制距离，ND 表示规范距离，CD 表示认知距离，ID 表示制度距离（下同）。

*** 表示 $p<0.01$，** 表示 $p<0.05$，* 表示 $p<0.1$。

4.3.2 社会资本的调节作用

根据表 3 中的 F 值可知，6 个模型均通过了显著性检验。假设检验结果如表 4 所示。对于定制契约因变量，ID×SC 的回归系数为−0.060，在 1% 的水平上显著，且回归系数为负值，说明社会资本在制度距离和定制契约的关系中起到负向调节的作用。此外，模型 8 中 ID 的回归系数为 0.967，在模型 9 中降为 0.964，也进一步证明了社会资本的负向调节作用。因此，H3a 得到验证。对于关系规范因变量，模型 12 相比模型 11，在引入 ID×SC 这一乘积项后，模型的 R^2 及调整 R^2 均未得到提高。此时 ID×SC 的回归系数为 0.008，未通过显著性检验。因此 H3b 不成立。

表 3 　　　　　　　　　　调节变量用的层次回归结果

	因变量：定制契约（CC）			因变量：关系规范（RN）		
	模型 7	模型 8	模型 9	模型 10	模型 11	模型 12
第一步：控制变量						
Own	−0.019	0.037**	0.034**	−0.113	−0.010	−0.009
Num	−0.073	−0.014	−0.012	0.001	−0.022	−0.022

	因变量：定制契约（CC）			因变量：关系规范（RN）		
	模型 7	模型 8	模型 9	模型 10	模型 11	模型 12
Typ	0.012	0.011	0.005	−0.021	−0.022	−0.021
TH	0.107	0.025	0.024	0.131	−0.002	−0.002
TF	0.130*	−0.008	−0.013	0.131*	−0.003	−0.002
LnDis	0.138*	0.021	0.033*	0.079	−0.002	−0.003
AS	−0.545***	0.014	0.017	−0.404***	−0.013	−0.014
DI	0.124	−0.010	−0.003	0.146	0.035*	0.034*
第二步：解释变量、调节变量						
ID	—	0.967***	0.964***	—	0.829***	0.830***
SC	—	−0.512***	−0.544***	—	0.382***	0.387***
第三步：解释变量×调节变量						
ID×SC	—	—	−0.060***	—	—	0.008
R^2	0.300	0.964	0.966	0.175	0.974	0.974
ΔR^2	0.259	0.961	0.963	0.127	0.972	0.971
F	7.345	359.391	346.551	3.636	496.040	448.350
sig.	0.000	0.000	0.000	0.001	0.000	0.000

注：ID 代表制度距离，SC 代表社会资本。

4.3.3 渠道治理策略对分销商机会主义行为的影响

由表 4 中的 F 值与 sig. 值可知，三个回归方程均具有统计意义。假设检验结果如表 5 所示。模型 14 中，CC 和 RN 的回归系数分别为−0.139、−0.392，分别在 0.05 和 0.01 的水平上显著，说明定制契约和关系规范两种渠道治理方式均能显著减少分销商的机会主义行为。从而验证了假设 H4a，H4b。模型 15 中，乘积项 CC×RM 的回归系数为−0.100，且在 P<0.05 的水平上显著，说明定制契约和关系规范二者之间存在交互效应。符合假设 H4c。CC 和 RN 的回归系数与 CC×RM 的回归系数符号一致，说明二者共同作用而非单独作用时，可以整体加强对机会主义行为的负向影响。

表 4 **渠道治理策略对机会主义行为的层次回归结果**

	因变量：机会主义行为（OB）		
	模型 13	模型 14	模型 15
第一步：控制变量			
Own	0.129**	0.082*	0.128*
Num	0.005	−0.005	0.005

	因变量：机会主义行为（OB）		
	模型 13	模型 14	模型 15
Typ	0.033	0.026	0.013
TH	−0.027	0.040	0.055
TF	−0.069	0.001	0.018
LnDis	−0.038	0.013	0.023
AS	0.613***	0.378***	0.343***
DI	0.154*	0.229***	0.227***
第二步：解释变量			
CC	—	−0.139**	−0.134**
RN	—	−0.392***	−0.422***
第三步：解释变量1×解释变量2			
CC×RN	—	—	−0.100**
R^2	0.556	0.737	0.745
ΔR^2	0.530	0.717	0.724
F	21.441	35.823	35.522
sig.	0.000	0.000	0.000

注：CC 表示定制契约，RN 表示关系规范。

5. 研究结论与启示

通过问卷调查法，本文集中采用了验证性因子分析、层次回归方法等对本文提出的假设进行了逐一检验。本研究的所有数据分析结果如表 5 所示。

表5　　　　　　　　　　　　　研究结果汇总表

假设	预测符号	标准化回归系数	支持与否
H1、H1a、H1b、H1c：制度距离及其子维度→定制契约	+	0.780***；0.297***；0.232**；0.287***	支持
H2、H2a、H2b、H2c：制度距离及其子维度→关系规范	+	0.968***；0.282***；0.373***；0.358***	支持
H3a：社会资本对制度距离与定制契约的调节作用	−	−0.060***	支持

假设	预测符号	标准化回归系数	支持与否
H3b：社会资本对关系规范与定制契约的调节作用	+	0.008	不支持
H4a、H4b：定制契约、关系规范→机会主义行为	-	-0.139**；-0.392***	支持
H4c：定制契约与关系规范对机会主义行为的交互作用	-	-0.100**	支持

注：*** 表示 $P<0.01$，** 表示 $P<0.05$，* 表示 $P<0.1$。

本文在前人研究的基础上，创新地引入了渠道治理策略，通过综合考虑交易成本理论、关系交换理论、制度理论、渠道治理理论，形成了研究模型与框架，并通过实证研究对各个研究假设进行了逐一验证。得出如下主要结论：（1）制度距离正向影响定制契约和关系规范的渠道治理策略，且管制距离、规范距离和认知距离均正向影响定制契约和关系规范。当管制距离、规范距离和认知距离较远时，母国与东道国间的法律制度、市场规范以及认知都具有更大的差异性，使出口企业难以在东道国获得合法性（Yang et al.，2012），并且增加了市场不确定性（Williamson，1985）。因此，出口企业会通过定制契约降低风险，通过与海外分销商建立关系来获得认可。（2）它能够减弱出口企业所面临的合法性压力和市场不确定性（Huang et al.，2010）。社会资本对制度距离与关系规范的关系不存在调节作用。社会资本越多，在一定的制度距离下，出口企业并不会显著增加或减少其对关系规范策略的采用。原因可能有如下三点：第一，一方面社会资本能降低远制度距离带来的合法性压力及市场不确定性，因此降低了企业对整个渠道治理策略的应用；另一方面，制度距离越远，企业为了积累社会资本、实现良性循环，将加大对关系规范的使用。而现实中，这两者的效果大小无法衡量。第二，为了规避分销商的机会主义行为，企业将不会采取过多关系规范策略。第三，维系关系规范需要时间和资金等成本，若关系规范带来的利益不超过其所需要耗费的成本，企业在已拥有较高社会资本的情况下，将不会显著增加其对关系规范的使用。（3）定制契约和关系规范均能负向影响分销商的机会主义行为，且二者负向交互影响分销商机会主义行为。定制契约在事情变得更"糟糕"之前解决问题，减少了分销商机会主义行为。关系规范使得企业和分销商共同制定战略，也减少了其机会主义行为。

5.1 理论意义

从理论角度来看，第一，管理学中制度距离的相关研究主要集中在战略选择、国际经验绩效以及组织行为转移等方面，而较少结合营销学中的营销渠道进行研究。本研究在国内相关研究中具有开创性。第二，当前对制度距离的应对措施研究主要集中在东道国选择、市场进入模式选择等层面，大多集中在具体国际经营活动开展之前。本文提出的两种渠道治理策略针对已经开始国际经营的企业，因此进一步丰富了制度距离的相关理论。第三，现有研究并未探索制度距离与企业采取渠道治理措施的关系还会受其他因素的影响，本文引入社会资本这一调节变量，有利于进一步丰富当前的研究。第四，当前对渠道机会主义行为的研究主要局限于单独的交易成本理论视角或者关系交换理论视角，少有研究将这两个理论整合起来。本文弥补了这一缺陷。

5.2　现实意义

从实践角度来讲，本文研究聚焦于在国际营销渠道中引入两个治理策略来应对制度距离，从而在兼顾合法性和有效性的基础上进一步减少渠道伙伴的机会主义行为。该研究给企业提供了一种在国际经营中的兼顾合法性和效率的新思路，即采取定制契约和关系规范的渠道治理机制。采取这两种治理策略均有助于企业在国际经营中减少其合作伙伴的机会主义行为，进一步提高企业的出口绩效。

5.3　研究局限

本文研究虽在国内相关研究中具有开创性，但是受调研时间、调研预算以及自身能力所限财力，本研究还存在着很多的不足。第一，数据收集的局限性。问卷收集样本量不大，并且大部分样本收集采用便利抽样和滚雪球抽样，使样本并不具有随机性。在一定程度上影响所收集样本的代表性。另外，本文的测量均采用的是出口企业单方面的数据，而没有采用出口商和海外分销商双边配对的数据，未来的相关研究可以从出口企业和其海外分销商两方收集双边配对数据。第二，伙伴关系的局限性。本文在问卷中要求受访者选取自己最熟悉的分销商，并据此回答所有问题。这种伙伴关系可能影响了受访者对制度距离的看法。

◎ 参考文献

［1］ 刘婷，李瑶. 社会资本对渠道关系绩效影响的实证研究［J］. 科学学与科学技术管理，2013，34（2）.

［2］ Berger, P. L., Luckmann, T. *The social consiruction of reality*：*A Treatise in the Sociology of Knowledge*［M］. New York：Doubleday，1967.

［3］ Bradach, J. L., Eccles, R. G. Price, authority and trust：From ideal type to plural forms［J］. *Annual Review of Sociology*，1989，15（1）.

［4］ Brown, J., Dev, C., Lee, D. Managing marketing channel opportunism：The efficacy of alternative governance mechanisms［J］. *Journal of Marketing*，2000，64（2）.

［5］ Cannon, J. R., Homburg, C. Buyer-supplier relationships and customer firm costs［J］. *Journal of Marketing*，2001，65（1）.

［6］ Carson, S. J., Madhok, A., Wu, T. Uncertainty, opportunism and governance：The effects of volatility and ambiguity on formal and relational contracting［J］. *Academy of*

Management Journal, 2006, 49（5）.

［7］ Dacin, M. T. , Beal, B. D. , Ventresca, M. J. The embeddedness of organizations: Dialogue & directions ［J］. *Journal of Management*, 1999, 25（3）.

［8］ Dyer, J. H. , Singh, H. The relational view: Cooperative strategy and sources of interorganizational competitive advantage ［J］. *Academy of Management Review*, 1998, 23（4）.

［9］ Fornell, C. , Larcker, D. F. Evaluating structural equation models with unobservable variables and measurement error ［J］. *Journal of Marketing Research*, 1981, 18（1）.

［10］ Fukuyama,F. 'Capital social y desarrollo: la agenda venidera' ［J］. *en A. Bebbington*, 2003（4）.

［11］ Gabbay, S. M. , Leenders, R. T. A. J. *CSC: The structure of advantage and disadvantage. corporate social capital and liability* ［M］. New York: Springer US, 1999.

［12］ Gassenheimer,J. B. , Baucus, D. B. , Baucus, M. S. Cooperative arrangements among entrepreneurs: An analysis of opportunism and communication in franchise structures ［J］. *Journal of Business Research*, 1996, 36（1）.

［13］ Grewal,R. , Dharwadkar, R. The role the institutional environment in marketing channels ［J］. *Journal of Marketing*, 2002, 66（3）.

［14］ Heide, J. B. Interorganizational governance in marketing channels ［J］. *Journal of Marketing*, 1994, 58（1）.

［15］ Heide, J. B. , George, J. Do norms matter in marketing relationships ［J］. *Journal of Marketing*, 1992, 56（2）.

［16］ Huang, K. P. , Wang, C. H. , Tseng, M. C. , Wang, K. Y. A Study on entrepreneurial orientation and resource acquisition: The effects of social capital. ［J］. *African Journal of Business Management*, 2010, 4（15）.

［17］ Jap,S. D. , Ganesan, S. Control mechanisms and the relationship life cycle: Implications for safeguarding specific investments and developing commitment ［J］. *Journal of Marketing Research*, 2000, 37（2）.

［18］ Joskow,P. L. The performance of long-term contracts: Further evidence from coal markets ［J］. *Rand Journal of Economics*, 1990, 21（2）.

［19］ Kelman, S. *Making public policy: a hopeful view of american government* ［M］. New York: Basic Books. 1987.

［20］ Kostova, T. *Success of the transnational transfer of organizational practices with in multinational companies* ［D］. Minneapolis: university of Minnesota, 1996.

［21］ Leonidou, L. C. National export-promotion programs as drivers of organizational resources and capabilities: Effects on strategy, competitive advantage, and performance ［J］. *Journal of International Marketing*, 2011, 19（2）.

［22］ Luo, Y. An integrated anti-opportunism system in international exchange ［J］. *Journal of*

International Business Studies, 2007, 38 (6).

[23] Nahapiet, J., Ghoshal S. Social capital, intellectual capital, and the organizational advantage [J]. *Academy of Management Review*, 1998, 23 (2).

[24] Oliver, C. Strategic responses to institutional processes [J]. *Academy of Management Review*, 1991, 16 (1).

[25] Ouchi, W. G. Markets, bureaucracies, and clans [J]. *Administrative Science Quarterly*, 1980, 25 (1).

[26] Poppo, L., Zenger, T. Do formal contracts and relational governance function as substitutes or complements? [J]. *Strategic Management Journal*, 2002, 23 (8).

[27] Portes, A., Sensenbrenner, J. Embeddedness and immigration: notes on social determinants of economic action [J]. *American Journal of Sociology*, 1993, 98 (6).

[28] Ren, X., Oh, S., Noh, J. Managing supplier-retailer relationships: From institutional and task Environment perspectives [J]. *Industrial Marketing Management*, 2010, 39 (4).

[29] Rottig, D. *Institutional distance, social capital, and the performance of foreign acquisitions in the united states* [D]. Florida: Florida Atlantic University. 2008

[30] Scott, W. R. *Institutions and organizations: ideas and interests. thousand oaks* [M]. CA: Sage Publications. 2008.

[31] Selznick, P. *Leadership in administration: A sociological interpretation* [M]. New York: University of California Press, 1984.

[32] Sheng, S., Kevin, Z., Zhou, J., Li, J. The effects of business and political ties on firmperformance: Evidence from China [J]. *Journal of Marketing*, 2011, 75 (1).

[33] Vázquez, R., Iglesias, V., Rodríguez-del-Bosque, I. The efficacy of alternative mechanisms in safeguarding specific investments from opportunism [J]. *Journal of Business & Industrial Marketing*, 2007, 22 (7).

[34] Weitz, B. A., Jap, S. D. Relationship marketing and distribution channels [J]. *Journal of the Academy of Marketing Science*, 1995, 23 (4).

[35] Williamson, O. E. *Markets and hierarchies: analysis and antitrust implications: A study in the economics of internal organization* [M]. New York: Social Science Electronic Publishing, 1975.

[36] Williamson, O. E. *The economic institutions of capitalism: Firms, markets, and relational contracting* [M]. New York: The Free Press, 1985.

[37] Williamson, O. E. *Transaction cost economics* [M]. In: Richard Schmalensee, Robert Willig (Ed.), Handbook of Industrial Organization. Amsterdam: North-Holland, 1989.

[38] Wuyts, S., Geyskens, I. The formation of buyer-supplier relationships: Detailed contract drafting and close partner selection [J]. *Journal of Marketing*, 2005, 69 (4).

[39] Xu, B., Dean. *The effect of institutional distance on multinational enterprise strategy* [D].

Ontario: York University, 2001.

[40] Yang, Z. , Su, C. , Fam, K. Dealing with institutional distances in international marketing channels: Governance strategies that engender legitimacy and efficiency [J]. *Journal of Marketing*, 2012, 76 (3).

[41] Zhou, K. Z. , Poppo, L. Exchange hazards, relational reliability, and contracts in China: The contingent role of legal enforceability [J]. *Journal of International Business Studies*, 2010, 41 (5).

[42] Zhou, K. Z. , Poppo, L. , Yang, Z. Relational ties or customized contracts? An examination of alternative governance choices in China [J]. *Journal of International Business Studies*, 2008, 39 (3).

Research on the Institutional Distance, Channel Management Strategies and Opportunistic Behavior of Distributors

Du Peng[1]   Miao Sha[2]

(1, 2   Business Administration College of Zhongnan University of Economics and Law, Wuhan, 430073)

Abstract: When enterprises enter the international market, institutional distance can initiate legal pressure and trigger market uncertainty, and can easily induce the distributors' opportunistic behavior. The great difference between the home country and the host country has become the important reason for hindering the good export performance of enterprises. Consequently, it is significant to explore how to avoid the adverse effect of the institutional distance and decreasing distributors' opportunistic behavior in international marketing. This research takes the channel management strategy as the starting point and has 147 Chinese companies which have export activities and overseas distributors as its research objects. Multi-criteria hierarchical regression analysis is applied to explore the effect of the institutional distance on channel management strategies, social capital's moderating rule of this effect, and the influence of channel management strategies on distributors' opportunistic behavior. Fundamentally, it is found that ① the institutional distancehas positive impact on contract customization and relational normalization; ②social capital has a negative moderating effect on the relationship between institutional distance and contract customization, whereas it does not affect the relationship between institutional distance and relational normalization; ③contract customization and relational normalization can both diminish distributors' opportunistic behavior.
Key words: Institutional distance; Channel management; Social capital; Opportunistic behavior

专业主编：曾伏娥

附录

尊敬的女士/先生：

您好！非常感谢您能抽出时间参与这份关于制度距离、渠道治理和分销商机会主义行为的调查问卷。本研究是由××大学××教授主持的一项研究。

中国企业已经跨进了世界经济的大熔炉，出口则是中国企业走出国门的最常见形式之一。出口企业所在国和海外分销商所在国之间存在着许多差异，这些差异对企业海外经营有什么影响？出口企业能采取什么措施来应对这种差异？有没有既定的方法来解决海外分销商的机会主义行为问题？这项研究对中国企业的海外经营活动具有重要指导作用。为了回报您的支持，我们将会在取得研究结论后第一时间将调研结果反馈给您，请留下您的电子邮箱！

您的回答对本研究的顺利完成有着非常重要的意义，答案没有对错之分，请您根据真实情况选择，若有记忆模糊之处，也请您尽量回忆当时的情形，找出真实的答案。您所填的答案仅做学术研究之用，我们将对所有调研企业的信息进行严格保密，恳请您认真作答，谢谢！

祝您

生意兴隆，事业腾飞，家庭幸福！

中南财经政法大学 MBA 学院案例研究中心

贵公司是否从事海外经营，且有海外分销商？

是（　　　）　　　否（　　　）

若回答否，则问卷到此结束。若需要最终研究摘要，请在下方留下您的电子邮箱：

若回答是，则问卷填写继续。且请您在公司所有海外分销商中，选择你最熟悉的一个回答本调查问卷的所有问题。

第一部分：公司与分销商间的基本信息

1. 请问贵公司与该海外分销商合作时的企业所有权性质的类别是？

    A. 国有/国有控股企业　　　　B. 集体/集体控股企业　　　　C. 民营/民营控股企业

2. 贵公司的员工人数：

    A. <50　　　　　　　　　　B. 50~100　　　　　　　　C. 101~500

    D. 501~1000　　　　　　　　E. >1000

3. 贵公司所在的产业是

    A. 第一产业　　　　　　　　B. 第二产业　　　　　　　　C. 第三产业

4. 贵公司和该分销商一起做生意多少年了？

    A. 1~2 年　　　　　　　　　B. 3~5 年　　　　　　　　　C. 5~10 年

    D. 10~20 年　　　　　　　　E. 20 年以上

5. 这位分销商向你公司订货频繁吗？

A. 一天不止一次　　　　B. 每天一次　　　　C. 一周一次

D. 一月 2~3 次　　　　E. 每月一次　　　　F. 一年 2~4 次

G. 一年 5~11 次

6. 这位分销商所在的国家/地区是（　　　　　　　　）

7. 相比于贵公司做的其他买卖，这个分销商的产品订单

不重要	1	2	3	4	5	6	7	很重要
非必不可少的	1	2	3	4	5	6	7	必不可少的
低优先级	1	2	3	4	5	6	7	高优先级

8. 以下 8 个条目描述了对分销商的专项资产投资。请仔细回忆，选择最符合真实情况的选项 填写说明：从 1~7 不同数字代表了您对问项描述的同意程度，从左到右依次为非常不同意到非常同意		非常不同意	比较不同意	有点不同意	不确定	有点同意	比较同意	非常同意
1	如果转向另一个有竞争力的分销商，我们将损失许多对该分销商的投资	1	2	3	4	5	6	7
2	如果停止与该分销商的合作，我们将很难重新配置目前服务于该分销商的人员和设备	1	2	3	4	5	6	7
3	我们投入了大量资本来建立与该分销商的合作业务	1	2	3	4	5	6	7
4	我们已经在该分销商产品的销售上投入了许多设施	1	2	3	4	5	6	7

第二部分　制度距离

一、管制距离 对于以下 6 个监管机制方面的项目（均与渠道管理相关），请标明其在你分销商所在国和贵公司所在国之间的差异 填写说明：从 1~7 不同数字代表了两地之间在相关制度上的差异，从左到右依次完全相同到完全不同		完全相同	比较相同	有点相同	不确定	有点不同	比较不同	完全不同
1	商业法律的可执行性	1	2	3	4	5	6	7
2	裁决的公正性	1	2	3	4	5	6	7
3	争端解决的有效性	1	2	3	4	5	6	7
4	知识产权保护	1	2	3	4	5	6	7
5	制度的稳定性	1	2	3	4	5	6	7
6	进行渠道管理的监管机构数目	1	2	3	4	5	6	7

二、规范距离

对于以下 5 个公认社会规范以及价值观（渠道专业人士应持有的）方面的项目，请标明其在你分销商所在国和贵公司所在国之间的差异。

1	渠道之间大体的合作规范	1	2	3	4	5	6	7
2	彼此信任是公认的现象	1	2	3	4	5	6	7
3	与渠道管理相关的行业协会的密度	1	2	3	4	5	6	7
4	提供优质产品/服务的道德义务	1	2	3	4	5	6	7
5	对高标准行为准则的期望	1	2	3	4	5	6	7

三、认知距离

对于以下 5 个共享价值观、公约、习俗（均与渠道管理相关）方面的项目，请标明其在你分销商所在国家和你所在国家之间所存在的差异

1	专业人士有关渠道管理实践的知识	1	2	3	4	5	6	7
2	公司实施高效的渠道管理方案的能力	1	2	3	4	5	6	7
3	营销渠道运作的习惯性做法	1	2	3	4	5	6	7
4	专业人士有关渠道管理相关的商业环境的知识	1	2	3	4	5	6	7
5	专业人士有关跨国渠道管理的共同信念	1	2	3	4	5	6	7

第三部分 机会主义行为

以下 8 个条目描述了该分销商的机会主义行为。请仔细回忆，选择最符合真实情况的选项 填写说明：从 1~7 不同数字代表了您对问项描述的同意程度，从左到右依次为非常不同意到非常同意	非常不同意	比较不同意	有点不同意	不确定	有点同意	比较同意	非常同意
1	该分销商为了达到他们的目的经常言过其实	1	2	3	4	5	6	7
2	该分销商不太诚实	1	2	3	4	5	6	7
3	该分销商为了自身利益，经常改变事实	1	2	3	4	5	6	7
4	很难与该分销商进行真诚的商谈	1	2	3	4	5	6	7
5	该分销商为了他们自己的利益经常违背正式或非正式的协议	1	2	3	4	5	6	7
6	该分销商经常试图利用我们的合作关系来为他自己谋取利益	1	2	3	4	5	6	7
7	该分销商常常让我们承担额外的责任	1	2	3	4	5	6	7
8	该分销商为了自己的利益，常常有意不告知我们应当注意的事项	1	2	3	4	5	6	7

第四部分　社会资本

	以下 11 个条目描述了贵公司的社会资本。请仔细回忆，选择最符合真实情况的选项 填写说明：从 1~7 不同数字代表了您对问项描述的同意程度，从左到右依次为非常不同意到非常同意	非常不同意	比较不同意	有点不同意	不确定	有点同意	比较同意	非常同意
1	该分销商的商业惯例和运营机制与我们十分接近	1	2	3	4	5	6	7
2	该分销商的企业文化和管理风格与我们十分接近	1	2	3	4	5	6	7
3	我们与该分销商有共同的目标	1	2	3	4	5	6	7
4	我们与分销商建立了有效的销售合作团队	1	2	3	4	5	6	7
5	我们和分经销商相互派驻了一些技术和管理人员	1	2	3	4	5	6	7
6	该分销商的采购代表和我们公司的员工经常一起度过业余时间	1	2	3	4	5	6	7
7	该分销商的领导班子与我们公司的领导人员经常互相拜访	1	2	3	4	5	6	7
8	我们与该分销商都能够为对方提供便利和帮助	1	2	3	4	5	6	7
9	我们和该分销商的关系是建立在相互信任和共同利益基础之上的	1	2	3	4	5	6	7
10	我们和该分销商十分团结	1	2	3	4	5	6	7
11	我们和该分销商不仅形成了良好的商业关系，也形成了良好的个人关系	1	2	3	4	5	6	7

第五部分　渠道治理策略

	以下 15 个条目描述了贵公司采取的渠道治理策略。请仔细回忆，选择最符合真实情况的选项 填写说明：从 1~7 不同数字代表了您对问项描述的同意程度，从左到右依次为非常不同意到非常同意	非常不同意	比较不同意	有点不同意	不确定	有点同意	比较同意	非常同意
1	我们与这个分销商有专门的、细节明确的协议	1	2	3	4	5	6	7
2	我们有详细说明双方义务的定制合约	1	2	3	4	5	6	7
3	我们有专门针对这个分销商设计的详细合同协议	1	2	3	4	5	6	7
4	我们与这个分销商的专有信息是彼此共用的	1	2	3	4	5	6	7
5	我们与这个分销商会共享相关的成本信息	1	2	3	4	5	6	7

	以下15个条目描述了贵公司采取的渠道治理策略。请仔细回忆，选择最符合真实情况的选项 填写说明：从1~7不同数字代表了您对问项描述的同意程度，从左到右依次为非常不同意到非常同意	非常不同意	比较不同意	有点不同意	不确定	有点同意	比较同意	非常同意
6	我们会互相参加产品开发会议	1	2	3	4	5	6	7
7	我们总是共享供给与需求预测信息	1	2	3	4	5	6	7
8	我们能够调整当前关系以应付不断变化的情况	1	2	3	4	5	6	7
9	当出现新情况时，我们会考虑制定出一份新合同以灵活应变	1	2	3	4	5	6	7
10	当对方请求变化时，双方都能灵活响应	1	2	3	4	5	6	7
11	无论是哪方的错，出了问题就是连带责任	1	2	3	4	5	6	7
12	没有任何一方会利用强势谈判地位	1	2	3	4	5	6	7
13	我们双方都愿意为合作做出改变	1	2	3	4	5	6	7
14	我们必须共同努力才能成功	1	2	3	4	5	6	7
15	我们不介意互相帮忙	1	2	3	4	5	6	7

请填写您的个人基本资料

1. 您在公司的职位属于 （　　　）
   A. 高层经理　　　　B. 中层经理　　　　C. 基层经理　　　　D. 普通员工
2. 您已经在现在的公司工作 （　　　）年
   A. 1 年以内　　　　B. 1~3 年　　　　C. 4~6 年　　　　D. 7~10 年
   E. 10 年以上
3. 您的年龄 （　　　）
   A. 25 岁及以下　　　B. 26~35 岁　　　C. 36~45 岁　　　D. 45 岁以上
4. 您的学历 （　　　）
   A. 初中及以下　　　B. 中专或高中　　　C. 大专　　　　D. 本科
   E. 研究生及以上
5. 您的电子邮箱为＿＿＿＿＿＿＿＿

问卷到此结束，感谢您的支持与配合！

微信自我展露对顾客关系认知的影响研究：双过程的视角[*]

● 张正林[1,2] 范秀成[3] 冯泰文[4] 成爱武[5]

（1，3 复旦大学管理学院 上海 200433；2，5 西安工程大学管理学院 西安 710048；
4 哈尔滨工业大学（威海）经济管理学院 威海 264209）

【摘　要】很多企业人员利用微信与客户进行互动以维系关系，客户也会根据企业人员朋友圈的自我展露获取更多信息，进行关系认知的判断，这会提高客户的忠诚和企业绩效。本文基于社会影响理论建立了一个双过程模型，利用真实性和价值观一致性解释网络自我展露和顾客共有关系认知的内在作用机理。本文收集了高端服装企业的 163 个数据，利用 smartpls 3.0 软件对理论假设进行实证检验。结果发现，企业人员的网络浅层展露和深层展露都会提高客户的共有关系认知。社会影响的双过程模型是成立的，内部化和认同双过程，即感知真实性和价值观一致性在网络自我展露和客户关系认知间起中介作用。本文的结论能帮助企业人员选择合适的网络自我展露策略，提升客户共有关系认知，有助于加深客户关系及增加销售业绩。

【关键词】自我展露　感知真实性　价值观一致性　共有关系　交换关系
中图分类号：F713.1　　　　文献标识码：A

1. 引言

良好稳定的客户关系能够增加顾客参与，降低顾客成本，为企业带来长期的盈利。根据理性行为理论对于态度和行为的表述，客户对关系状态的认知影响着与企业人员的互动行为。当消费者具有较高的交换性关系认知时，就会有较高的转换倾向（Srivastava，2013），而有较高的共有关系认知，就会有更高的忠诚度，进而影响企业的销售收入。

在社交媒体流行以后，传统的人际互动让位于社交媒体互动，企业人员也利用社交媒

＊ 本文基金项目：本文系国家自然科学基金项目（71232008）、中国博士后科学基金（2016M601515）、陕西省教育厅 2017 年重点科学研究计划（17JZ042）、陕西省社会科学基金项目（13Q025）阶段性成果。

通讯作者：张正林 E-mail：zzl_jllj@ 126.com。

体去建立和巩固与客户的关系（Kumar et al.，2016），社交媒体解决了时间和空间的障碍，双向人际互动可以随时随地展开，增加了人们社会互动的频率和时间。

微信存在着信息的单向传播和双向传播，双向传播就是朋友圈或者直接的互动，单向传播就是朋友圈的自我展露。人们对于网络上的虚拟手段本身就信任度偏低（Hoffmann et al.，2014），以及对企业人员商业地位的偏见，客户对于和企业人员的关系认知是较难由交换关系升华为共有关系的，也就增加了客户关系管理的难度。但是有研究发现，网络上的双向互动会带来较大的负面情绪和压力（Butts et al.，2015），因此互动策略的使用要非常谨慎。相对于社交媒体互动的双向性，自我展露这种单向传播就有比较大的优势，没有很强的导向性和压迫性。消费者会从企业人员微信朋友圈展露的信息中进一步地了解对方和加深认识。因此，本文将探讨企业人员网络环境下自我展露对于消费者关系认知的影响。

基于社会交换理论的信任承诺中介模型已经广为接受，而社会影响理论却关注甚少。社会影响，无论是有意识的还是无意识的，都可以改变人们的态度和信念（Kelman，1974），而企业人员客户关系营销的目的就是改变客户的刻板印象，把交易型的关系改变为情感型关系。由于人们越来越热衷于社交媒体的互动，尤其是微信，其中投入的精力和时间越来越多，企业人员通过朋友圈的自我展露，会潜移默化地产生社会影响，让客户改变相互间的关系认知。因此，本文打算以社会影响理论为基础，从社会影响的认同和内部化过程出发，构建一个双过程模型并实证检验企业人员网络自我展露和消费者关系认知的关系及其内在机理。

本文将主要在以下两个方面做出一定的贡献：首先，考察网络自我展露对于客户关系认知的影响；其次，从客户视角出发，构建一个基于认同理论和内部化理论的双过程模型，探究企业人员自我展露和客户关系认知的作用机理。

2. 相关研究评述

2.1 自我展露

社交媒体改变了传统的人际互动，提供了大量的信息，同时互动的频率和持续时间有了极大的提高（Jo & Kim，2003）。网络自我展露正在逐渐取代传统人际互动中的自我展露，成为自我展露的主要方式（谢笑春等，2013）。自我展露是指个体将个人信息、形象以及同一性传达给他人的过程，是人为了创造、修改和保持他人对自己的印象而进行自我包装和修饰的的过程。黄静发现在微博上提供"做人"或"做事"的信息会影响到消费者对于企业家形象的评价（黄静等，2014）。自我展露分为事实性展露和敏感性展露（Taddicken，2014），也就是浅层展露和深层展露，浅层展露指的是事实或者事件的呈现，深层展露指的是情感、价值观等层次的呈现。不同程度的展露都会增加接收方的背景信息感知，从而对信息发出方有更全面的理解和评价。

2.2 关系认知

共有关系认知和交换关系认知是理解消费者商业关系很有用的工具（Aggarwal，2004；Wan，Hui & Wyer，2011）。在共有关系中，人们期待合作者对其利益有单纯的关心，响应及时，并且没有追求回报和利益最大化的动机。相反，交换关系则是把关系视为交换，目的是迅速得到对方同等的回报。因此，交换关系更多考虑自我利益和自我回报，共有关系则是考虑双方的长远利益和共同利益。在人们处世的时候，通常会考虑双方的关系状态，进行双方关系的评价再决定在某种具体的情境中进行何种行为。比如说，在共有关系下，消费者会感知到更多的温暖，进而支持企业的产品和服务。

关系认知的形成取决于很多的因素，有关系交往的频率和关系质量，信任和承诺等。不过线索减少理论（Brunet & Schmidt，2008）认为线索是进行信息加工的重要前提。当人们评价事物的时候，有内部线索和外部线索之分，当内部线索缺乏的时候，会更多地依靠外部线索进行判断。在社交媒体情境下，由于网络的视觉匿名性，个体必须依靠沟通对象的信息展露才能了解对方意图，同时其自身也需要积极地展露信息，由此维持网络沟通。

2.3 基于社会影响理论的双过程模型

社会影响理论强调人际互动对于个体行为的影响和变化，有助于我们理解个体的自我展露行为对他人感知的作用。本研究基于 Kelman 社会影响理论构建了一个双过程模型（Kelman，1974）。首先，根据 Kelman 的理论，社会影响通常发生于个体为了影响别人而施加改变的时候，企业人员自我展露就是为了改变客户的刻板印象，树立良好的正面形象，从交易性的关系发展到情感性关系。其次，Kelman 的定义认为社会影响不仅包括行为的改变，还有态度和信念的转变。本文的主要问题就是展露对于客户的关系认知的影响。最后，Kelman 认为诱发改变的行为可能不是目的性的。边界人员的浅层自我展露是不带有明确意图的，可能仅仅是普通生活事件的描述，而这依然可以建立熟悉感，促进良好的关系认知，这会让我们对于关系质量的前因理解得更全面。

社会影响有三个独立的过程：从众，认同和内部化。尽管从众很重要，但是我们仅关注认同和内部化。首先是因为从众过于"硬"，强调通过获得奖励或者惩罚实现。其次，相比于从众，认同和内部化的效果要更持续（Fulk，1993）。所以，本文构建了认同和内部化分别独立作用的双过程模型。

认同就是"愿意接纳那些自己认同比较满意的人或者群体的行为"（Kelman 1961）。社会认同是通过社会分类（Social Categorization）、社会比较（Social Comparison）和积极区分（Positive Distinctiveness）建立的，而认同的前提是通过辨别他人的想法和行为是否真实（"Authenticity"）。真实是个体的真正品质和想法，不是经过印象整饰的品质和想法（Beverland & Farrelly，2010）。人们接纳别人不仅源自他人的展露，还依赖于自身的"社会建构"，就是感知到的对方展露的出来的想法和品质是否真实，是否真地反映了他人内心深处的品质和想法。一方传递出来的信息缺乏真实性会降低信息的可信性（Lencioni，2002）。如果客户判定边界人员自我展露的信息为真实，这种理解就会增加客户对企业人员的可信性和可靠性，认同就会产生，客户也愿意接纳企业边界人员。有研究发现，真实性领导会提升下属的认同，并建立良好的关系（Avolio & Gardner，2005）。

内部化通常发生在外界的请求和对方的价值观一致的时候（Kelman，1961），Bagozzi 等认为内部化来源于"自己和他人价值观的一致性"（Bagozzi & Lee，2002）。在社会互动逐步加深的过程中，双方不断地获得对方的全面信息，不断调整和改变自己原有的对于别人的看法，最后达到相互理解的程度。社会互动的目的就是传递自己的想法，塑造良好的自我形象。内部化不是自觉发生的，而是在个体对外界的价值观的支持程度达到了不需要外力（如金钱、权力等）强制的地步（Gagn & Deci，2005）。根据相似—吸引模型，人们会对和自己相似的人产生好感，身份社会地位等接近的人更容易建立良好的关系（Kaptein et al.，2014）。当双方在价值观这一层次非常接近时，更容易形成稳定的关系。边界人员自我展露出来的个人信息，包括浅层的兴趣爱好，以及深层的想法和价值观，如果获得客户的理解和赞同，就会产生共鸣，在情感上乐于接近别人，也愿意和别人互动与合作。

3. 概念模型及研究假设

3.1 概念模型

本文以社会影响理论为基础，构建了从自我展露——社会影响——顾客信任的理论模型，自我展露，包括表层展露和深层展露是自变量，客户的关系认知是因变量，社会影响过程，包括感知的真实性和价值观一致性是中介变量，见图1。

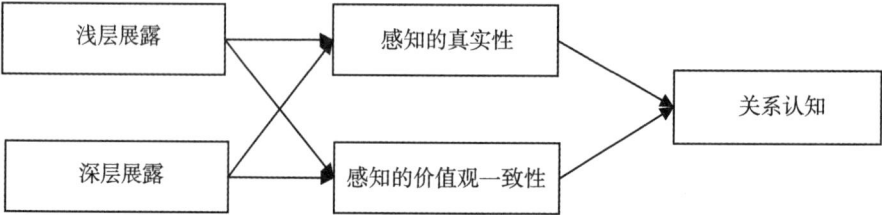

图 1　概念模型

3.2 假设的提出

（1）网络自我展露是信息的表达。浅层的自我展露主要是日常信息的呈现，反映了信息发出者的生活场景和直接的感官感受等，接收方通过对此生活信息的归纳，能够推断出其基本兴趣爱好。而深层自我展露则是对一些实物和事件的深层次表达，包括对一些价值观和根本价值取向的认同，传递了表达了信息传递人的相对本质的特点。根据信息加工的理论，信息加工的时候，出于信息一致性的考虑，人们会把当前的信息和以往的信息共同进行分析，再加上网络上系统信任较低（Hoffmann et al. 2014），人们会怀疑更多，所以信息接收方会产生是否真实性的判断，本文提出以下假设：

H1a 网络浅层展露对顾客感知的真实性有正向影响。

H1b 网络深层展露对顾客感知的真实性有正向影响。

（2）网络自我展露是要经过接收方认知加工的，无论浅层还是深层的展露都会体现出企业人员的某些想法，有简单的兴趣爱好，也有深层的价值观层面的思想看法。当这些和客户的特点相吻合的时候，就会有熟悉感的产生，进而感觉亲近，改变原有的的看法，最后达到相互理解。企业人员展现的信息越全面，客户理解得就会越深刻，产生对于价值观方面的认同。根据相似—吸引模型，人们会对和自己相似的人产生好感，身份社会地位等接近的人更容易建立良好的关系（Kaptein et al.，2014）。因此，本文提出以下假设：

H2a 浅层展露对顾客感知的价值观一致性有正向影响。

H2b 深层展露对顾客感知的价值观一致性有正向影响。

（3）企业人员务必要确定自己发出的消息是真实的，符合自己的一贯形象，才能避免被怀疑和降低信任（Baker et al. 2014）。如果客户依据自身经历和体验，判定企业人员的意图和行为是真实的，就是他们表现的那样，就会增加客户对边界人员的可信性和可靠性，认同就会产生，也愿意接纳企业边界人员。有研究发现，真实性领导会提升下属的追随，并建立良好的关系（Hsieh and Wang 2015）。因此，本文得出以下假设：

H3 顾客感知真实性越高，共有关系认知程度就越高。

（4）顾客在与企业人员的互动中，进行认知判断，即判断企业人员的信念、价值观是否和自己一致，也就是是否"相似"。当顾客感知到销售员与自己有相同或相似的价值观，从而产生共鸣（Hsieh and Wang，2015）。熟悉感会让顾客感受到安全，所以在情感上会乐于接近销售员，而信任和"喜欢"是正相关的关系，所以当顾客感觉他们具有共同价值观的时候，他们就更容易地体验和预估企业人员的意图和行为。伴随着预判的过程和不断印证的过程，顾客对于企业人员的行为准则和行事规范就会越了解和笃定，因此信任就慢慢地增长，因为感知到的风险在不断地降低（Bohnet and Zeckhauser，2003）。因此，我们提出以下假设：

H4 顾客感知的价值观一致性越高，共有关系认知程度越高。

4. 实证检验

4.1 数据收集

本次研究的主要研究目标是与高端服装行业品牌专柜的导购员有过微信互动的顾客，这是由于高档服装企业人员的行业和客户特点。高端的客户一般少有时间光临商场，再加上大客户管理的需要，企业人员经常在社交媒体上进行互动和传递销售信息。企业人员一般不会频繁地进行互动，以免引起商业性的误解，不过却可以利用朋友圈的自我展露，有目的性地塑造自我形象，让微信上关注自己的客户有更好的理解和认同，进而增进双方的信任，实现后续合作购买。本次调研自 2015 年 4 月到 5 月，在西安市主要的商圈、钟楼、高新和解放路等地的王府井、民生、万达、世纪金花等百货商场进行。这些百货商场的平均客单价较高，是高端消费者经常关顾的地方。为了确保问卷填写的有效性，一方面采用去商场实地对与导购员有微信互动的顾客进行问卷调查，也确保顾客能够认真完成问卷；另一方面把用问卷星制作的问卷发给导购员，通过他们转发给顾客，在后台收取最终问卷。本次调研中我们问卷星收到问卷 78 份，纸质版问卷 121 份，再经过对回收的问卷进行详细检查和筛选，剔除问卷星上不合格的问卷 24 份，纸质版不合格的 12 份，最后得到有效问卷 163 份，问卷有效回收率为 81.9%。被筛除的问卷主要有以下几个方面原因：1. 缺失项较多；2. 绝大部分部分为相同选项；3. 问卷作答前后明显矛盾；4. 问卷星上作答时间低于 180 秒的。

4.2 变量的测量

本文根据影响因子比较高的国际期刊上的相关文献设计了问卷，外文的量表采用了多人平行翻译。本文涉及的量表有自我展露量表（Miller et al.，1983）、感知真实性量表（Wood et al.，2008）、价值观一致性量表（Baker et al.，2014）、关系认知量表（Johnson & Grimm，2010）。问卷用七点李克特式量表请求被试回答（记分规则：1 为非常不同意，7 为非常同意）。

本次抽样比较合理，尤其是年薪在 8 万~10 万元占 27%，10 万元以上的占了 31.3%，合计 58.3%，而西安市 2014 年的平均年薪在 5.2 万元，这刚好符合高端服装顾客群的高收入特征。其他如女性占 85.3%，文化程度本科学历占 50.9%，这符合高档服装的客户群体比例，适合进行进一步的分析，具体信息详见表 1。

表 1   样本基本属性统计

	样本数	比率（%）		样本数	比率（%）
性别			年龄		
男	24	14.724	21~30 岁	65	39.877
女	139	85.276	31~40 岁	55	33.742
			41~50 岁	38	23.313
			50 岁以上	5	3.067
文化程度			年薪		
初中	6	3.681	6 万以下	39	23.926
高中或中专	15	9.202	6~8 万	29	17.791
大专	44	26.994	8~10 万	44	26.994
本科	83	50.920	10~12 万	31	19.018
研究生及以上	15	9.202	12 万以上	20	12.270

5. 分析与结果

5.1 信度与效度

本文使用 PLS 方法去检验测量的有效性和假设。PLS 是基于对成分的模型估计，对于样本的数量要求和残差分布不很严格，同时 PLS 适合小样本（即小于 200）的模型。本文采用两种方法去评估收敛效度和区别效度：（1）每个题项都应该在其对应的变量上有比其他变量更高的载荷；（2）每个变量的 AVE 值的平方根（对角线加粗的数字）都应该大于其与其他变量的相关系数（Fornell and Larker，1981）。本文有对剩余题项进行信度和效度检验，变量的 AVE 值均为 0.500 以上（Fornell and Larker，1981），Cronbach's α 值都在 0.700 以上，这说明观测变量对于潜变量的内部一致性较好，适合进一步的统计分析，结果详见表 2。

表 2   相关矩阵及信度、AVE 分析结果

	Cronbach's α	cr	AVE	LSH	DSH	PA	VC	GS
LSH	0.717	0.826	0.616	**0.785**				
DSH	0.800	0.870	0.626	0.396	**0.791**			
PA	0.860	0.905	0.704	0.303	0.534	**0.839**		
VC	0.937	0.952	0.799	0.369	0.552	0.737	**0.894**	
GS	0.901	0.927	0.718	0.216	0.523	0.665	0.746	**0.848**

注：LSH 为浅层展露；DSH 为深层展露；DE 为欺骗性策略；AV 为回避策略；PA 为感知的真实性；GS 为关系状态。

5.2 假设检验

本文利用 smartPls 3.0 软件建立结构方程模型对假设进行检验。本文的模型中，顾客感知的真实性、价值观一致性、关系认知的解释度分别为 28.7%、32.4%、58.0%，模型拟合很好。根据路径系数的 t 值是否大于 1.96 的标准，除了假设 H1 外，其余假设都得到支持，假设检验的具体结果见表 3。

表 3   假设检验结果

假设	路径	标准化 路径系数	t 值	是否支持假设
H1a	浅层展露—感知真实	0.109	1.398	不支持
H1b	深层展露—感知真实	0.491	7.209	支持

假设	路径	标准化 路径系数	t 值	是否支持假设
H2a	浅层展露—感知价值观一致	0.179	2.268	支持
H2b	深层展露—感知价值观一致	0.482	7.262	支持
H3	感知真实—关系认知	0.253	2.853	支持
H4	感知价值观一致—关系认知	0.559	6.667	支持

6 结论和建议

6.1 研究结论

关系认知能够影响消费者未来的行为导向与合作状态。在社交媒体日益普及的今天，线下原有的商业关系活动也转移到了线上，本文研究了企业人员线上自我展露对于消费者关系认知的影响。结果发现，无论是浅层展露还是深层展露，都能够提高消费者的共有关系认知。

在自我展露和关系认知的机理方面，本文根据社会影响理论，通过表层和深层自我展露，真实性的辨别会增加认同，让客户更加信赖企业人员。能让客户感知到双方价值观的一致性，这体现了双方在更深层次的契合，会令双方更加欣赏和理解对方，预判对方的行为及其带来的风险，建立共有关系认知，有利于未来的合作。

6.2 理论贡献和现实意义

本文基于社会影响的双过程构建了一个中介模型，这提供了一个新的视角去理解自我展露的作用路径。在社会影响子过程内部化和认同过程的基础上，建立了一个双过程模型去探究企业人员社交媒体自我展露对顾客关系认知的影响及其内在作用机理。经过检验，社会影响过程的中介作用得到支持，即感知的真实性和价值观一致性是消费者关系认知的深层原因。客户对企业人员朋友圈自我展露信息真实性感知和价值观一致性的判断，会正向影响客户关系认知，这样才可能保持更长久的关系。

本文对利用微信进行客户互动和客户关系管理方面有一定的启示和指导。首先，合适的自我展露策略有助于共有关系的形成，本文的结论具体指出了企业人员的朋友圈展露信息的范围，即深层表露的信息在塑造和建立自我形象方面更为有效。其次，真实性和价值观一致性中介作用的发现，指明了企业人员的努力方向，即关系行为要表露出真实，同时要符合客户的价值观取向，这才可以建立共有关系认知，促进后续的合作。

6.3 研究不足和未来研究方向

本研究虽然获得了一些新的要研究成果，但是由于多方面的原因，还有许多问题有待深入的探索。首先就是线上和线下的区别问题，结论是否有本质上的差别；其次，动态化关系情境下的调节因素考虑过少，例如人格特点等权变因素的存在可能会影响本文的结论。

在后续的研究中，首先，可以采用销售人员和顾客的双边数据进行分析，提高外部效度。其次，还有很多的调节变量会影响自我展露和关系认知之间的关系，例如电子存在感（Nah et al.，2011），依恋风格等（Mende et al.，2013），都是非常重要的影响因素。最后，将来可以采用实验的方法进行研究（Dezhi et al.，2014），讨论客户的人格特点以及分析客户行为的动态过程。

◎ 参考文献

［1］黄静，朱丽娅，熊小明. 企业家微博写什么［J］. 商业经济与管理，2014，33（2）.

［2］谢笑春，孙晓军，周宗奎. 网络自我表露的类型，功能及其影响因素［J］. 心理科学进展，2013，30（2）.

［3］Avolio, B. J., Gardner, W. L. Authentic leadership development: Getting to the root of positive forms of leadership［J］. *The leadership quarterly*，2005，16（3）.

［4］Bagozzi, R. P., K. -H. Lee. Multiple routes for social influence: The role of compliance, internalization, and social identity［J］. *Social Psychology Quarterly*，2002，65（3）.

［5］Baker, T. L., Rapp, A., Meyer, T., Mullins, R. The role of brand communications on front line service employee beliefs, behaviors, and performance［J］. *Journal of the Academy of Marketing Science*，2014，42（6）.

［6］Beverland, M. B., Farrelly, F. J. The quest for authenticity in consumption: Consumers purposive choice of authentic cues to shape experienced outcomes［J］. *Journal of Consumer Research*，2010，36（5）.

［7］Bohnet, I., Zeckhauser, R. J. Trust, risk and betrayal［J］. *Journal of Economic Behavior & Organization*，2003

［8］Butts, M. M., Becker, W. J., Boswell, W. R. Hot buttons and time sinks: The effects of electronic communication during nonwork time on emotions and work-nonwork conflict［J］. *Academy of management journal*，2015，58（3）.

［9］Dezhi, Y., Bond, S. D., Han, Z. Anxious or angry? Effects of discrete emotions on the perceived helpfulness of online reviews［J］. *MIS Quarterly*，2014，38（2）.

［10］Fornell, C., Larker, D. Structural equation modeling and regression: Guidelines for research practice［J］. *Journal of marketing research*，1981，18（1）.

［11］Fulk, J. Social construction of communication technology［J］. *Academy of management journal*，1993，36（5）.

［12］Gagn, M., Deci, E. L. Self-determination theory and work motivation［J］. *Journal of Organizational behavior*，2005，26（4）.

［13］Hoffmann, C. P., Lutz, C., Meckel, M. Digital natives or digital immigrants? The impact of user characteristics on online trust [J]. *Journal of Management Information Systems*, 2014, 31 (3).

[14] Hsieh, C. -C., Wang, D. -S. Does supervisor-perceived authentic leadership influence employee work engagement through employee-perceived authentic leadership and employee trust? [J]. *International Journal of Human Resource Management*, 2015, 26 (18).

[15] Jo, S., Kim, Y. The effect of web characteristics on relationship building [J]. *Journal of Public Relations Research*, 2003, 15 (3).

[16] Johnson, J. W., Grimm, P. E. Communal and exchange relationship perceptions as separate constructs and their role in motivations to donate [J]. *Journal of Consumer Psychology*, 2010, 20 (3).

[17] Kaptein, M., Castaneda, D., Fernandez, N., Nass, C. Extending the similarity-attraction effect: The effects of when-similarity in computer-mediated communication [J]. *Journal of Computer-Mediated Communication*, 2014, 19 (3).

[18] Kelman, H. C. Processes of opinion change [J]. *Public opinion quarterly*, 1961, 25 (1).

[19] Kelman, H. C. *Social influence and linkages between the indi-vidual and the social system: Further thoughts on the processes of compliance, identification, and internalization* [M]. Chicago: Aldine, 1974.

[20] Kumar, A., Bezawada, R., Rishika, R., Janakiraman, R., Kannan, P. K. From social to sale: The effects of firm-generated content in social media on customer behavior [J]. *Journal of Marketing*, 2016, 80 (1).

[21] Lencioni, P. M. Make your values mean something [J]. *Harvard business review*, 2002, 80 (7).

[22] Mende, M., Bolton, R. N., Bitner, M. J. Decoding customer-firm relationships: How attachment styles help explain customers' preferences for closeness, repurchase intentions, and changes in relationship breadth [J]. *Journal of Marketing Research*, 2013, 50 (1).

[23] Miller, L. C., Berg, J. H., Archer, R. L. Openers: Individuals who elicit intimate self-disclosure [J]. *Journal of Personality & Social Psychology*, 1983, 44 (6).

[24] Nah, F. H., Eschenbrenner, B., Dewester, D. Enhancing brand equity through flow andtelepresence: A comparison of 2d and 3d virtual worlds [J]. *MIS quarterly*, 2011, 35 (3).

[25] Srivastava, M. K. An investigation into relationship between switch costs & repurchase intentions [J]. *Amity Management Review*, 2013, 3 (1).

[26] Taddicken, M. The privacy paradox in the social web: The impact of privacy concerns, individual characteristics, and the perceived social relevance on different forms of self-disclosure [J]. *Journal of Computer Mediated Communication*, 2014, 19 (2).

[27] Wood, A. M., Linley, P. A., Maltby, J., Baliousis, M., Joseph, S. The authentic personality: A theoretical and empirical conceptualization and the development of

the authenticity scale [J]. *Journal of Counseling Psychology*, 2008, 55 (3).

The Research on Wechat Self-disclosure Strategy on
Customer Trust on the Perspective of Dual Process of Social Influence

Zhang Zhenglin[1,2]   Fan Xiucheng[3]   Feng Taiwen[4]   Cheng Aiwu[5]

(1, 3   School of Management, Fudan University, Shanghai, 200433;

2, 5   School of Management, Xi'an polytechnic University, Xi'an, 710048;

4   School of Ecconomics & Management, Harbin institute of technology at weihai, Weihai, 264209)

Abstract: Many enterprise personel make use of wechat to interact with customers to maintain customer relationship. Accordingly customers will obtain more information from the self-disclosure of enterprise personel's circle of friends to evaluate the relationship state, which result in the higher customer loyalty and better performance. Based on the social influence theory this paper will develop a dual process model to explore the investigates the online self-disclosure strategies and customer perception of communal relationship by consumer's perceived authenticity and value congruence. Hypothsis were tested using data from 163 customers of high-end boutiques by smartpls software. We found that low self-disclosure and deep self-disclosure both significantly improve customer communal relationship perception by the mediation of consumer's perceived authenticity and value congruence. Finally this paper can help the enterprise personel select suitable self disclosure strategies to improve consumer relationship and sales performance.

Key words: Self-Disclosure; Perceived authenticity; Value congruence; Communal relationship; Exchange relationship

专业主编：曾伏娥

高冷还是温情？
温暖程度对消费者奢侈品广告态度影响[*]

● 谢志鹏[1]　赵　晶[2]

（1　中南财经政法大学工商管理学院　武汉　430073；

2　武汉大学经济与管理学院　武汉　430072）

【摘　要】在广告设计中，奢侈品和普通商品存在着很多差异。但是时至今日，有关奢侈品广告中温暖的作用机制和边界的研究屈指可数。基于构建水平理论，本研究认为尽管温暖能够提升消费者对产品的态度，但是对于奢侈品来说，广告中的温暖要素会负面影响消费者的态度。本文的目的有三个方面：首先，证实广告中的温暖对消费者奢侈品态度的影响；其次，探索温暖负面效应的中介机制；最后，本研究会对该机制的调节变量进行探讨。通过三组实验，研究者证实温暖会负向影响消费者对奢侈品的产品态度；消费者构建水平中介于这一作用；奢侈品类型（社会导向 vs. 个人导向）调节温暖与消费者奢侈品态度之间的关系。这一结论不仅深化了温暖相关研究，也为奢侈品广告设计者提供了操作性的建议。

【关键词】温暖　广告　构建水平　奢侈品类型　奢侈品态度

中图分类号：C93　　　文献标志码：A

　　"我走在街边，抬头看到某奢侈品女装的平面广告。广告中一位穿着时尚的女性坐在奢华的沙发上，风情万种。只是她的表情却看上去非常冷漠。仔细想想，好像所有奢侈品广告的主角都是一副臭脸，很高冷，很仙，很遥远的感觉。反而是那些不是那么高级的品牌，他们的广告主角往往都看起来特别开心，特别亲切。"

——节选自本研究实验 1 预实验访谈稿

---

　　* 基金项目：国家自然科学基金青年项目 "大家都喜欢"笑脸"吗？产品表情对消费者的影响研究"（71702189）；国家自然科学基金青年项目 "社交媒体环境下企业对消费者抱怨的公开应对策略及其对旁观消费者的影响：基于语言学研究视角"（71302095）。

　　通讯作者：谢志鹏，E-mail：469491018@qq.com。

1. 引言

社会关系是人类生存的必要条件（McGarty & Haslam，1997），因此人们会不由自主地在环境中搜索潜在的社会关系（Lin et al.，2011）。Krumhuber 和 Manstead（2009）研究发现，温暖的微笑能够表达出个体寻求社会联系的意愿，这能帮助人们获得他人的好感以及更多社会资源（Xu，Leung & Yan，2013）。而在广告增加温暖元素能够帮助品牌获得更好的关注程度、正面感知以及消费者态度（Lazarus et al.，1980）。因此广告的温暖程度越高，消费者更有可能购买该广告品牌（Aaker，Stayman & Hagerty，1986）。许多品牌，如汰渍洗衣液、奇巧巧克力、美涂士油漆等在其广告中使用了生活化的演员，使用日常情境作为广告故事背景。角色在广告中面带笑容，肢体语言夸张，目的是增进消费者的感知温暖程度，拉近品牌与消费者之间的关系，以获得更好的消费者产品态度。

但是在奢侈品广告中，代言人大多板着脸，不苟言笑。比如在万宝龙手表的平面广告中，代言人尼古拉斯凯奇表情严肃，一副拒人于千里之外的表情；再或在博柏利的广告中，哈利波特中赫敏的扮演者艾玛沃特森，也一改往日甜美亲切的形象，转而采用了"高冷"的表情出镜。许多广告希望与消费者保持距离，甚至会有时故意营造出"排斥感"（Ward & Dahl，2014）。

那么为什么在有些广告中企业会故意让角色显得"冷漠"？是不是所有的产品都适合使用"冷漠"的广告风格？Williams 等（2000）以及 Williams 和 Sommer（1997）的研究认为，对方的冷漠或拒绝能够成为消费者维护自身社会地位行为的动力。消费者甚至会为了获得拒绝自己的个体的认可而进行消费。因此在 Ward 和 Dahl（2014）的研究中，被试在某些情况下会试图通过消费来"征服"表现冷漠的奢侈品店员。但是，这样的解释机制并不能很好地解释本文所关注的"冷漠"广告现象。这主要是由于两个方面：首先，广告与消费者之间的关系和以往研究中所涉及的群体性行为（如 Ward & Dahl，2014；Mead et al.，2011）有所不同，消费者没有必要去获得广告角色的认可；其次，群体性行为并不能解释消费者个体对广告风格的感知。

因此，本研究希望回答的研究问题有三个：首先，奢侈品广告中温暖程度对消费者产品态度影响造成怎样的影响；其次，其中机制为何；最后，产品类型会如何影响冷漠广告的效用。

2. 文献综述

2.1 表情和感知温暖

在过去数十年中，研究者们对消费者的情感反应进行了深入的研究。其中，Petty 等（1983）指出，正面的情感能够使消费者更加愿意关注产品。Kroeber-Riel（1984）关注了情感对广告说服力的影响，指出富有情感的刺激物能够让广告更容易说动消费者。Aaker 等（1986）将这种情感命名为"温暖"（warmth），并将其定义为一种正面的，温和的不稳定情感。它包含与出现在家庭、朋友关系中类似的心理唤起（arousal）。Fiske 等（2007）将温暖看作刻板印象中的重要组成部分，指出"温暖"是一种为他人着想的意愿；另一方面，"冷漠"（coldness）则指的是温暖程度较低的状态。

Aaker 等（2012）发现当消费者在广告中感受到温暖时，他们会更愿意购买该产品或品牌。相反的，当消费者从广告中感受到"冷漠"时，他们的关注程度会因此降低，购买的可能性也会大大减少。这是因为温暖能够拉近双方距离，提升感知相似性（Clynes，1980）。

面部表情是影响人际温暖感知的重要因素（Ekman & Friesen，1978）。在社会中，面部表情代表了人们在交流中体验到的种种情绪（Parkinson，2005；Young & Hugenberg，2010），表现出个人与他人交流的意愿（Fox et al.，2000）。这是由于表情一般都与人们管理自身行为动机的心理系统紧密相连（Coan，Allen & Harmon-Jones，2001）。一般来说，微笑代表个体对周边状态较为满意，预测了更加积极的交流意愿，是一种温暖的表情；而冷漠的表情（如无表情）则代表个体漠不关心，预示较为消极的交流意愿。因此，在许多产品广告中，设计者试图通过演员的微笑表情来增加消费者感受到的温暖感。

但是，纵观奢侈品市场，企业却更偏向于冷冰冰的广告语言和面部表情，创造与消费者之间的距离感，让人难以接近。Williams 等（2000）认为在互动中，冰冷可能让个体显得更加有吸引力。Ward 和 Dahl（2014）则使用社会附属感来解释这一现象，认为售货员的冷漠反而会激发消费者的附庸感。这些研究均是从社会互动角度着手分析。但在本研究关注的广告情境中，消费者与广告代言人并没有直接的社会互动行为，因此本研究将基于构建水平理论，对消费者产品感知进行剖析。

2.2　构建水平理论

构建水平理论相关研究证实，温暖的人际行为（比如礼貌）能够拉近人与人之间的心理距离（Stephan，Liberman & Trope，2010）。人们在生活中经常微笑，因为微笑能够帮助人们获得正面的外界感知，并且传递出温暖和信任感（Imada & Hakel，1977；Verser & Wicks，2006；Nagel et al.，2012）。发自内心的微笑能够获得更佳的社会临近感（social proximity），拉近人际距离（Bogodistov & Dost，2017）。Trope 和 Liberman（2010）指出社会临近感与心理距离有显著的负向关联。

Labroo 和 Patrick（2009）认为正面情感的外显形式（比如微笑、拥抱等）都能拉近人际心理距离；而不开心的表情，比如愤怒或不耐烦，则会让他人感知到负面情绪，从而提升距离感（Chowdhry et al.，2015）。此外，人们对同一件事物的理解会由于他们与该事物间的心理距离的不同而不同（Trope & Liberman，2003；2010）。根据该理论，温暖和亲密的人际关系会带来更近的心理距离，并因此启动人们更低的构建水平。这个时候，人们会使用更加具体的方式理解事物。反之，冷漠的人际关系会带来更远的心理距离，并因此启动人们更高的构建水平。这个时候，人们会使用更加抽象的方式理解事物（Nussbaum，Trope & Liberman，2003）。这也意味着，对于构建水平高的消费者，有关产品的抽象信息更具诊断价值，而对于构建水平低的消费者，产品的具体信息更具诊断价值（Lee，Deng，Unnava & Fujita，2014）。

2.3 奢侈品类别（个人导向；社会导向）

奢侈品（Luxury）是产品中的一个特殊类别（Douglas & Isherwood，1979）。尽管奢侈品相关研究由来已久，但是有关奢侈品的定义至今仍存在着一些争论。本研究采用了Nueno 和 Quelch（1998）对奢侈品的定义："功能价格比例较低，而无形、情境价值以及售价比较高的商品。"Kapferer（1998）指出，对于奢侈品来说，一般的宣传手段也许会造成截然不同的后果。这是由于奢侈品更加注重其享乐的象征价值，而非经济或功能价值（Nueno & Quelch，1998）。

消费者会为了两个方面的目的购买奢侈品：第一，消费者有可能通过购买奢侈品来进行炫耀性消费（如 Truong et al.，2008）。炫耀性消费指的是通过购买高昂价格的产品或品牌来向社会展示自己的财富，提升自己的社会地位。比如 Dholakia 和 Talukdar（2004）的研究指出，购买奢侈品能够帮助消费者融入某些特定群体；第二，消费者有可能是为奢侈品更好的质量买单。Silverstein 和 Fiske（2005）以及 Gentry 等（2001）的研究发现，消费者购买奢侈品的目的不全在展示。他们有可能为了自我的满足而支付溢价。基于此，以Tsai（2005）为代表的研究者将奢侈品划分为两个类别：个人导向（personal oriented）以及社会导向（socially oriented）。这两种奢侈品类别（types of luxury）所强调的信息和卖点有所不同，当消费者购买这两种奢侈品，他们也会偏向关注以下两种产品信息中的一种：产品特征（product attribute）和主观评价利益（subjectively assessed benefit）（Wu, Day &Mackay, 1988）。其中，产品特征指的是能够被直接观察到的、稳定的产品属性，包括功能、质量、价格等；而主观评价利益则指的是那些无法测量的产品收益，比如愉悦感、享乐感以及社会展示价值等（Wu et al., 1988）。Tsai（2005）指出，高档化妆品、内衣等奢侈品更多激发消费者个人导向动机，即为自我满足和质量享受而购买。这时消费者更加关注产品特征；而名牌包、服饰等奢侈品则更多激发消费者社交导向，即为获得他人的肯定而购买。这时，消费者会更关注产品的主观评价利益。

3. 假设提出

在本研究中，研究者认为当消费者面对冷漠的广告，他们会启动高构建水平。这时，他们会更多地考虑产品的抽象层面属性，如社会价值、象征价值。而当消费者面对温暖广告，他们会启动低构建水平。这时，他们会更多考虑产品的具体层面属性，如价格、功能。根据 Arnold 和 Reynolds（2003）对动机（享乐 vs. 使用）的分类，社交、自我表达类消费属于享乐类消费动机，而功能性消费则应属于实用性动机。当消费者在决策时更多考虑到享乐型动机时，奢侈品的顾客感知总价值将会提升，这时，消费者产品态度会有所提升。根据 Coulibaly 等（2011）以及 Bagchi 和 Cheema（2012）的研究，当消费者关注产品优势层面（如奢侈品的炫耀、体验价值），而不关心其劣势层面（如奢侈品的功能、价格）时，消费者会产生更好的产品态度。

需要着重说明的是，本研究主要关注的是冷漠的正面效用而非温暖的负面效用。这有两个方面的原因：首先，广告中的温暖虽然会负面影响消费者对产品价值的评估，但是它也在同时满足了消费者的沟通欲望，引发消费者善意（Xu, Leung & Yan, 2013），这些都会缓解随之而来的负面态度；其次，冷漠表情本身是一种中性的表情（Labroo & Patrick，2009），与负面表情有很大的区别。负面表情（比如愤怒或侵略性表情）代表个体对周遭环境的不满，以及试图改变现状的意愿（Yoshikawa & Sato，2003；Vescio et al.，2005）。这与冷漠表情所带来的距离感从机制到体现形式上都有着很大的不同。因此，在本研究的推论中，研究者并没有关注温暖对奢侈品的负面作用，而是着重讨论温暖与冷漠的效果差异。

因此，本研究推测：

H1：在奢侈品广告中，相较使用温暖的广告描述，使用冷漠描述能够获得更高的消费者产品态度。

此外，有关奢侈品分类的文献指出，对于不同类型的奢侈品，消费者对温暖的偏好有所不同：个人导向型产品往往强调使用的体验和整体的质量，属于具体属性（Tsai，2005）。温暖广告恰好可以激发消费者关注具体属性，这能够提升消费者对产品的价值判断，并因此提升态度；而社会导向产品则往往强调抽象的、展示性的属性，这时更适合使用冷漠广告。因此本研究提出假设：

H2：对于个人导向奢侈品来说，温暖广告能比冷漠广告获得更好的消费者态度；而对于社会导向奢侈品来说，冷漠广告能比温暖广告获得更好的消费者态度。

在机制层面，本研究认为消费者对广告温暖程度的偏好取决于他们的构建水平。构建水平理论指出，对于构建水平高的消费者，有关产品的抽象信息更具诊断价值，而对于构建水平低的消费者，产品的具体信息更具诊断价值（Lee，Deng，Unnava & Fujita，2014）。Hernandez 等（2014）同样发现，消费者的构建水平能够改变消费者对信息的处理方式，从而影响他们对广告、产品和品牌的态度。White 等（2011）以及 Dhar 和 Kim（2007）甚至指出，只有当消费者所关注的产品属性或是产品所主要具备的属性与消费者构建水平吻合时，劝说才会有正面的效果。因此，研究者推论：

H3：消费者构建水平中介于冷漠广告对消费者奢侈品态度的影响。

4. 研究方法

4.1 概述

本研究推论，温暖程度低的奢侈品广告会增加消费者与奢侈品之间的心理距离，从而使消费者启动高构建水平，转而关注该产品的奢侈、社会、象征价值。这时，该奢侈品的整体价值会相应提升，消费者的产品态度随之上升；而当消费者观看温暖的广告，这时他们会启动低构建水平而关注产品的使用价值，这会负面影响消费者对奢侈品的态度。此外，研究者推论，奢侈品的类别会调节上述效应：相比于个人导向的奢侈品，社会导向的奢侈品更可能从冷漠广告中受益。为了验证以上假设，本研究进行了三组分离试验：在第一组实验中，研究者使用真实的奢侈品牌以及微笑/冷漠的代言人形象来操纵被试的感知，目的是检验被试在真实购买环境中的行为模式；在第二组实验中，研究者设计了不同的刺激物（文字描述）来排除被试审美或是表情敏感性等对他们奢侈品态度的影响；最后在第三组实验中，研究者使用虚构的奢侈品牌名称作为刺激物，进一步排除品牌名称对被试的影响，并同时检验了构建水平的中介效应。整体而言，三组实验分别检验了本研究中的主效应、调节效应以及中介效应。并且在实验中，研究者使用预实验对不同刺激物的可靠性和效果进行了验证。

4.2 实验1

在第一个实验中，研究者使用真实的奢侈品作为核心刺激物，因为这样可以尽可能地反映出消费者在真实市场中的行为和感知。另外，研究者通过不同的（微笑/冷漠）的广告代言人设计来激发消费者不同的温暖感知（Young & Hugenberg，2010）。最终，研究者对消费者奢侈品态度进行测量。

（1）预实验

在正式研究开始之前，研究者额外募集 46 位被试进行了前测，目的是证明刺激物中不同的代言人表情会影响消费者温暖感知，并且不会直接产生消费者态度差异。在前测中，被试被随机分为两组，并在电脑屏幕上观看不同的代言人表情（没有任何其他信息）。接下来，被试被要求通过 Likert 七分量表（1 代表完全不；7 代表特别）来评价感知温暖程度、代言人的熟悉程度以及对代言人的喜好程度。温暖程度的测量使用了 Fiske 等（2002）的双问项量表（$\alpha = 0.95$）（该代言人是否让你感到温暖；该代言人是否让你感到友好）；在消费者态度测量上，研究者使用了 Hagtvedt（2011）的量表（量表请见附录）。结论证实，两组被试均无法辨认出代言人的身份（$M = 1.34$，$SD = 2.36$），被试对两组图片并没有产生显著的态度差异（$M_{温暖} = 4.01$，$SD = 1.45$；$M_{冷漠} = 3.96$，$SD = 2.33$，$p > 0.05$），但是两组被试在温暖程度感知上形成了显著差异（$M_{温暖} = 5.85$，$SD = 1.98$ vs. $M_{冷漠} = 2.21$，$SD = 2.14$，$p < 0.01$）。结论证实刺激物设计有效。

（2）被试选择

实验 1 在中国某大学教室中进行。为了防止自我选择偏见以及专业调研偏见，研究者从大学 MBA 以及 EMBA 课堂名单中进行随机筛选，保证样本能够反映出整体人群的情况。共有 146 名被试参与了实验 1（分为 3 场分离实验，每场实验过程一致，47%为男性，平均年龄 = 31 岁）。所有被试均成功完成问卷的填写。

（3）刺激物设计

本研究借鉴了 Ward 和 Dahl（2014）对奢侈品刺激物以及情境刺激的设计方式，使用真实品牌名称（路易威登 vs. 优衣库）。被试被随机分为两组（温暖程度高 vs. 温暖程度低）。在温暖程度高的被试组中，广告代言人面带微笑，亲切地向观众发出问候；而在温暖程度低的被试组中，广告代言人没有表情，冷淡地看着观众（面孔刺激物设计见图 1）。另外，为了保证被试的接受性和产品类别的中立性，研究选取了服装这一奢侈品类别。虚拟场景具体如下：

想象你正在逛街，想购入一些衣物。你看到了一则路易威登的广告。在广告中，一名代言人面带微笑，亲切地向你发出问候（没有表情，冷淡地看着观众）。

为了避免广告代言人身份、面部细节、背景等因素对消费者的潜在影响，研究者借鉴选择了同一位代言人不同表情图片，并且进行了去背景化处理。

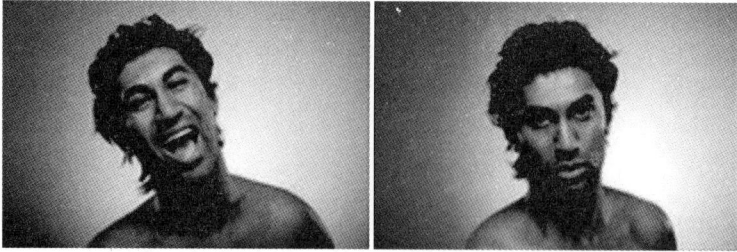

图1　实验1刺激物设计

在正式实验中，146 名被试被随机分为四组，其中两组被试观看温暖/冷漠的奢侈品广告，另外两组观看温暖/冷漠的普通商品广告。最后研究者对他们的产品态度进行了测量。

（4）实验1的结论

研究者借鉴 Nueno 和 Quelch（1998）的研究方法，对产品的感知奢侈程度进行了测量。这其中包括了产品本身的时尚程度、特殊性、喜好程度以及让他人看到自己穿着该奢侈品欲望（$\alpha = 0.82$）。接下来，研究者测量了被试在阅读相关广告描述（温暖程度高 vs. 低）之后，对奢侈品产生的态度。通过分析研究者发现，在奢侈品购买情境下，温暖程度与消费者态度之间存在着显著的负向关系（$M_{温暖} = 3.31$，SD = 1.87；$M_{冷漠} = 4.92$，SD = 1.55，$F（2，74）= 6.52$，$p<0.01$）；而在普通商品购买情境下，温暖程度则和消费者态度呈正向关系（$M_{温暖} = 4.45$，SD = 1.27，$M_{冷漠} = 2.32$，SD = 1.89，$F（2，74）= 8.16$，$p<0.01$）

4.3　实验2

在实验1中研究者使用了图像的方式来操纵消费者的温暖感知。但是使用实际的人物图片存在 2 方面的局限：首先，被试对代言人的外貌的评价标准不同，而这可能会直接影响他们的产品态度；其次，被试对温暖或是冷漠的理解方式不同。比如有部分消费者会将"无表情"理解为容忍和不抗拒交流，从而感知到"温暖"（Coan，Allen & Harmon-Jones，2001），这同样会影响最终的结果。因此，在实验 2 中，研究者使用文字的方式来操控被试感知温暖程度，希望创造更为纯净的研究情境。Tsai（2005）研究指出，对于某些类别的奢侈品（如内衣、高档酒和高档钢笔），消费者购买它们的动机更多和自身相关，即满足自己对质量、购物愉悦、自我一致性的需求；而对于另外的奢侈品（如皮包、服饰），消费者会更多考虑他人的看法。在实验 2 中，研究者借鉴 Tsai（2005）的方式，使用企业可控的奢侈品类别来操纵消费者的动机，检验其调节作用。

（1）预实验

尽管 Tsai（2005）以及 Silverstein 和 Fiske（2003；2005）的文章均指出，不同奢侈品类别会决定消费者购买奢侈品时的动机。但是，他们的文章中均未对这一推论进行证实。因此，在本研究中，为了证明不同的奢侈品类别能够决定消费者动机，研究者进行了预实验。

58 名被试参与了预实验。被试被随机分为两组（$N_{社会}=29$；$N_{个人}=29$），分别观看不同奢侈品类别（皮包 vs. 内衣）。在对被试动机类型的测量上，研究者借鉴了 Kasser 和 Ryan（1993；1996）的愿望量表（Aspiration Index）。被试在得知奢侈品类别之后被问到"多大程度上会联想到自己；亲密关系；以及社团归属"（个人动机）；以及"多大程度上会联想到财富；受欢迎程度；以及公众形象"（社会动机）。结论显示，皮包组的被试更多认为购买动机与他人相关（$M_{社会}=5.61$，SD$=1.23$；$M_{个人}=3.55$，SD$=1.56$，$F（2，28）=3.68$，$p<0.05$）；而内衣组的被试认为自己购买动机与自己相关（$M_{社会}=2.23$，SD$=0.98$，$M_{个人}=5.93$，SD$=1.16$，$F（2，28）=3.68$，$p<0.05$）。可见，用奢侈品类别操纵消费者购买奢侈品动机成立。

（2）被试选择

共有 142 名被试参与了实验 2（49% 为男性，平均年龄 = 28 岁）。研究者对被试名单进行随机筛选，以保证样本能够反映出整体人群的情况。被试包括该大学的本科生、研究生以及 MBA 和 EMBA 学生。所有被试均成功完成实验问卷的填写。

（3）刺激物设计

实验 2 中，有关广告描述以及奢侈品刺激物设计与实验 1 相仿。不同之处在于实验 2 关注到奢侈品类别的影响。因此，在本实验中，研究者借鉴 Tsai（2005）的分类，同时考虑到被试的知识面，使用高档内衣来代表个人导向的奢侈品。在购买这类奢侈品时，消费者更多考虑自己的需求（如质量、自我满足等）；另外，研究者使用奢侈皮包来代表社会导向的奢侈品。在购买这类奢侈品时，消费者更多考虑他人的看法（Tsai，2005；Truong，2010）。

研究者将被试随机分为两组（$N_{个人导向}=71$ vs. $N_{社会导向}=71$）。每组被试被要求想象购买不同类型的奢侈品（内衣 vs. 皮包）。接下来，每组被试被继续细分为两组，分别阅读不同的广告描述（温暖程度高 vs. 低）。研究者借鉴了 Lin 等（2011）的方法，虚构了一名叫作 Jacob 的代言人。在冰冷组中被试读道："Jacob 是一名体育、影视、音乐三栖的明星，最近代言了不少产品。在这则广告中，Jacob 冰冷地看着大家，无意间显示出了一丝优越感"；而在温暖组中，被试读道："Jacob 是一名体育、影视、音乐三栖的明星，最近代言了不少产品。在这则广告中，Jacob 热情地看着大家，无意间显示出了一丝亲近感"。被试被要求通过 Likert 七分量表对广告中所陈述奢侈品进行评价。评价内容与实验 1 一致。最后，被试需要通过七分量表报告自己对该产品的态度。在实验结束后，被试同样需要对这次研究的目的进行猜测。没有被试成功猜测出实验目的。

（4）实验 2 的结论

实验 2 的结论再一次印证了实验 1 的结论。在社会导向奢侈品（皮包）组中，相比阅读冷漠广告的被试，阅读温暖广告的被试有着更低的态度（$M_{温暖}=3.12$，SD$=1.76$；$M_{冷漠}=4.78$，SD$=1.33$，$F（2，70）=8.56$，$p<0.01$）。但是相比之下，个人导向奢侈品组中的被试却有着截然不同的表现。数据显示，在选购奢侈内衣时，温暖程度高的广告会有更好的效果（$M_{温暖}=5.32$，SD$=1.68$；$M_{冷漠}=3.23$，SD$=1.85$，$F（2，70）=6.57$，$p<0.01$）。

（5）讨论

实验 2 证明，冷漠的广告只有在社会导向的购物中才能发挥正面的作用。那么，为什么在个人导向的组别中，冷漠的广告会产生负面的效果？研究者推论，这是由于"温暖"代表了情感上的可接近性（Fiske, Cuddy & Glick, 2007），而心理距离会带来消费者不同的感知模式。为了验证这一假设，研究者进行了实验 3。

4.4 实验 3

实验 3 的主要目的是检验构建水平的中介作用；此外，在之前的实验中，研究者使用了真实的奢侈品牌名称，但是真实品牌所带来的品牌个性、品牌温度以及产品特性可能会直接影响到消费者的偏好。因此在实验 3 中，研究者希望通过使用虚拟品牌名称，来避免被试先入为主的印象。在实验 3 中，研究者希望证实在奢侈品购买中，温暖是通过对消费者构建水平的影响，从而决定他们对奢侈品的态度。本研究认为，使用冷漠表情所增加的消费者感知心理距离会让消费者更多关注产品的社会、体验等抽象属性（Why），而不关注价格、功能等具体属性（How）。

（1）被试选择

共有 170 名被试参与了实验 3（47% 为男性，平均年龄 = 27 岁）。研究者对被试名单进行随机筛选，以保证样本能够反映出整体人群的情况。被试包括了该大学的本科生、研究生以及 MBA 和 EMBA 学生。所有被试均成功完成问卷的填写。实验 3 在该大学实验室中完成。

（2）刺激物设计

实验 3 的刺激物设计与前两组实验相仿。不同之处在于研究者使用了虚拟的奢侈品牌。为了避免消费者根据虚拟品牌名称产生真实品牌的联想，研究者使用了"Luxus"作为虚拟产品的品牌名称。理由有三个方面：首先，Luxus 不是一个英文单词，因此不会让被试产生语义联想；其次，Luxus 在拉丁语中的意思是"繁衍和不加节制的"，它也是英文 Luxury（奢侈品）的词源，词形上也有类似。因此这个词能够某种程度上激发被试奢侈品的感知；最后，该名称与现有市场上的奢侈品牌或产品名称并无相似，避免了被试的无关联想。

接下来，研究者将被试随机分为两组（$N_{社会} = 85$ vs. $N_{个人} = 85$），分别观看皮包及内衣的广告描述。描述刺激物与之前实验大体相同。在描述中，研究者使用了虚拟品牌名称，为了强调该品牌奢侈的属性，研究者为被试提供了如下描述："该品牌拥有顶尖的质量，价格相比其他品牌更加昂贵，并且展现了别的品牌所不能及的价值"（Kirmani & Rao, 2000）。接下来，研究者将每组被试分别继续划分为两组，分别观看温暖和冷漠的广告描述。接下来，被试被要求通过 Likert 七分量表对广告中所陈述奢侈品进行评价。评价内容与实验 1 一致。最后，被试需要汇报自己对该奢侈品的态度。在实验结束后，被试同样需要对这次研究的目的进行猜测。没有被试成功猜测出实验目的。

最后，被试被要求通过行为辨认量表（Behavior Identification Form, BIF）（Wallacher & Wegner, 1987）（$\alpha = 0.90$）来汇报自己的构建水平。在该量表中，被试需要对 25 个行为进行解释（如"吃"）。他们对该行为解释的构建水平高（"获得营养"）低（"咀嚼和吞咽"）代表了他们当时整体的构建水平（Ulkumen & Cheema，2011；Labroo & Patrick，2009）。

（3）实验3结论

实验3结论印证了前两个实验的结论。对皮包组的被试来说，冷漠广告能够显著提升被试对奢侈品的看法（$M_{温暖}$ = 3.32，SD = 0.98；$M_{冷漠}$ = 5.02，SD = 1.84，F（3，84）= 6.98，$p<0.01$）；而对于内衣组的被试来说，冷漠广告会导致负面的看法（$M_{温暖}$ = 4.88，SD = 1.45；$M_{冷漠}$ = 2.95，SD = 2.06，F（2，84）= 7.75，$p<0.01$）。另外，研究者检验了被试的构建水平在其中的中介效应。中介效应检验如图2所示：

主要变量	Model 1	Model 2	
	产品态度	构建水平	产品态度
温暖程度	0.48**	0.52**	0.09
构建水平			0.40**
R^2	0.27		0.31
Adjusted R^2	0.28		0.26
ΔR^2			0.17

图2　中介效应检验

首先，研究者对被试产品态度和不同广告描述之间的联系进行了回归。温暖程度系数显著（$b=0.48$，$p<0.01$）；然后，研究者加入构建水平作为中介变量进行逐步的回归，发现温暖/冷漠广告与构建水平显著相关（$b=0.52$，$p<0.01$）；构建水平与产品态度显著相关（$b=0.40$，$p<0.01$）；广告温暖程度与产品态度之间关联不显著（$b=0.09$，$p>0.01$）。结果证实，本研究中刺激物设计很好地控制住了被试初始态度上的影响。结论显示，构建水平是广告模式与消费者产品态度之间的完全中介。

5. 结论与讨论

5.1　理论贡献

奢侈品在中国市场的发展速度有目共睹，但是有关奢侈品广告的研究至今仍屈指可数。以往的研究大多关注了奢侈品在稀缺性、炫耀属性等方面的特征，却忽略了奢侈品在价值宣传上的独特性。对于一般的产品来说，温暖的广告能够带来消费者正面的联想，但是在本研究中，研究者通过三组分离的实验证实，对于部分奢侈品来说，冰冷的广告反而会带来正面的效果。与此同时，不同的产品类别（社会导向产品 vs. 个人导向产品）在其中起到了调节作用。

本研究的理论贡献主要体现在三个方面：首先，本研究关注了温暖对奢侈品广告的影响。传统理论普遍认为，亲切的产品广告能够拉近消费者的距离，让消费者体验到温暖，从而产生正向的产品联想。但是，本研究发现，对于奢侈品来说，冷漠的广告效果反而会更好。

其次，本研究探讨了温暖对奢侈品广告的影响机制。通过实验本研究证实，冷漠的广告能够增加消费者与产品之间的心理距离，这时消费者会启动较高的构建水平，因此更加关注该产品抽象体验相关的属性，如社会价值。这对于奢侈品来说是有利的；而温暖广告会启动消费者较低的构建水平，这时，消费者会更加关注产品的具体属性，如价格、功能等。这时奢侈品的整体感知价值反而会受到负面影响。

最后，本研究证实产品的类别会调节冷漠奢侈品广告的效果。对于不同的奢侈产品类别（社会导向产品 vs. 个人导向产品），增加产品与消费者间的心理距离会有不同的结果。这个结论不仅推进了构建水平理论的发展，也深化了奢侈品广告相关研究。

需要说明的是，中国消费者在购买奢侈品时有一定的特殊性。比如相比于西方消费者，中国消费者在与品牌和产品的互动中会更加"察言观色"（Wang & Chan，1999），因此他们会更关注广告中的代言人面部表情，也会对广告中的温暖要素更加敏感。另外，本研究的被试也都来自中国，因此本研究的结论只适用于中国消费者。

5.2 管理贡献

本研究的管理贡献有两个方面：

首先，对于奢侈品这一特殊的产品类别，许多传统的广告模式已不再适用。本研究发现，盲目拉近和消费者的距离并不明智。对于奢侈品来说，适当保持和消费者间的情感距离反而对奢侈品有利。此外，本研究证实构建水平的中介作用。这说明，奢侈品牌不仅能够使用广告，也能够使用包装开启难易度、字体设计、产品使用难易度等方式来让消费者启动高构建水平，提升奢侈品感知价值，从而获得更高的成交价格。

其次，本研究结论证实，奢侈品的类别会影响到冷漠表情的效果，甚至会产生反转作用。因此，对于奢侈品品牌来说，要根据所广告的产品类别来调整广告的风格。对于个人导向的产品来说，消费者更喜欢亲切、温暖的广告风格；而对于社会导向的产品来说，消费者更喜欢心理距离稍远的广告风格。这和传统认识中社会导向产品广告更需要提醒观众社会联系的重要性恰好相反。

5.3 研究前景及局限

本研究基于构建水平理论，对冷漠与消费者奢侈品态度之间的关系进行了探讨。限于个人资源，本研究在几个方面仍有继续深入的余地：

首先，本研究检验了奢侈品情境下冷漠广告的效用，为奢侈品管理者提供了操作性的实践建议。本研究的结论体现出了奢侈品和一般品在很多地方的差异。那么，除了奢侈品，本研究的解释对于哪些特定产品类别依然成立？这有待未来研究解决。

其次，由于研究者精力、时间及资源所限，本研究使用奢侈性产品作为研究的对象。这是由于相较于品牌，产品的属性更容易定义，消费者对其产生的变化也更易于测量。但是，奢侈品牌的广告研究也有着非常大的发展潜力。未来的研究者可考虑使用品牌作为研究主体。

再次，本研究的实验在中国国内大学实验室中进行，被试也均为中国籍。但是不能否认的是，奢侈品的消费具有非常强的文化、地域性。在中国这样一个社会距离较远，集体主义程度较高的文化背景下（Hofstede，2001），奢侈品的消费以及使用都体现出深厚的文化特色。比如中国消费者在购买奢侈品时会将其作为礼品，这时相比于自己的偏好，他们会更看重他人对这个产品的看法（Chen & Kim，2013）。另外，由于中国人际关系的特殊化，中国消费者有时会将奢侈品消费看作一种责任而非对自己欲望的满足（Wong & Ahuvia，1998）。另外 Yau，Chan 和 Lau（1999）以及 Wang，Mohammed 和 Keng（2007）均指出中国消费者在奢侈品广告偏好上与西方消费者有很大的不同。而本研究仅关注了中国一般消费者的状况。因此，未来的研究者有必要在不同的文化背景下进行相关的研究，以检验不同的文化层面差异对奢侈品广告效果的影响。

最后，由于研究者资源所限，实验中使用的被试主要由学生构成。虽然研究者在被试中加入研究生和 MBA、EMBA 以保证样本对奢侈品的理解程度，但是这样的选择仍存在一些局限：比如受教育水平、年龄以及收入水平都可能会影响被试的奢侈品偏好（如 Dubois & Duquesne，1993）。因此在未来研究中，研究者应当增加被试的数量，以及背景的丰富程度。

◎ 参考文献

［1］ Aaker, D. A., Stayman, D. M., Hagerty, M. R. Warmth in advertising: Measurement, impact, and sequence effects ［J］. *Journal of Consumer Research*, 1986（12）.

［2］ Aaker, J. L., Garbinsky, E. N., Vohs, K. D. Cultivating admiration in brands: Warmth, competence, and landing in the "golden quadrant" ［J］. *Journal of Consumer Psychology*, 2012（22）.

［3］ Arnold, M. J., Reynolds, K. E. Hedonic shopping motivation ［J］. *Journal of Retail*, 2003（79）.

［4］ Bagchi, R., Cheema, A. The effect of red background color on willingness-to-pay: The moderating role of selling mechanism ［J］. *Journal of Consumer Research*, 2012（39）.

［5］ Chen, J., Kim, S. A comparison of Chinese consumers' intentions to purchase luxury fashion brands for self-use and for gifts ［J］. *Journal of International Consumer Marketing*, 2013（25）.

［6］ Chowdhry, N., Winterich, K. P., Mittal, V., Morale, A. C. Not all negative emotions lead to concrete construal ［J］. *International Journal of Research in Marketing*, 2015（43）.

［7］ Coan, J. A., Allen, J. J., Harmon-Jones, E. Voluntary facial expression and hemispheric asymmetry over the frontal cortex ［J］. *Psychophysiology*, 2001（38）.

［8］ Cornell, A. Cult of luxury: The new opiate of the masses ［J］. *Australian Financial Review*, 2002（27）.

[9] Coulibaly, O., Nouhoheflin, C., Aitchedji, C., Cherry, A. J., Adegbola, P. Consumers' perceptions and willingness to pay for organically grown vegetables [J]. *International Journal of Vegetable Science*, 2011 (17).

[10] Dhar,R., Kim, E. Y. Seeing the forest or the trees: Implications of construal level theory for consumer choice [J]. *Journal of Consumer Psychology*, 2007 (17).

[11] Dholakia, U. M., Talukdar, D. How social influence affects consumption trends in emerging markets: An empirical investigation of the consumption convergence hypothesis [J]. *Psychology & Marketing*, 2004 (21).

[12] Douglas, M., Isherwood, B. *The World of Goods* [M]. New York: Basic, 1979.

[13] Dubois, B., Duquesne, P. The market for luxury goods: Income vs. culture [J]. *European Journal of Marketing*, 1993 (27).

[14] Ekman, P., Friesen, W. V. *Facial action coding system* [M]. Palo Alto, CA: Consulting Psychologists Press, 1978

[15] Fiske, S. T., Cuddy, J. C., Glick, P. Universal dimensions of social cognition: Warmth and competence [J]. *Trends in Cognitive Science*, 2007 (11).

[16] Fiske, S., Cuddy, A., Click, P., Xu, J. A model of (often mixed) stereotype content: Competence and warmth respectively follow from perceived status and competition [J]. *Journal of Personality and Social Psychology*, 2002 (82).

[17] Fox, E., Lester, V., Russo, R., Bowles, R. J., Pichler, A., Dutton, K. Facial expressions of emotion: Are angry faces detected more efficiently? [J]. *Cognition and Emotion*, 2000 (14).

[18] Frederick, S. Overestimating others' willingness to pay [J]. *Journal of Consumer Research*, 2012 (39).

[19] Gentry, J. W., Putrevu, S., Shultz, C., Commuri, S. How now Ralph Lauren? The separation of brand and product in a counterfeit culture [J]. *Advances in Consumer Research*, 2001 (28).

[20] Hernandez, J. C., Wright, S. A., Rodrigues, F. F. Attributes versus benefits: The role of construal levels and appeal type on the persuasiveness of marketing message [J]. *Journal of Advertising*, 2014 (44).

[21] Hofstede, G. *Culture's consequences: Comparing values, behaviors, institutions, and organizations across nations* [M]. CA: Sage Publications, 2001.

[22] Imada, A. S., Hakel, M. D. Influence of nonverbal communication and rater proximity on impressions and decisions in stimulated employment interviews [J]. *Journal of Apply Psychology*, 1977 (62).

[23] Kapferer, J. N. Why are we seduced by luxury brands? [J]. *Journal of Brand Management*, 1998 (6).

[24] Kasser, T., Ryan, R. M. A dark side of the American dream: Correlates of financial success as a central life aspiration [J]. *Journal of Personality and Social Psychology*,

1993 (65).

[25] Kasser, T. , Ryan, R. M. Further examining the American dream: Differential correlates of intrinsic and extrinsic Goals [J]. *Personality and Social Psychology Bulletin*, 1996 (22).

[26] Kemp, S. Perceiving luxury and necessity [J]. *Journal of Economic Psychology*, 1998 (19).

[27] Kirmani, A. , Rao, A. R. No pain, no gain: A critical review of the literature on signaling unobservable brand quality [J]. *Journal of Marketing*, 2000 (64).

[28] Kroeber-Reil, W. Activation research: Psychobiological approaches in consumer research [J]. *Journal of Consumer Research*, 1979 (5).

[29] Krumhuber, E. , Manstead, A. S. R. Are you joking? The moderating role of smiles in the perception of verbal statement [J]. *Cognition and Emotion*, 2009 (23).

[30] Labroo, A. A. , Patrick, V. M. Psychological distancing: Why happiness helps you see the big picture [J]. *Journal of Consumer Research*, 2009 (35).

[31] Lazarus,R. S. , Kanner, A. D. , Folkman, S. Emotions: A cognitive-phenomenological analysis. In: Robert Plutchik, Henry Kellerman .*Emotion: Theory, research, and experience.* [M]. New York: Academic Press, 1980.

[32] Lee, H. , Deng, X. Y. , Fujita, K. Monochrome forests and colorful trees: The effect of black-and-white versus color imagery on construal level [J]. *Journal of Consumer Research*, 2014 (41).

[33] Lichtenstein, D. R, Ridgway, N. M. , Netemeyer, R. G. Price perceptions and consumer shopping behavior: A field study [J]. *Journal of Marketing Research*, 1993 (30).

[34] Lin, W. Y. , Wang, J. W. , Lin, H. Y. , Johnson, B. T. When low-warmth targets are liked: The roles of competence, gender, and relative status [J]. *The Journal of Psychology*, 2011 (145).

[35] McGarty, C. , Haslam, S. A. *The message of social psychology: Perspectives on mind in society* [M]. Cambridge, MA: Blackwell, 1997.

[36] Mead, N. L. , Baumeister, R. F. , Stillman, T. F. , Rawn, C. D. , Vohs, K. D. Social exclusion causes people to spend and consumer strategically in the service of affiliation [J]. *Journal of Consumer Research*, 2011 (37).

[37] Nagel, F. , Maurer, M. , Reinemann, C. Is there a visual dominance in political communication? How verbal, visual and vocal communication shape viewers' impressions of political candidates [J]. *Journal of Communication*, 2012 (62).

[38] Nueno, J. L. , Quelch, J. A. The mass marketing of luxury [J]. *Business Horizons*, 1998 (Nov-Dec).

[39] Nussbaum, S. , Trope, Y. , Liberman, N. Creeping dispositionism: The temporal dynamics of behavior prediction [J]. *Journal of Personality and Social Psychology*, 2003

(84).

[40] Parkinson, B. Do facial movements express emotions or communicate motives? [J]. *Personality and Social Psychology Review*, 2005 (9).

[41] Petty, R. E., Cacioppo, J. T., Schumann, D. Central and peripheral routes to advertising effectiveness: The moderating role of involvement [J]. *Journal of Consumer Research*, 1983 (10).

[42] Recio, G., Schacht, A., Sommer, W. Classification of dynamic facial expressions of emotion presented briefly [J]. *Cognition and Emotion*, 2013 (27).

[43] Silverstein, M., Fiske, N. Luxury for the masses [J]. *Harvard Business Review*, 2003 (81).

[44] Silverstein, M., Fiske, N. *Trading up: Why consumers want new luxury goods, and how companies create them* [M]. New York: Portfolio, 2005

[45] Stephan, E., Liberman, N., Trope, Y. Politeness and psychological distance: A construal level perspective [J]. *Journal of Personality and Social Psychology*, 2010 (98).

[46] Trope, Y., Liberman, N. Construal level theory of psychological distance [J]. *Psychological Review*, 2010 (117).

[47] Trope, Y., Liberman, N. Temporal construal [J]. *Pscyhological Review*, 2003 (110).

[48] Truong, Y. Personal aspirations and the consumption of luxury goods [J]. *International Journal of Market Research*, 2010 (52).

[49] Truong, Y., Simmons, G., McColl, R., Kitchen, P. J. Status and conspicuousness-are they related? Strategic marketing implications for luxury brands [J]. *Journal of Strategic Marketing*, 2008 (16).

[50] Tsai, S. P. Impact of personal orientation on luxury-brand purchase value [J]. *International Journal of Market Research*, 2005 (47).

[51] Ulkumen, G., Cheema, A. Framing goals to influence personal savings: The role of specificity and construal level [J]. *Journal of Marketing Research*, 2011 (48).

[52] Verser, R., Wicks, R. H. Managing voter impressions: The use of images on presidential candidate web sites during the 2000 campaign [J]. *Journal of Communication*, 2006 (56).

[53] Vescio, T. K., Gervais, S. J., Snyder, M., Hoover, A. Power and the creation of patronizing environments: The stereotype-based behaviors of the powerful and their effects on female performance in masculine domains [J]. *Journal of Personality and Social Psychology*, 2005 (88).

[54] Vigneron, F., Johnson, L. W. Measuring perceptions of brand luxury [J]. *Brand Management*, 2004 (11).

[55] Wallacher, R. R., Wegner, D. M. What do people think they're doing? Action identification and human behavior [J]. *Psychological Review*, 1987 (94).

[56] Wang, Q., Mohammed, A. Z., Keng, K. A. Chinese cultural values and gift-giving

behavior [J]. *Journal of Consumer Marketing*, 2007 (24).

[57] Ward, M. K., Dahl, D. W. Should the devil sell Prada? Retail rejection increases aspiring consumers' desire for the brand [J]. *Journal of Consumer Research*, 2014 (41).

[58] White, K., MacDonnell, R., Dahl, D. W. It's the mindset that matters: The role of construal level and message framing in influencing consumer efficacy and conservation behaviors [J]. *Journal of Marketing Research*, 2011 (48).

[59] William, K. D., Cheung, C. K., Choi, W. Cyberostracism: Effects of being ignored over the internet [J]. *Journal of Personality and Social Psychology*, 2000 (79).

[60] Williams, K. D., Sommer, K. L. Social ostracism by coworkers: Does rejection lead to loafing or compensation? [J]. *Personality and Social Bulletin*, 1997 (23).

[61] Wong, N. Y., Ahuvia, A. C. Personal taste and family face: Luxury consumption in confucian and western societies [J]. *Psychology & Marketing*, 1998 (15).

[62] Wu, T. W., Day. R. L., Mackay, D. B. Consumer benefits versus product attributes: An experimental test [J]. *Quarterly Journal of Business and Economics*, 1988 (27).

[63] Xu, H., Leung, A., Yan, R. H. It is nice to be important, but it is more important to be nice: Country-of-origin's perceived warmth in product failures [J]. *Journal of Consumer Behavior*, 2013 (12).

[64] Yau, H. M., Chan, T. S., Lau, K. F. Influence of Chinese cultural values on consumer behavior: A proposed model of gift-purchasing behavior in Hong Kong [J]. *Journal of International Consumer Marketing*, 1999 (11).

[65] Yoshikawa, S., Sato, M. Dynamic facial expressions of emotion induce representational momentum [J]. *Cognitive*, *Affective & Behavioral Neuroscience*, 2008 (8).

[66] Young, S. G., Hugenberg, K. Mere social categorization modulates identification of facial expressions of emotion [J]. *Journal of Personality and Social Psychology*, 2010 (99).

Attract Customers with a Cold Look?
The Effect of Coldness in Luxury Product Advertisements

Xie Zhipeng[1]   Zhao Jing[2]

(1   Business Administration College of Zhongnan University of Economics and Law, Wuhan, 430073;

2   Economics and Management College of Wuhan University, Wuhan, 430072)

Abstract: As marketing-related literature showed, luxury products are different from common goods in many ways. Yet little empirical consumer research has focused on decoding the effect of warmth in advertisement for luxury products. Grounded on Construal Level Theory, the researchers proposed that for luxury products, warmth in advertisement has contradictory effect on customer attitude. More specifically, the purpose of this research is 3-fold: first, it analyzes the influence of warmth on customers' attitude toward luxury products; secondly, it studies the mechanism underneath such effect; and thirdly, it proves the moderating effect of product type on such effect. The conclusion of this research can be adopted to explain the complexity of warmth effect, while provides instructive guideline for brand managers.

Key words: Warmth; Advertisement; Construal level; Types of luxury; Luxury attitude

专业主编：曾伏娥

附录1 问卷与量表

调查问卷

亲爱的朋友：

您好！我们正在进行一项针对消费者的研究，需要了解您的看法，您的意见对我们来说非常重要。答案无对错之分，我们感兴趣的是您真实的想法！本次调查时完全匿名的，所得信息仅用于学术研究。十分感谢您的合作！

您想购置一些衣物，这时您看到了一则古驰的广告，正在宣传该品牌的新款成衣系列。在广告中，一名代言人面带微笑，亲切地向你发出问候：

（放入刺激物图片）

1.（请在相应的方框内打钩或画圈）

	一点也不赞同　　　　　非常赞同
E1 您青睐该设计	1　2　3　4　5　6　7
E2 这个广告让您产生有关这个产品的正面联想	1　2　3　4　5　6　7
E3 您认为使用该广告的产品很好	1　2　3　4　5　6　7
E4 您认为该产品会让人开心	1　2　3　4　5　6　7

2. 您在形成对一个产品的态度时，产品描述语句会对您造成：

完全没有影响						决定性的影响
1	2	3	4	5	6	7

3. 您认为在评价一个产品好坏时，广告重要性是：

完全没有影响						决定性的影响
1	2	3	4	5	6	7

4. 您的基本信息

性别：男_____   女_____

年龄：_____

职业：本科生_____   研究生_____   其他_____

奢侈程度量表

	一点也不赞同　　　非常赞同
E1 您喜欢这个产品	1 2 3 4 5 6 7
E2 您觉得这个产品很特别	1 2 3 4 5 6 7
E3 您觉得这个产品会很流行	1 2 3 4 5 6 7
E4 您愿意被别人看到使用该产品	1 2 3 4 5 6 7

被试情感量表

您现在感到：	完全不赞同　　　完全赞同
E1 非常开心	1 2 3 4 5 6 7
E2 非常兴奋	1 2 3 4 5 6 7
E3 满怀希望	1 2 3 4 5 6 7
E4 心情特别好	1 2 3 4 5 6 7

企业同构问题研究：分析框架的构建及其应用[*]

● 寿志钢[1]　李慧珍[2]　邱　搏[3]

（1，2　武汉大学经济与管理学院、武汉大学组织营销研究中心　武汉　430072；
3　国家开发银行湖北分行　武汉　430072）

【摘　要】企业同构作为管理实践中的普遍现象，受到学界的广泛关注。但现有文献分散且众说纷纭，无法为后续研究提供清晰的思路，也使企业无所适从，因而需要系统性归纳整理。本文全面梳理了该领域的相关研究，构建了企业同构问题的因果分析框架。作为企业同构领域首个整合分析框架，本文构建的工具不仅有助于识别同构领域有价值的研究问题，还能帮助研究者分析相关战略问题。为了展示该框架的工具性价值，本文还使用此框架识别了文献中的若干研究空缺，并试图解答了企业"求同还是存异"这一战略问题。

【关键词】制度同构　竞争同构　合理性 竞争优势　分析框架

中图分类号：F270　　　　文献标识码：A

1. 引言

尽管资源基础理论强调企业应通过差异化战略来获取和保持竞争优势（Barney，1991），却有不少学者发现，随着竞争的加剧，不同企业无论在内部组织架构还是在对外的战略行为等方面都会表现出同质化倾向。学界将这种同质化现象称为企业同构（firm isomorphism）。当前学者对企业同构这一普遍的管理现象给予了大量关注，但相关研究成果却相对分散且众说纷纭。例如，DiMaggio 和 Powell（1983）基于制度理论认为，企业同构是缘于模仿、强制和规范这三种制度压力，在寻求组织存在和战略行为的合理性过程中所产生的结果；而 Lieberman 和 Asaba（2006）则指出仅从制度视角解释企业同构过于单薄，还应从竞争战略视角来探究企业同构的前因，但是竞争同构的研究则非常匮乏，相关结论也散落在各学科分散的研究中，并没有形成体系。同时，对企业同构后果的研究则更为分散，不同研究往往基于不同理论视角对此提出了迥异的看法。有学者（如：

---

* 基金项目：本文受国家自然科学基金项目（71372128）资助。本文亦为武汉大学自主科研项目（人文社会科学）研究成果，得到"中央高校基本科研业务费专项资金"资助。

通讯作者：寿志钢，E-mail：mkshou@ whu. edu. cn。

Czinkota，2014）认为，同构对企业及社会具有积极影响，但也有学者（如：He，2016）指出企业同构所带来消极后果也不容忽视。这些矛盾的观点不仅妨碍了同构理论体系的建立，也让企业管理者无所适从。因此，散落于庞杂文献中的各类见解亟待系统归纳和梳理，以便为该领域的后续研究者提供更为清晰的研究思路，并为企业管理实践提供指导。

本研究首先综合了不同学派的观点，从制度和竞争两个视角系统梳理了企业同构的类型和相应的驱动因素；其次，本文还基于不同理论视角分别从行业和企业个体层面梳理了企业同构所带来的积极和消极影响。上述两项工作帮助本文构建了一个阐明企业同构前因及后果的理论分析框架（如图1所示）。为了展示此框架的工具性价值，本文首先利用它识别了企业同构领域中若干有价值的研究问题，随后在所识别的三类问题中，聚焦于"企业战略选择应当求同还是存异"这一问题，运用该框架提供的理论逻辑试图对此问题进行了解答。

通过构建企业同构前因后果的分析框架，本文不仅阐释了制度同构和竞争同构的异同，还开创性地归纳了影响竞争同构的模仿、学习和标准压力，从而解释了二者形成机制的差异；而在产业和企业层面对同构后果系统性的归纳也为后续研究提供了明晰的分析逻辑。更为重要的是，整个分析框架不仅是对同构理论体系的构建，更能作为一种分析工具，为后续研究提供整合视角来识别与解答同构领域的研究问题，从而推动该领域的理论发展。

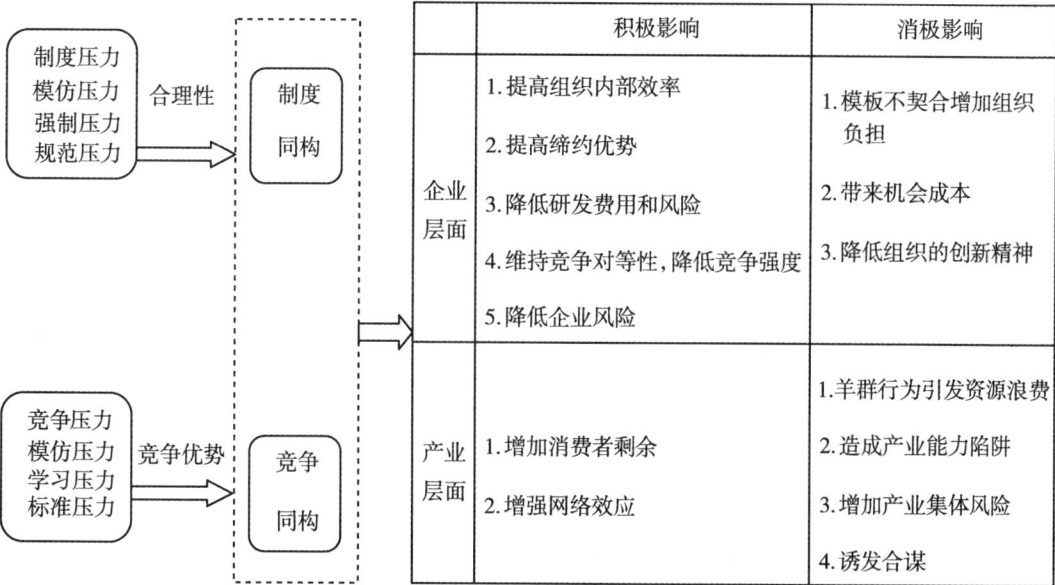

图1　企业同构分析框架

2. 企业同构的定义和分类

现有文献从不同角度界定了同构的定义。Hawley（1968）首次提出了同构原理，他认为企业同构是环境制约的产物，环境多样性带来了组织形式的多样性，但面对相同环境的一组企业则会变得越来越相似。组织生态学派代表人物 Hannan 和 Freeman（1977）则认为同构是组织种群为了更好适应外部环境而通过变异、选择、保留三个步骤进化而来的结果。Mizruchi 和 Fein（1999）认为制度同构是指组织为了获取在文化和政治权威眼中的合理性而故意创造组织结构和战略的相似性。在各种定义中，被学术界普遍认可的是社会学派 DiMaggio 和 Powell（1983）的观点，他们认为同构既是一个过程，也是一种状态。从过程来看，同构是促使面对同样环境条件的组织同其他组织趋同的强制性过程，从状态来看，同构是特定时间内处于相同环境下一组组织的相似性。

尽管不同学科对同构的概念存在争议，但通过对现有文献的总结，可以发现所有的定义都强调了一个重要特征：外部环境的影响。同构是组织受外部环境影响的产物，脱离了外部环境压力则根本无法探讨组织同构这个问题。因而，根据企业所遵从的不同环境因素，可将企业同构分为制度同构和竞争同构两种类型。前者是在制度因素的压力下追求合理性而产生的企业同质化行为（DiMaggio & Powell，1983），遵循的是"制度压力—合理性"路径；后者是在竞争压力下追求利润、效率和竞争优势的同质化行为（Abrahamson & Rosenkopf，1993），遵循的是"竞争压力—竞争优势"路径。

2.1　制度压力下的合理性追求：制度同构

制度理论认为企业的目的不仅只是追求经济效益，还应当追求自身的合理性，即企业行为应在社会系统所构筑的规范及其定义的系统内是可理解的，被期望的及恰当的（Suchman，1995）。在经营过程中，企业不仅需要完成生产技术性工作，还需要通过恰当的象征性方式向环境外部成员展现自身合理的形象（Suchman，1995）。研究表明这种"合理的形象"对企业的外部支持、生存几率、资源获取、获利能力和持续增长都起着至关重要的作用（Raghunath，2008；Kennedey & Fiss，2008；Mezias& Schloderer，2016），因此企业愿意为了建立其合理性而屈从于制度压力，同政治权威、行业规范、社会文化价值理念保持一致，以显示企业符合规范和逻辑的形象（Ruef &Scott，1998；Zhang et al.，2015）。由此可见，在制度压力下追求合理性是企业制度同构的重要动机。

2.2　竞争压力下的竞争优势追求：竞争同构

尽管制度同构强调企业追求合理性的动机，但企业存在更重要的目的是获取经济利益，仅从合理性动机出发并不能完全解释企业的同构行为。在生产经营中，企业首先要追求的应是企业的经济绩效（Lieberman & Asaba，2006），该目标要求企业能妥善地应对市场竞争，提高企业的竞争优势。面对激烈的竞争压力，模仿、学习等同构性策略则是企业用以构筑竞争优势，在竞争中维持或提高其市场地位的重要手段（Boglind et al.，2011；Spreen，2016）。因此，在竞争压力下，以追求竞争优势为目标的竞争性同构也普遍存在。

制度同构与竞争同构内涵比较如表 1 所示。

表1　　　　　　　　　　　　　　　　制度同构与竞争同构内涵比较

同构类型	制度同构	竞争同构
概念	在制度压力下追求合理性而产生的同质化	在竞争压力下追求竞争优势而产生的同质化
联系	二者均是企业趋于同质化的行为、过程或结果状态	
差异	1. 动机不同：制度同构的动机是追求合理性；竞争同构是为了追求效率和竞争优势 2. 前因不同：制度同构的前因是制度压力；竞争同构的前因是竞争压力 3. 特征不同：制度同构更具制度惯性或强制性；竞争同构更具功能性与主动性（Kosuge & Takahashi，2016）	

3. 企业同构的前因

制度与竞争同构的动机存在显著差别，因而促使企业实施两类不同同构战略的前因并不相同。制度理论认为模仿、强制和规范三种制度压力是企业制度同构的前因（DiMaggio & Powell，1983；Zhao et al.，2017）。而竞争战略理论则发现模仿、学习和标准三种竞争压力是企业竞争同构的前因（Lieberman & Asaba，2006；Boglind et al.，2011；Shin et al.，2015）

3.1 制度压力

3.1.1 模仿压力

DiMaggio 和 Powell（1983）认为模仿性压力是企业在面对目标、技术、方法与结果关系的不确定性时而感知到的模仿其他企业的压力。当一个企业面临原因模糊和解决方案不清晰的问题时，企业自主探索方案的成本会高于通过模仿获得解决方案的费用（Liu & Ma，2016），因此企业会选择模仿。不确定性程度越高，企业目标越模糊，模仿性压力越大，企业同构程度也越高（Heugens & Lander，2009）。在模仿性同构的过程中，企业倾向于模仿那些成功或具有合理性的企业（DiMaggio & Powell，1983）。新企业往往会从现有企业中挑选模板进行参考，而模板企业的多样性较低，从而导致了企业的同质化（DiMaggio & Powell，1983）。

3.1.2 强制压力

强制同构压力是指由企业所依赖的其他组织或所处环境的社会文化期望所施加的压力，具体表现在共同的法律环境、政府强制规定、集团公司与子公司的权威关系、资源供给方所施加的压力等诸多方面（Pfeffer & Salancik，1978；Brookes &Altinay，2017；Teo et al.，2003）。强制性同构压力主要源于政府影响和资源依赖两大因素：政府影响通过政府命令强制企业执行标准化运营程序或采用特定规则结构（Cahaya et al.，2015）；资源依赖则指该企业依赖其所处环境中成员获取关键资源的程度（Pfeffer & Salancik，1978），资源依赖导致企业不得不服从其所依赖组织的威胁。政府影响和资源依赖越强，企业所面临的强制性压力越大，企业同构程度则越高（Heugens & Lander，2009）。

3.1.3 规范压力

规范性压力是指企业所面临的遵从专业机构、行业标准与常规等专业化行业规范的压力。影响规范性压力主要有专业化教育和专业化网络两大因素：专业化教育形成的规范压力源于正式教育（如大学教育、专业培训制度等）而建立的共同认知基础，在此基础上，职业经理人及其员工会形成相同的组织规范；专业化网络则是指跨组织专家网络的传播和流动（DiMaggio & Powell，1983），如行业协会在形成和传播行业规范方面发挥着重要作用。这两种机制形成了大量具有相似性的人员，他们在不同企业占据相似位置，他们的增长、流动和网络形成了行业规范，并给行业内的企业带来遵从规范的压力（Tan et al.，2013）。

3.2 竞争压力

3.2.1 模仿压力

竞争性模仿压力是指企业为了维持自身竞争地位而感知到的模仿竞争对手的压力。在不确定性低的环境中，企业出于竞争动机同样采取模仿行为（Lieberman & Asaba，2006）。为了保持自身的竞争地位、降低行业的竞争强度或避免丧失竞争优势，企业往往会选择紧跟竞争对手的行动。Abrahamson 和 Rosenkopf（1993）同样也发现了模仿性压力同时会导致企业的制度同构和竞争同构。

环境不确定性是判断模仿性压力源于制度还是源于竞争的指标（Lieberman & Asaba，2006）。当环境不确定性低时，企业往往都有一个清晰的目的，也能准确地判断模仿所造成的结果，因此不太可能发生盲目的制度性模仿同构，而是出现目的明确的竞争性模仿同构。而环境不确定性高时，企业既能发生制度性模仿同构，也可能是为了避免丢失竞争优势而采取竞争性模仿同构行为。

3.2.2 学习压力

学习压力是指企业为了提高自身效率和效果而感知到的学习需求压力（Boglind et al.，2011）。标杆管理是企业通过学习行业内最佳管理实践来改进自身以提高绩效并保持竞争力的常用方法，而对行业内最佳实践的标杆学习必然会导致企业间战略趋同。聚合理论（convergence theory）认为学习会使得管理者采用相同的高效管理实践。激烈的市场竞争会导致企业不断改进管理方法和流程以保持竞争力，因此尽管在初期各企业管理实践并不相同，但通过学习，企业管理会逐渐改变并最终与最佳的管理实践聚合（Form，1979）。

学习并不同于模仿，二者存在一定的区别。竞争性模仿同构是指企业基于竞争对手的行为做出的跟随性反应，以避免丢失自身的竞争地位或维持行业的共谋。它是一种被动的针尖对麦芒的策略性行为。而学习同构则是指企业为了提高自身绩效而对行业内优秀的企业加以分析并学习，是一种主动的战略性行为。

3.2.3 标准压力

标准压力是指企业为了产品兼容而服从行业标准的压力（Shin et al.，2015）。具备网络效应的产品一般都存在着行业标准，此类行业标准保证了产品之间的兼容性，从而能扩大行业的网络效应（Cohen-Meidan，2007）。具备网络效应的市场是一种买方规模经济，从而网络规模是影响消费者购买决策的重要因素（Besen & Farrell，1994）。与行业标准不兼容的产品不能加入现有网络中，因此无法给消费者带来价值，从而不被选择。不少研究表明当具备很大的网络规模时，劣势产品甚至能够打败优势产品（Kats & Shapiro，1986）。因此，为了赢得消费者，生产网络效应产品的企业必须服从行业标准，从而造成企业同构。

标准压力不同于规范压力，二者存在一定的区别。规范属于制度层面的因素，企业服从行业规范是出于对合理性的追求。而标准属于竞争层面的因素，企业服从标准是出于对市场效益的追求，为了赢得市场，企业不得不通过服从行业标准来实现产品兼容以加入现有网络。

4. 企业同构的后果

企业同构的后果在学术界存在着较大的争议，原因是不同文献在分析企业同构后果时基于不同的理论视角。鉴于企业同构不仅会给同构企业造成影响，还会影响到整个产业，下文分别在产业和企业两个层面，对同构的积极和消极影响进行梳理，并对相关研究所使用的理论逻辑进行介绍。

4.1 积极影响

4.1.1 企业层面

当前文献主要基于制度理论、创新理论、产业竞争理论和前景理论，分析了同构在企业层面上可能存在的积极影响。

（1）提高企业内部效率。基于制度理论，学者从制度化模板的优越性和合理性角度出发，认为同构能提高企业的内部效率。首先，被制度化的模板通常代表着比现存的其他选择更好的商业方式，该模板之所以能推广是因为它能提高效率或保证质量（Westphal et al.，1997）。其次，由于资源提供者倾向于向被社会广泛认可的、采用"理性"战略的企业提供资源，同构企业更容易以优惠条款获取资源（Baum & Oliver，1991；Fisher et al.，2016）。再次，同构企业的行业地位能因具备合理性而提升，从而更能吸引高质量的联盟伙伴，减少搜寻合作伙伴的成本，并能更有效地利用联盟伙伴的资源（Washinton & Zajac，2005）。最后，同构化程度高的企业更能吸引专业化人才，提高企业的人力资源水平（Dineen & Allen，2016）。同构企业在资源获取、合作联盟及人力资源上的优势都有助于企业内部效率的提升。

（2）提高缔约优势。制度理论还认为合理性是一种资源，能够增强企业缔约优势。合理性可以通过同外部"合理"的企业联盟而获得或得以增强（Raghunath et al.，2008）。为了迎合外部制度环境，"不合理"的企业可能会甘愿与"合理"的企业签订次优合约以建立合理性（Lin & Darnall，2015）。因此，具有合理性的企业能在缔约的过程中获得优势。相反，合理性欠缺的企业受制于劣势合约，在制定有效决策及绩效提升等方面都会受到影响，因而面临着更高的失败风险（Yang et al.，2014）。

（3）降低研发费用和风险。创新理论从创新成本与风险的角度出发，认为同构能够帮助企业降低研发费用和风险。创新是企业竞争和发展过程中的重要部分，它能有效地帮助企业建立独特竞争优势。然而，企业自主研发和创新也面临较高的成本和风险（Li & Hu，2015），一旦创新失败，可能给企业带来沉重的打击。而通过模仿和采用行业内已经被证明是成功的成果，能有效地降低企业的研发成本和规避研发失败的风险。

（4）维持竞争对等性，降低竞争强度。基于产业竞争理论的结构-行为-绩效模型（Structure-Conduct-Performance），现有文献认为同构能帮助企业维持其竞争对等性，降低竞争强度（如 Garciapont et al，2002；Giachetti et al.，2015）。差异化和同质化战略均是企业应对竞争的方式，但差异化战略通常困难重重，且容易遭到行业内其他企业的报复，因此，企业更常采用同质化战略以维持其竞争地位（Lieberman & Asaba，2006）。多市场接触（Multi-market contact）理论认为企业在一个市场上的差异化行为会遭到竞争者在其他市场上的报复，因此企业会相互克制，从而钝化市场竞争，增强共谋程度（Ciliberto & Williams，2014）。这种隐性合谋能够降低行业整体的竞争强度，减轻企业竞争压力。

（5）降低企业风险。基于前景理论的研究表明同构有助于企业降低风险。企业感知到的竞争劣势的威胁远大于企业感知到的同等竞争优势的价值，因此企业会避免失去竞争优势。在同构的过程中，随着同构企业的增多，企业有可能面临不进行同构的最坏情况——远落后于行业平均水平。而企业宁愿保持平均绩效也不愿承受掉入最坏情况之中的风险，因此同构是企业避免失去竞争优势的重要策略（Kahneman & Tversky，1979）。Abrahamson & Rosenkopf（1993）则发现在创新扩散的过程中，前期创新采用者是为了提高企业效率，但后期创新采用者只是迫于制度和竞争浪潮压力，害怕失去合理性和竞争优势。面对失去合理性和竞争优势的风险时，企业只能跟随创新浪潮采用新技术。

4.1.2 产业层面

对同构在产业层面造成的积极影响，现有文献主要运用的是经济学中的市场结构理论和网络外部性理论。

（1）增加消费者剩余。有学者从市场结构理论出发，认为同构能增加消费者剩余。Chen 和 MacMillan（1992）认为同构行为显示出企业对维持竞争现状的承诺，这样既不会影响当前的竞争地位，也不会引起企业间的竞争恶战。而当竞争者引入相似的产品线并愿意维持竞争现状时，市场趋近于完全竞争市场（Klemperer，1992；Deltuvaité et al.，2015）。相较于其他市场结构，完全竞争市场下的消费者剩余最大。因此，从消费者角度来说，同构增加了消费者剩余。

（2）增强网络效应。基于网络外部性理论，研究认为同构能够增强产业的网络效应。当同构企业提供相同或相似的能够产生网络效应产品时，行业标准得以产生演进，产品兼容问题得以解决，从而提升了企业所生产产品的共同价值，市场变得更有效率（Wu et al.，2016）。更进一步来看，同构带来的网络效应也能推动产业发展。陈建军（2004）在对长三角产业同构问题的研究表明较高程度的产业同构能形成稳定的产业水平分工及一体化模式，推动区域产业经济发展。

4.2 消极影响

4.2.1 企业层面

现有文献主要基于制度理论、机会成本理论和企业家理论，分析了同构对企业层面可能存在的消极影响。

（1）模板不契合增加企业负担。制度理论基于模板耦合性问题，指出同构可能增加企业负担。在同构时，企业倾向于选择"合理"的模板进行模仿（Spreen，2016），但这种合理性信号可能存在误导性，缺乏实际参考价值。企业的发展受到自身资源和吸收能力（Cohen & Levinthal，1990）的限制，因此，企业应用外部模板的能力并不一致。如果盲目模仿外部模板，则可能导致自身能力与模板不匹配的问题，从而不但无法解决企业问题，反而会增加企业负担（Basu et al.，1999）。

（2）带来机会成本。基于机会成本理论，研究认为企业为了提高合理性所采取的行为或者进行的特定投资可能带来机会成本。如果同构所需要的资源在其他地方更具有投资价值，那么追求同构则会导致企业投资的失当，造成企业绩效降低（Bretto & Baden-Fuller，2006）。

（3）降低企业的创新精神。基于企业家理论，学者认为同构会降低企业的创新精神。在同构过程中，对于被模仿者而言，大量的模仿者导致企业创新收益被稀释，但创新成本并没有被分摊，因此将抑制企业创新的积极性。而对于模仿者而言，模板向企业提供了便捷的行为资源，使得企业不需要花大精力与成本就可以获得较高收益，从而导致企业的惰性，抑制企业的创新精神（Lieberman & Montgomery，1988）。

4.2.2 产业层面

对同构在产业层面造成的消极影响，现有文献主要运用的是产业集群理论和博弈论。

（1）从众行为引发资源浪费。基于羊群效应，研究指出同构产生的从众行为会引发资源浪费。随着同构过程的推进，越来越多的企业会采取类似的行为，甚至会产生羊群行为（Palley，1995）。然而，在不确定的环境中，这种羊群行为会导致重复投资或过度投资所造成的投机泡沫和资源浪费（He，2016）。夏兴园、李洪斌（1998）在研究我国产业结构时，指出地区产业结构趋同是制约我国经济发展的瓶颈，这种同构是一种规模不经济的重复布局，造成了很大的资源浪费。

（2）造成产业能力陷阱。基于产业集群理论，研究认为同构可能造成产业能力陷阱。在同构过程中，如果被模仿的模板企业本身并不是很好的模板，而同构将使得产业内的企业均按照此不科学或次优的方向发展。此时，企业同构会造成产业能力陷阱，导致整个产业发展落后于其应有的水平（Pritchett et al.，2013）。

（3）降低社会系统的适应能力，增加产业集体风险。基于产业集群理论的产业风险视角，研究表明同构在很大程度上降低了企业的多样性，使得众多企业成为一个行动一致的整体，从而增加整个产业的集体风险。多样性的降低会导致行业的灵活性和适应性降低，造成行业僵化，从而增加整个行业的集体风险（Schneiberg & Soule，2005）。

（4）诱发合谋。基于博弈论，研究认为同构易于诱发合谋。相似性会使得企业之间的交易变得简单畅通，从而会诱发合谋。博弈论认为企业通常通过采取相似的行为来限制竞争强度，维持隐性合谋（Chowdhury&Crede，2015）。行业内企业间的合谋不但会降低行业整体的增长潜力，还会导致消费者福利的受损。

5. 企业同构理论分析框架的运用

基于对现有文献的系统回顾和提炼整合，本文从企业同构动机出发构建了制度和竞争同构的前因后果模型。由于提供了企业同构动机、前因及后果三条分析逻辑，该模型可作为一种理论分析工具用于识别有价值的研究领域，甚至对所识别的研究问题作进一步的深入分析。下文首先利用此分析框架识别了三项值得探讨的研究问题，随后借助本模型所提供的理论基础和分析逻辑，对企业"求同还是存异"这一战略选择问题进行了探讨。

5.1 使用分析框架识别研究问题

5.1.1 竞争同构和制度同构的实证研究

从上述文献回顾可以看出，现有关于区分竞争同构和制度同构的研究还只停留在概念层面。一方面，理论界缺乏对不同同构的前因分析的实证研究；另一方面，学者们对不同同构行为后果的研究也相对笼统，没有区分两种同构结果的差异。尽管均是行业内企业的同质化行为，但不同动机下的同构行为导致的后果也会有不同，并不能一概而论。因此，后续学者应当使用实证的方式对此问题做进一步的研究。

5.1.2 跨行业同构行为的研究

从上述文献梳理中还可以看出，现有文献普遍聚焦于研究行业内的同构现象，而没有在跨行业的层面上对企业战略同构进行横向研究。事实上，同构的压力不仅仅源于本行业内，还有可能来源于其他行业。因此，企业的同质化行为不仅表现在行业内部，也有可能发生在不同行业之间。例如：20世纪90年代全面质量管理（TQM）在全球范围内的推广就是发生在跨行业层面上的（Kanji，1990）；在我国当前的医药行业，尽管消费者仍然习惯于在实体店购买药品，受其他行业电子商务业务的影响，国内很多医药企业仍然在亏损的情况努力发展电商渠道（中国网，2014）。那么，这些跨行业同构的前因和后果以及其中的作用机理又会有何不同呢？这也是一个值得探讨的研究问题。

5.1.3 战略选择的两难：求同还是存异

由本模型导出的另一个亟待解决的问题就是在企业的战略选择中，应追求差异化还是应实施同构战略。从上述模型中可以看到，企业同构不仅能提升企业在市场中的合理性，还能直接通过提升竞争优势来增强其经济效益。然而，相关研究亦明确指出了同质化战略可能为企业带来的弊端，如：降低企业的创新精神、存在模板不契合的风险和机会成本等。与此同时，管理学中的一些经典理论也对企业同构的有效性提出了非议。例如：资源基础理论更强调差异化战略的作用，认为差异化才是企业竞争优势的根本来源；代理学派则认为，企业在面对制度压力时，不是只能服从制度压力选择同构，还可以进行制度创业（institutional entrepreneurship），为行业产生新的制度标准（Washington & Ventresca，2004）。那么企业在战略决策时，到底是应该求同还是存异呢？现有文献对这一问题至今没有给出回答。

5.2 使用分析框架解答研究问题

从模型中可以发现众多理论基于不同立场对企业同构的影响进行了分析，但依然不能解答"企业应该求同还是存异"的问题。其中很大原因在于这些理论在分析时忽略了企业自身的权变因素。同构战略对不同的企业影响并不相同，因此对"求同存异"这一问题的解答需要从企业特征出发引入适当的边界条件。通过对当前文献的回顾，我们发现，现有研究很少站在网络理论的视角来研究企业同构问题。然而，影响企业同构的重要因素来自于外部环境（外部竞争压力和/或外部制度压力），当前企业所面对的外部环境显然是一个网络社会。因而，企业的网络嵌入特征很可能是影响企业同构或差异化战略效果的重要因素。更为重要的是，社会网络理论的核心观点是企业的经济活动是镶嵌在社会网络关系之中的，该理论发展到今天，开发出很多用于分析企业外部网络环境的工具。因而，本文认为使用这一理论来分析企业的同构问题不仅是合适的（Krenn，2016），而且对发展企业同构理论具有一定理论价值。因此，本研究将引入网络嵌入的两个维度——结构嵌入和关系嵌入（Granovetter，1992），并继续借助本文提出的分析框架中的理论基础和分析逻辑，试图解答企业在求同存异这一战略选择中的边界条件。

5.2.1 结构嵌入与战略选择

结构嵌入关注的是企业在网络结构中所处的网络位置，主要通过网络中心度和结构洞进行衡量。一般来说，企业网络中心度越高、所占据的结构洞越多，表明企业在网络中所处的地位越重要，反之，则越边缘（Zaheer & Bell，2005）。结构嵌入会影响企业同构或差异化的战略选择。

从制度同构来看，本文提出的模型清晰地指出企业同构的一个重要动机是寻求合理性。中心企业一般都处于行业的领导地位，本身就具备较高的合理性，因而无需通过刻意的同构行为来达到目的；并且由于中心企业拥有大量资源，使其挑战现有制度环境，创建新的制度逻辑成为了可能。因而，中心企业往往无需通过同构来寻求合理性，而是通过制度创新来避免合理性的丧失（Lawrence & Suddaby，2006）。从制度同构的前因来看，在面对模仿压力时，边缘企业倾向于模仿"合理"的中心企业，而中心企业本身已是被模仿的对象，因而并没有模仿压力；强制压力来源于企业对外部的资源依赖，中心企业由于资源获取渠道的多元性（Zaheer & Bell，2005），相较于边缘企业对特定外部实体的依赖性更低，因而受强制同构压力的影响更小；中心企业由于更能吸引专业化的人才（Dineen & Allen，2016），一般也都是行业规范的引领者，因而相较于边缘企业，其规范同构压力更小。反之，边缘企业面临的模仿、强制和规范压力都更高，因而更可能采取同构战略。

从竞争同构来看，企业同构的另一个动机是在竞争压力下谋求竞争优势。中心企业比边缘企业拥有更多元且异质的信息渠道和合作机会，信息源的多样化、对不同信息的组合及同多方企业的合作有利于企业的创新差异化（Zaheer & Bell，2005；刘雪锋等，2015）。因此，面对竞争压力时，中心企业完全可以通过差异化战略谋求竞争优势，竞争同构动机相对较低；反之，边缘企业由于缺乏差异化能力，其竞争同构动机则会更高。从竞争同构的前因来看，由于中心企业和边缘企业存在创新能力的差异，中心企业的策略行为会给边缘企业带来模仿压力，但边缘企业的行为给中心企业带来的模仿压力则小得多，因为模仿并不是中心企业竞争的唯一途径；学习压力来源于同行业内优秀标杆企业的差距，中心企业在一般属于行业标杆，是边缘企业进行标杆学习的对象，因此学习压力相较边缘企业更低；标准构建是一项极其复杂的工程，它需要企业拥有广泛的关系网络，建立战略联盟，并同政府密切沟通（Marc，2004），因此对企业所处网络位置要求极高。中心企业相较于边缘企业占据了更好的网络位置，因而更易于构建标准。

从同构后果来看，中心企业已经在资源获取、合作联盟、人才吸引、缔约等方面占据优势，通过同构带来的积极效应并不明显，且刻意寻求同构还可能降低中心企业的差异化能力，带来机会成本；相反，边缘企业可以通过同构获得合理性并维持相对竞争地位。基于以上分析，本文提出：

命题1：中心企业更倾向于采取差异化战略，而边缘企业更倾向于采取同构战略。

5.2.2 关系嵌入与战略选择

关系嵌入侧重于网络中企业间直接联系的二元关系，通常以关系强度来衡量，通过关系时间、情感强度、亲密程度、互惠程度四个维度将关系嵌入分为强关系和弱关系（Granovetter，1992）。关系嵌入同样对企业差异化或同构战略产生影响。

强关系通常包含关系双方较高的情感契约及交互投入，这必然会提高双方企业之间的相互依赖（Zaheer et al.，2000）。从制度同构的前因可以看出，这种依赖性会提高企业的强制同构压力，使其趋于和所依赖的企业同构；同时，强关系网络通常在团体内部存在企业共同遵守的制度规范及规则安排（Lavie，2007），给企业造成规范压力；此外，处于强关系网络中的企业间交流更为密切频繁，会增强行业规范在企业间的流动，从而进一步促进企业的制度同构。相反，处于弱关系网络中的企业对彼此依赖程度较低，需共同遵守的制度规范更少，专业化的行业交流也没有强关系下的企业密切，因而其强制压力和规范压力更小，从而制度同构倾向相对较低。

从竞争同构的前因来看，导致竞争同构的学习压力会影响不同网络中企业的战略选择。强关系由于信任及稳定程度更高，因而能传递更多复杂的隐性知识，这种隐性知识相较于一般性知识在企业学习中更为重要（刘雪锋等，2015），学习效果的提升会显著地增强竞争性同构对企业业绩的积极作用从而增强同构战略对企业的吸引力。相反，在弱关系的网络中，由于隐性知识的传递存在障碍，通过学习来实现竞争性同构并不是一种非常有效的战略，因而会削弱企业实施同构战略的意愿。

从同构后果来看，强关系网络中的企业通过同构能有效地维持同其他企业的紧密联系，促进企业间的长期稳定合作，提高企业效率，并帮助企业维持自身的竞争地位；而差异化战略则可能导致企业间关系的破裂，招致报复，使企业绩效受损。而弱关系网络中的企业能通过差异化战略应对市场竞争，同构策略反而可能增加企业的机会成本，降低企业差异化能力。基于以上分析，本文提出：

命题2：处于强关系网络中的企业更倾向于选择同构战略，而弱关系网络中的企业更倾向于选择差异化战略。

166

6. 结论与展望

本文通过对企业同构文献的系统性梳理，构建了制度与竞争同构的因果分析框架。随后运用该分析框架识别了三项有价值的研究问题，并借助框架提供的分析逻辑探讨了企业在"求同存异"上的战略选择问题。本文的理论贡献表现为以下几个方面。首先，文章不仅阐释了制度同构和竞争同构的异同，总结了制度同构的模仿、强制和规范压力，还开创性地在众多散乱的文献中归纳出了影响竞争同构的模仿、学习和标准压力，从而深刻解释了二者形成机制的差异；其次，本文基于不同理论视角在产业及企业层面归纳了同构的积极和消极影响，从而解释了不同研究看似冲突的观点背后的逻辑，给后续研究提供了更为明晰的理论基础；再次，本文构建的分析框架不仅是对同构理论体系的构建，更能作为一种分析工具用于识别和解答企业同构领域的研究问题，推动企业同构的理论发展；最后，为了展示该分析框架的工具性价值，本文借助该分析框架的逻辑引入网络视角并进行分析，为企业解答"求同存异"方面的战略选择问题打开了一扇窗户。不仅如此，本文也有助于管理者在选择同构或差异化战略时理性思考，趋利避害，提高企业绩效。

通过综述，本文发现企业同构领域还有不少值得学者关注的研究方向：首先，现有文献缺乏对制度同构和竞争同构前因后果差异的实证研究，后续学者可以在这方面做更多的努力。其次，跨行业企业同构在管理实践中亦普遍存在，却少有学者对该问题进行探索，因此在跨行业层面上对企业同构展开研究可能给同构理论带来新的突破。最后，本文仅从网络视角分析了企业战略"求同存异"问题，后续学者可以探索更多的边界条件，对这一极其重要的问题做更深入的探讨。

◎ 参考文献

［1］陈建军. 长江三角洲地区的产业同构及产业定位［J］. 中国工业经济，2004（2）.

［2］刘雪锋，徐芳宁，揭上锋. 网络嵌入性与知识获取及企业创新能力关系研究［J］. 经济管理，2015（3）.

［3］夏兴园，李洪斌. 对转轨时期我国产业结构趋同的理论思考［J］. 经济评论，1998（6）.

［4］医药电商井喷发展，药企自建平台多出现亏损［EB/OL］. 中国网，2014. http：// finance. china. com. cn/industry/medicine/yyyw/20140915/2674946. shtml

［5］Abrahamson，E.，Rosenkopf，L. Institutional and competitive bandwagons：Using mathematical modeling as a tool to explore innovation diffusion［J］. *Academy of Management Review*，1993（3）.

［6］Barney，J. Firm resources and sustained competitive advantage［J］. *Journal of Management*，1991（1）.

[7] Barreto, I., Baden-Fuller C. To conform or to perform? Mimetic behaviour, Legitimacy-based groups and performance consequences [J]. *Journal of Management Studies*, 2006 (7).

[8] Basu, O. N., Dirsmith, M. W., Gupta, P. P. The coupling of the symbolic and the technical in an institutionalized context: The negotiated order of the GAO's audit reporting process [J]. *American Sociological Review*, 1999 (4).

[9] Baum, J. A. C., Oliver, C. Institutional linkages and organizational mortality [J]. *Administrative Science Quarterly*, 1991 (2).

[10] Besen, S. M., Farrell, J. Choosing how to compete: Strategies and tactics in standardization [J]. *The Journal of Economic Perspectives*, 1994 (2).

[11] Boglind, A., HällstÉN, F., Thilander, P. HR transformation and shared services: Adoption and adaptation in swedish organisations [J]. *Personnel Review*, 2011 (5).

[12] Brookes, M., Altinay, L. Knowledge transfer and isomorphism in franchise networks [J]. *International Journal of Hospitality Management*, 2017 (4).

[13] Cahaya, F. R., Porter, S., Tower, G., et al. The Indonesian government's coercive pressure on labour disclosures: Conflicting interests or government ambivalence? [J]. *Sustainability Accounting, Management and Policy Journal*, 2015 (4).

[14] Chen, M. J., Macmillan, I. C. Nonresponse and delayed response to competitive moves: The roles of competitor dependence and action irreversibility [J]. *Academy of Management Journal*, 1992 (3).

[15] Chowdhury, S. M., Crede, C. Post-cartel tacit collusion: Determinants, Consequences, and prevention [D]. University of East Anglia Centre for Competition Policy Working Paper, 2015.

[16] Ciliberto, F., Williams, J. W. Does multimarket contact facilitate tacit collusion? Inference on conduct parameters in the airline industry [J]. *The RAND Journal of Economics*, 2014 (4).

[17] Cohen-Meidan, M. The effects of standardization process on competition: An event study of the standardization process in the US cable modem market [J]. *Telecommunications Policy*, 2007 (10).

[18] Cohen, W. M., Levinthal, D. A. Absorptive capacity: A new perspective on learning and innovation [J]. *Administrative Science Quarterly*, 1990 (1).

[19] Deephouse, D. L. To be different, or to be the same? It's a question (and theory) of strategic balance [J]. *Strategic Management Journal*, 1999 (2).

[20] Deltuvaitė, V., Vaškelaitis, V., Pranckevičiūtė, A. The impact of concentration on competition and efficiency in the lithuanian banking sector [J]. *Engineering Economics*, 2015 (4).

[21] Dimaggio, P., Powell, W. W. The iron cage revisited: Collective rationality and

institutional isomorphism in organizational fields [J]. *American Sociological Review*, 1983 (2).

[22] Dineen, B. R. , Allen, D. G. Third party employment branding: Human capital in flows and outflows following "best places to work" certifications [J]. *Academy of Management Journal*, 2016 (1).

[23] Fisher, G. , Kotha, S. , Lahiri, A. Changing with the times: An integrated view of identity, Legitimacy, and new venture life cycles [J]. *Academy of Management Review*, 2016 (3).

[24] Form, W. Comparative industrial sociology and the convergence hypothesis [J]. *Annual Review of Sociology*, 1979 (5).

[25] Garciapont, C. , Nohria, N. Local versus global mimetism: The dynamics of alliance formation in the automobile industry [J]. *Strategic Management Journal*, 2002 (4).

[26] Giachetti, C. , Lampel, J. , Pira, S. L. Red queen competitive imitation in the UK mobile phone industry [J]. *Academy of Management Journal*, 2015 (1).

[27] Granovetter, M. S. , Swedberg, R. (Eds.) . *The sociology of economic life* [M]. Boulder, CO: Westview Press, 1992.

[28] Hannan, M. T. , Freeman, J. The population ecology of organizations [J]. *American Journal of Sociology*, 1977 (5).

[29] Hawley, A. Human Ecology . In: Sills, D. L. *International encyclopedia of the social sciences* [M]. New York: Macmillan, 1968.

[30] He, D. *"Herd behavior" in the commercial bank credit market* [M]. Financial Security in China. Springer Singapore, 2016 (7).

[31] Heugens, P. PMAR, Michel W. Lander. Structure! agency! (and other quarrels): A meta-analysis of institutional theories of organization [J]. *Academy of Management Journal*, 2009, 52 (1).

[32] Kahneman, D. , Tversky, A. Prospect theory: An analysis of decision under risk [J]. *Econometrica: Journal of The Econometric Society*, 1979 (2).

[33] Kanji, G. K. Total quality management: The second industrial revolution [J]. *Total Quality Management*, 1990 (1).

[34] Katz, M. L. , Shapiro, C. Network externalities, Competition, and compatibility [J]. *The American Economic Review*, 1985 (3).

[35] Kennedy, M. T. , Fiss, P. C. Institutionalization, Framing, and diffusion: The logic of TQM adoption and implementation decisions among US hospitals [J]. *Academy of Management Journal*, 2009 (5).

[36] Klemperer, P. Equilibrium product lines: Competing head-to-head may be less competitive [J]. *The American Economic Review*, 1992 (4).

[37] Kosuge, R. , Takahashi, N. The survival of market orientation through artificial selection

[J]. *Annals of Business Administrative Science*, 2016 (6).

[38] Krenn, M. Convergence and divergence in corporate governance: An integrative institutional theory perspective [J]. *Management Research Review*, 2016 (11).

[39] Lavie, D. Alliance portfolios and firm performance: A study of value creation and appropriation in the US software industry [J]. *Strategic Management Journal*, 2007 (12).

[40] Lawrence, T. B., Suddaby, R. *Institutions and institutional work* [M]. The SAGE Handbook of Organization Studies, 2006.

[41] Lieberman, M. B., Asaba, S. Why do firms imitate each other? [J]. *Academy of Management Review*, 2006 (2).

[42] Lieberman, M. B., Montgomery, D. B. First-mover advantages [J]. *Strategic Management Journal*, 1988 (1).

[43] Lin, H., Darnall, N. Strategic alliance formation and structural configuration [J]. *Journal of Business Ethics*, 2015 (3).

[44] Liu, Q., Ma, H. Trade policy uncertainty and innovation: Firm level evidence from China's WTO accession. Working paper, 2016.

[45] Luo, J. L., Hu, Z. H. Risk paradigm and risk evaluation of farmers cooperatives' technology innovation [J]. *Economic Modelling*, 2015 (44).

[46] Martínez-Ferrero,J., García-Sánchez, I. M. Coercive, Normative and mimetic isomorphism as determinants of the voluntary assurance of sustainability reports [J]. *International Business Review*, 2017 (1).

[47] Mezias, S. J., Schloderer, F. *Achieving minimal consensus for new industries: Bringing isomorphism back in* [M]. London : Emerald Group Publishing Limited, 2016.

[48] Mizruchi, M. S., Fein, L. C. The social construction of organizational knowledge: A study of the uses of coercive, Mimetic, and normative isomorphism [J]. *Administrative Science Quarterly*, 1999 (4).

[49] Palley, T. I. Safety in numbers: A model of managerial herd behavior [J]. *Journal of Economic Behavior & Organization*, 1995 (3).

[50] Preffer, J., Salancik, G. *The external control of organizations: A resource dependence perspective* [M]. New York: Harper & Row, 1978.

[51] Pritchett, L., Woolcock, M., Andrews, M. Looking like a state: Techniques of persistent failure in state capability for implementation [J]. *The Journal of Development Studies*, 2013 (1).

[52] Rao, R. S., Chandy, R. K, Prabhu, J. C. The fruits of legitimacy: Why some new ventures gain more from innovation than others [J]. *Journal of Marketing*, 2008 (4).

[53] Ruef, M., Scott, W. R. A multidimensional model of organizational legitimacy: Hospital survival in changing institutional environments [J]. *Administrative Science*

Quarterly, 1998 (4).

[54] Schneiberg, M. , Soule, S. A. Institutionalization as a contested, Multilevel process [J]. *Social Movements and Organization Theory*, 2005 (4).

[55] Shin, D. H. , Kim, H. , Hwang, J. Standardization revisited: A critical literature review on standards and innovation [J]. *Computer Standards & Interfaces*, 2015 (38).

[56] Spreen, T. L. Does benchmarking encourage improvement or convergence? Evaluating north Carolina's fiscal analysis tool [C] //2016 Fall Conference: The Role of Research in Making Government More Effective. Appam, 2016.

[57] Stam, W. , Arzlanian, S. , Elfring, T. Social capital of entrepreneurs and small firm performance: A meta-analysis of contextual and methodological moderators [J]. *Journal of Business Venturing*, 2014 (1).

[58] Suchman, M. C. Managing legitimacy: Strategic and institutional approaches [J]. *Academy of Management Review*, 1995 (3).

[59] Tan, J. , Shao, Y. , Li, W. To be different, or to be the same? An exploratory study of isomorphism in the cluster [J]. *Journal of Business Venturing*, 2013 (1).

[60] Teo,H. H. , Wei, K. K. , Benbasat, I. Predicting intention to adopt interorganizational linkages: An institutional perspective [J]. *MIS Quarterly*, 2003 (1).

[61] Washington, M. , Ventresca, M. J. How organizations change: The role of institutional support mechanisms in the incorporation of higher education visibility strategies, 1874 – 1995 [J]. *Organization Science*, 2004 (1).

[62] Washington, M. , Zajac, E. J. Status evolution and competition: Theory and evidence [J]. *Academy of Management Journal*, 2005 (2).

[63] Westphal,J. D. , Gulati, R. , Shortell, S. M. Customization or conformity? An institutional and network perspective on the content and consequences of TQM adoption [J]. *Administrative Science Quarterly*, 1997 (2).

[64] Wu, J. , Li, H. , Lin, Z. , et al. Competition in wearable device market: The effect of network externality and product compatibility [J]. *Electronic Commerce Research*, 2017 (3).

[65] Yang, H. , Zheng, Y. , Zhao, X. Exploration or exploitation? Small firms' alliance strategies with large firms [J]. *Strategic Management Journal*, 2014 (1).

[66] Zaheer, A. , Bell, G. G. Benefiting from network position: Firm capabilities, Structural holes, and performance [J]. *Strategic Management Journal*, 2005 (9).

[67] Zaheer, A. , Gulati, R. , Nohria, N. Strategic networks [J]. *Strategic Management Journal*, 2000 (3).

[68] Zhang, J. , Jiang, Y. , Shabbir, R. , et al. How perceived institutional pressures impact market orientation: An empirical study of chinese manufacturing firms [J]. *Asia Pacific Journal of Marketing and Logistics*, 2015 (2).

[69] Zhao, E. Y. , Fisher, G. , Lounsbury, M. , et al. Optimal distinctiveness: Broadening the interface between institutional theory and strategic management [J]. *Strategic Management Journal*, 2017 (1).

Framework of Firm Isomorphism: A Literature Review

Shou Zhigang[1]   Li Huizhen [2]   Qiu Bo[3]

(1, 2. Economics and Management School of Wuhan University & Research Center for Organizational Marketing of Wuhan University, Wuhan, 430072;

3. China Development Bank Hubei Branch, Wuhan, 430072)

Abstract: As a common phenomenon in management practice, firm isomorphism has been studied a lot. However, relevant studies are very scattered and have conflicting views, which not only hinders the future research but also confuses enterprise managers. So it is important to have a systematic literature review in this field. In this article, we provide an analytical framework of firm isomorphism by reviewing existing research literatures pertaining to antecedents and outcomes of institutional and competitive isomorphism. In addition, we demonstrate the application of our framework by using it to identify future research direction and analyze firm isomorphism and differentiation strategy. As the first integrative model of firm isomorphism, it contributes to isomorphism theory by providing a tool for identifying and analyzing valuable research questions.

Key words: Institutional isomorphism; Competitive isomorphism; Legitimacy; Competitive advantage; Analytical framework

专业主编：曾伏娥

考虑供应断裂风险和竞争的
供应商共享决策研究[*]

● 冯　华[1]　包文辉[2]　戴　宾[3]

（1，2，3　武汉大学经济与管理学院　武汉　430072）

【摘　要】针对一个可靠供应商和一个不可靠供应商、两个竞争性的制造商以及终端顾客市场组成的三级供应链，在考虑供应商的供应断裂风险和制造商之间存在数量竞争的情形下，本文研究了供应商共享决策以及断裂风险对共享决策的影响。研究结果表明，在三种供应商共享的供应链网络中，制造商选择只共享一个供应商比同时共享两个供应商更优。同时，当两个供应商的可靠性优势小于成本优势时，只共享可靠供应商是制造商的优势策略。进一步研究发现，供应商的成本差距和可靠性差距都存在一个临界值，当成本差距小于临界值或可靠性差距大于临界值时，只共享不可靠供应商为制造商的优势策略；反之，只共享可靠供应商的策略更优。并且，当可靠供应商完全可靠时，只共享可靠供应商为制造商的优势策略。

【关键词】供应断裂　竞争　供应商共享　概率　成本

中图分类号：F274　　　文献标识码：A

1. 引言

近年来，精益生产和外包业务发展、产品生命周期的缩短以及企业之间竞争的加剧使得供应链从单一的结构扩展到了与上下游企业及顾客进行协同合作的多元复杂结构，甚至扩展到了全球范围内（Trkman & Mccormack，2009）。除了地震、洪涝、火灾、工人抗议、金融危机等自然和人为等原因引发的灾难以外，企业之间的物料、资金和信息相互流动的高度复杂性在降低供应链效率的同时也会导致了供应链断裂（Narasimhan & Talluri，

　　* 基金项目：本文系国家自然科学基金面上项目（71202119、71671133）；国家自然科学基金青年项目（71301122）；教育部人文社科基金项目（16YJA630010）；中央高校基本科研业务费专项资助项目（20160408）阶段性成果。

　　通讯作者：包文辉，E-mail：whutbaowenhui@ 163. com。

173

2009；Chopra & Sodhi，2004）。在日趋复杂的供应链结构中处理这种风险，确保采购渠道的弹性已成为企业经营的主要目标之一。美国生产和库存控制协会认为供应断裂是最重要的供应链风险之一（Li，Zhang & Guan et al.，2016）。随着外包和全球化采购的盛行，以及精益生产和大规模定制的推广，企业的供应链在面对突发事件时变得越来越脆弱，供应商不能及时供货或者供应断裂时有发生，给企业带来巨大的经济损失（李新军，季建华，王淑云，2014；李新军，王建军，达庆利，2016）。2014 年供应链弹性调查根据来自涵盖71 个国家、14 个行业的 525 家公司的反馈显示，51%的供应链断裂源于供应链的二级或更高级供应商，13%的企业不知道供应链断裂源于哪里（Wang，Li & Anupindi，2015）。因此，对源于上游供应商的供应断裂风险的研究已经成为企业和管理者的一个不可忽视的问题。

对于供应链断裂问题的研究，学者们主要从供应链断裂风险的来源、管理、影响以及供应链结构设计几个方面展开。Kleindorfer 和 Saad（2005）认为，供应链断裂是供应商因为意外未能交付货物或服务的事件，是正常活动的意外中断，而不是供应和需求的持续中断问题，并指出，供应链中断主要有两种来源：由于协调供需问题而产生的风险，以及由于正常活动中断而产生的风险。Bode 和 Wagner（2015）认为，供应链断裂可能导致股东价值、销售利润和声誉方面在短期和长期内的重大损失，还可能损害客户和供应商之间的关系。为了管理供应链断裂风险，也有学者们做了不同的研究。Sharma 等（2014）提出应对供应链断裂风险的五个方法：主动识别、应对、调整、预防和恢复策略。Tang 等（2014）发现，企业要想控制供应链断裂风险，最好的办法就是实施多源采购策略，以实现风险分散。Snyder 和 Shen（2007）也发现冗余的供应商对于预防供应链断裂起着至关重要的作用。还有一部分学者运用基于模拟的方法来研究复杂供应链断裂的影响。Klibi 和 Martel（2012）通过分析供应链设计，提供了一种模拟中断场景的方法，发现中断的频率、位置、持续时间、强度以及可预测性可能不同，可能会影响供应链中的需求和容量，并且发现了一些活动可以在供应链断裂发生之前、发生期间和发生之后缓解中断的影响。Schmitt 和 Singh（2011）基于一家大型消费品包装制造商的库存管理，调查了三级供应链中的供应和需求断裂。他们的方针结果表明，上游和下游的中断具有不同的影响，并且断裂之后的恢复随着全球库存决策而不是本地的库存决策而改善。

近来一些学者开始研究共享供应商的供应网络结构对企业风险管理策略的作用，对共享供应商供应链网络的研究受到了越来越多世界大型制造企业和国内外学者的重视（Ang，Dan & Swinney，2014；Bakshi & Mohan，2015）。汪传旭和许长延（2015）通过两个供应商的共享供应商的供应链模型，比较了相互转运策略、单向转运策略和不转运策略下的零售商期望利润和最优订货量。Ang 等（2014）在研究多级供应链的断裂风险和最优采购决策时，讨论了二级供应商的共享程度对制造商最优风险缓解策略的影响，发现二级供应商的共享程度越高，制造商越应该通过采购合同使以及供应商降低采购风险，实现最优采购。Wang 等（2015）研究了共享二级供应商的供应链网络结构及其对高科技企业的财务绩效的影响，发现平均 20%的二级供应商由至少两个一级供应商共享，共享二级供应商导致一级供应商相互依存的风险模式，这对传统的处理分离的供应商的风险缓解措施提出了新的挑战。因此，共享供应商的供应链网络会导致供应商断裂风险之间的相互影响和依赖。Munson（2010）发现，丰田、思科、宝洁等大型企业已经开始了大量的努力来确定他们的二级供应商，以进一步了解和控制供应链的断裂风险，减少断裂带来的损失。这些研究主要分析了共享供应商时发生供应链断裂的重大危害以及共享供应商的最优采购采购策略，却没有考虑在供应链断裂的情况下，竞争性制造商共享供应商这一问题。当竞争性制造商共享共同的二级供应商时，供应基础就有一个单点故障。在预期到断裂可能会发生在他们的上游供应商时，制造商就应该选择最优的供应商共享策略，获取比竞争者更大的优势，以获取更大的市场份额。

与本文最相近的是 Ang 等（2014）的研究，他们研究了在共享可靠和不可靠两个供应商的四种供应链网络结构下，制造商通过合同的方式来控制二级供应商的供应断裂风险，实现最优采购。本文以存在竞争关系的一个可靠供应商和一个不可靠供应商、两个竞争的制造商和终端顾客市场组成的三级供应链为研究对象，分析了考虑供应中断的供应商共享决策。本文的贡献在于：首先，将竞争引入模型中，通过两个竞争性供应商和两个竞争性制造商，分析了两条竞争性供应链之间的供应商共享决策；其次，本文充分考虑了两个竞争性供应商的可靠性优势和成本优势，研究了在两种具体优势条件下，制造商的供应商共享决策；此外，由于制造商之间存在数量竞争，本文从制造商的视角，分析了在三种供应商共享的网络结构下，制造商应该如何选择供应商共享决策，以实现利润最大化。

2. 模型描述与研究假设

本文的假设参照了 Ang 等（2014）的研究，只不过 Ang 等（2014）研究的是基于合同的四级供应链中的最优采购决策，制造商的市场价格和需求量都是外生的。而本文研究的是由一个可靠供应商和一个不可靠供应商、两个制造商以及终端顾客市场组成的三级供应链，两个制造商根据利润最大化原则选择供应商共享策略从而获取更大的竞争优势。本文的基本假设包括：

（1）假设供应断裂只可能出现在两个竞争性供应商处，且两个相互竞争的供应商都可能发生断裂（Snyder & Shen，2007）。根据供应商供应发生断裂的概率，模型把供应商分为两类：可靠的供应商（r）和不可靠的供应商（u）。假设可靠的供应商不一定是绝对可靠的，也可能有一定的断裂风险，其断裂概率比不可靠的供应商要小，但是价格却更高。可靠的供应商的价格用 c_r 表示，断裂概率用 λ_r 表示，不可靠的供应商的价格用 c_u 表示，断裂概率用 λ_u 表示。因此，$c_r > c_u$，$\lambda_r < \lambda_u$。

（2）与传统的供应断裂分析一样（Tomlin，2006；Aydin 等，2006），本文假设供应商的供应断裂概率和供应价格是外生的。除了价格和断裂概率之外，两个供应商没有任何区别，都有足够的供应能力来满足制造商的采购需求。并且两种供应商完全独立，发生断裂的可能性不会互相干扰。

（3）模型考虑了存在竞争性关系的 A、B 两个制造商，他们同时为市场生产并供应同种无差异产品。根据 Ang 等（2014）和一些其他学者的研究，文章假设制造商将所采购的原材料生产出来的所有产品都能够在顾客市场卖出，并且除了原材料采购成本之外，制造商的其他成本都为 0。

（4）假设制造商与供应商之间的信息是完全对称的，制造商知道两个供应商的供应断裂概率和供应价格。

（5）假设供应商、制造商和顾客是风险中性和完全理性的，即双方根据自身利益最大化原则进行决策。

模型中的 A、B 两个制造商根据自身的需求从可靠和不可靠两个供应商处采购原材料的数量分别为 q_r^A、q_u^A 和 q_r^B、q_u^B，根据 Federgruen 和 Hu（2016）的研究，制造商生产产品的市场价格受两个供应商市场份额竞争程度的影响，其市场价格为 $p = a - q^A - q^B$，其中 a 为顾客市场决定的外生参数。假设 $p > c_r$，因此制造商可以通过向顾客市场销售产品来获取利润。考虑到现实生活中，很多企业会选择与其竞争对手共享相同的供应商或者分销商，其供应链存在着交叉重叠。特别是当供应商产品的专业化程度较高或所供应原材料比较稀有时，市场上供应商相对而言较少，在这种情况下，竞争性企业间共享一些供应商的供应链网络就更为常见。基于此，模型考虑了三种不同的上游供应商共享的供应链网络，即两个制造商可以选择只共享一个供应商或同时共享两个供应商，如图 1 至图 3 所示。

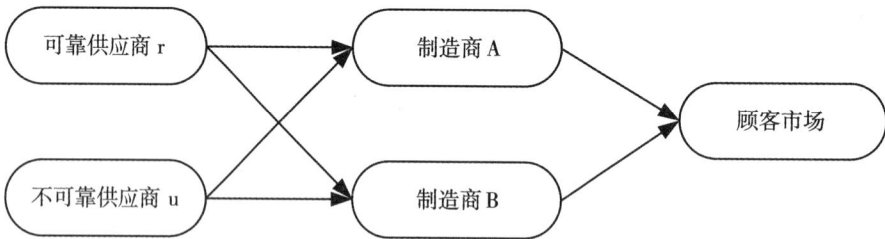

图 1　同时共享两个供应商

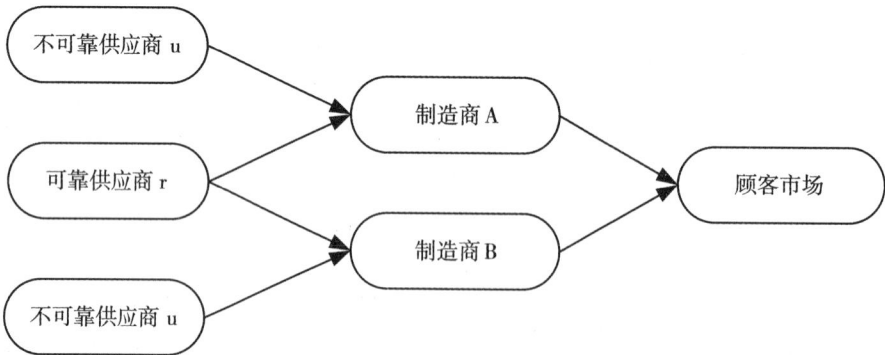

图 2　只共享可靠供应商

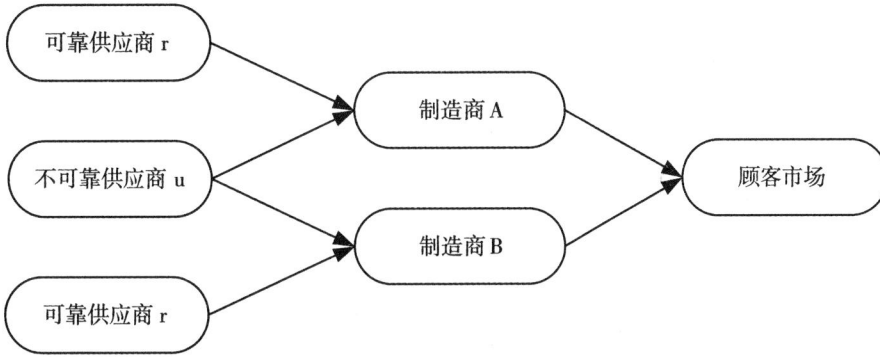

图 3 只共享不可靠供应商

3. 三种供应商共享的采购决策

3.1 同时共享两个供应商时的采购决策

在两个制造商完全共享两个供应商的情况下，两个供应商中的一个或者两个给供应都断裂都会对整个供应链的正常运作产生极大的影响，甚至影响整个市场供应环境。当可靠供应商的供应没有断裂，而不可靠供应商的供应断裂时，两个制造商都只能从可靠供应商处进行单源采购，从而生产产品来满足终端顾客市场的需求。此时两种制造商的利润分别为：

$$\Pi_1^A(q_u^A,\ q_r^A)=(a-q_r^A-q_r^A)\,q_r^A-c_r q_r^A$$
$$\Pi_1^B(q_u^B,\ q_r^B)=(a-q_r^A-q_r^A)\,q_r^B-c_r q_r^B \tag{1}$$

这种情况出现的概率为 $p_1=(1-\lambda_r)\,\lambda_u$。两个制造商从可靠供应商的最优采购量和最大的利润分别为：

$$q_{r1}^{A*}=q_{r1}^{B*}=\frac{a-c_r}{3}$$
$$\Pi_1^{A*}=\Pi_1^{B*}=\frac{(a-c_r)^2}{9} \tag{2}$$

同理可得，当不可靠供应商的供应没有断裂，而可靠供应商的供应断裂时，A、B 两种制造商都只能从不可靠供应商处采购，这种情况出现的概率为 $p_2=\lambda_r(1-\lambda_u)$。此时，从可靠供应商 u 的最优采购量和最大的利润分别为：

$$q_{u2}^{A*}=q_{u2}^{B*}=\frac{a-c_u}{3}$$
$$\Pi_2^{A*}=\Pi_2^{B*}=\frac{(a-c_u)^2}{9} \tag{3}$$

当两个供应商的供应都没有断裂时，制造商可选择同时从两个供应商处采购，但是由于 $c_r > c_u$，从成本的角度来看，制造商会选择只从不可靠供应商处采购。这种情况出现的概率为 $p_3 = (1 - \lambda_r)(1 - \lambda_u)$，此时，两个制造商从不可靠供应商的最优采购量和最大的利润分别为：

$$q_{u3}^{A*} = q_{u3}^{B*} = \frac{a - c_u}{3}$$

$$\Pi_3^{A*} = \Pi_3^{B*} = \frac{(a - c_u)^2}{9} \tag{4}$$

当两个供应商的供应同时出现断裂时，就无法向制造商及时供应生产所需的原材料，因而导致整个供应链的断裂。此时，由于制造商无法及时采购生产所需的原材料，不能向终端顾客市场出售产品，其利润为0。

综上所述，在同时共享两个供应商的供应链网络中，两个制造商期望的最大总利润为：

$$\Pi_1 = \Pi_1^A = \Pi_1^B = \sum_{i=1}^{3} p_i \Pi_i^{A(B)} = \lambda_u(1 - \lambda_r)\frac{(a - c_r)^2}{9} + (1 - \lambda_u)\frac{(a - c_u)^2}{9} \tag{5}$$

3.2 只共享可靠供应商时的采购决策

在两个制造商只共享可靠的供应商的情况下，两个制造商根据供应商供应断裂的可能性独立选择自己的采购策略。两个制造商各自的不可靠供应商供应断裂的概率相互独立、互不干扰，但是可靠供应商的供应断裂会同时影响两个制造商的采购决策以及整个供应链的正常运作。当两个供应商的供应都没有断裂时，从成本最低的角度考虑，无论是哪一个制造商都会选择只从不可靠供应商那里采购原材料，而不会选择可靠的供应商。

（1）当可靠供应商的供应没有发生断裂时，两个制造商根据各自不可靠供应商的供应是否断裂会有不同的采购决策。

当制造商 A 的不可靠供应商的供应没有断裂，制造商 B 的不可靠供应商供应断裂的时候，制造商 A 会选择只从不可靠供应商处采购，而制造商 B 只能从可靠供应商处采购，这种情况发生的概率为 $p_1 = (1 - \lambda_r)(1 - \lambda_u)\lambda_u$。两个制造商的利润分别为：

$$\Pi_1^A(q_r^A, q_u^A) = (a - q_u^A - q_r^B)q_u^A - c_u q_u^A$$
$$\Pi_1^B(q_r^B, q_u^B) = (a - q_u^A - q_r^B)q_r^B - c_r q_r^B \tag{6}$$

此时，两个制造商的最优采购量和最大的利润分别为：

$$q_{u1}^{A*} = \frac{a - 2c_u + c_r}{3}, \quad q_{r1}^{B*} = \frac{a - 2c_r + c_u}{3}$$

$$\Pi_1^{A*} = \frac{(a - 2c_u + c_r)^2}{9}, \quad \Pi_1^{B*} = \frac{(a - 2c_r + c_u)^2}{9} \tag{7}$$

同理可得，当两个制造商的不可靠供应商的供应都没有断裂时，由于成本优势，他们都会选择只从不可靠供应商处采购。这种情况发生的概率为 $p_2 = (1 - \lambda_r)(1 - \lambda_u)^2$。此时，两个制造商的最优采购量和最大的利润分别为：

$$q_{u2}^{A*} = q_{u2}^{B*} = \frac{a - c_u}{3}$$

$$\Pi_2^{A*} = \Pi_2^{B*} = \frac{(a - c_u)^2}{9}$$

（8）

当两个制造商的不可靠供应商都发生供应断裂时，两个制造商都只能选择只从可靠供应商处采购，这种情况发生的概率为 $p_3 = (1 - \lambda_r)\lambda_u^2$。此时，两个制造商的最优采购量和最大的利润分别为：

$$q_{r3}^{A*} = q_{r3}^{B*} = \frac{a - c_r}{3}$$

$$\Pi_3^{A*} = \Pi_3^{B*} = \frac{(a - c_r)^2}{9}$$

（9）

当制造商 A 的不可靠供应商的供应断裂，而制造商 B 的不可靠供应商的供应没有断裂时，制造商 A 只能从可靠供应商处采购，而制造商 B 会选择只从不可靠供应商处采购，这种情况发生的概率为 $p_4 = (1 - \lambda_r)\lambda_u(1 - \lambda_u)$。此时，两个制造商的最优采购量和最大的利润分别为：

$$q_{u4}^{A*} = \frac{a - 2c_r + c_u}{3}, \quad q_{u4}^{B*} = \frac{a - 2c_u + c_r}{3}$$

$$\Pi_4^{A*} = \frac{(a - 2c_r + c_u)^2}{9}, \quad \Pi_4^{B*} = \frac{(a - 2c_u + c_r)^2}{9}$$

（10）

（2）当可靠供应商的供应发生断裂时，两个制造商都不能从可靠供应商处采购原材料，因此其采购决策只能取决于各自不可靠供应商的供应是否断裂。

当制造商 A 的不可靠供应商的供应没有断裂，制造商 B 的不可靠供应商供应断裂时，制造商 A 只能选择从不可靠供应商处采购，而制造商 B 由于两个供应商都断裂而失去原材料来源，其利润为 0。这种情况发生的概率为 $p_5 = \lambda_r(1 - \lambda_u)\lambda_u$。此时，B 制造商的采购量和利润都为 0，A 制造商的最优采购量和最大的利润分别为：

$$q_{u5}^{A*} = \frac{a - c_u}{2}, \quad \Pi_5^{A*} = \frac{(a - c_u)^2}{4}$$

（11）

当两个制造商的不可靠供应商的供应都没有断裂时，两个制造商都只能选择只从不可靠供应商处采购。这种情况发生的概率为 $p_6 = \lambda_r(1 - \lambda_u)^2$。此时，两个制造商的最优采购量和最大的利润分别为：

$$q_{u6}^{A*} = q_{u6}^{B*} = \frac{a - c_u}{3}$$

$$\Pi_6^{A*} = \Pi_6^{B*} = \frac{(a - c_u)^2}{9}$$

（12）

当制造商 A 的不可靠供应商供应断裂，而制造商 B 的不可靠供应商的供应没有断裂时，制造商 A 由于两个供应商的供应都由于而没有原材料来生产产品，其利润为 0，制造商 B 只能选择从不可靠供应商处采购，这种情况发生的概率为 $p_7 = \lambda_u\lambda_r(1 - \lambda_u)$。此时，

A 制造商的最优采购量和最大的利润都为 0，B 制造商的最优采购量和最大的利润分别为：

$$q_7^{B*} = \frac{a - c_u}{2}, \quad \Pi_7^{B*} = \frac{(a - c_u)^2}{4} \quad (13)$$

当两个制造商的不可靠供应商都发生供应断裂时，两个制造商都失去了原材料的来源，因而不能及时生产来满足顾客市场的需求。此时，两个制造商的最优采购量和最大的利润均为 0。

综上所述，在只共享可靠供应商的供应链网络中，两个制造商期望的最大总利润为：

$$\Pi_2 = \Pi_2^A = \Pi_2^B = (4 - 4\lambda_u + 5\lambda_u\lambda_r - 5\lambda_u^2\lambda_r) \frac{(a - c_u)^2}{36}$$
$$+ \lambda_u(1 - \lambda_r) \frac{(a - c_r)^2}{9} + \lambda_u(1 - \lambda_r)(1 - \lambda_u) \frac{4(c_r - c_u)^2}{9} \quad (14)$$

3.3 只共享不可靠供应商时的采购决策

两个制造商只共享不可靠供应商的情况与只共享可靠供应商的情况类似。根据供应商供应断裂的情况，同样可得到两个制造商的最大利润（如表 1 所示）。

表 1　　　　　　　　　只共享不可靠供应商时两个制造商的采购决策

类型	概率 p_i	Π_i^A	Π_i^B
u、r^A 没断裂，r^B 断裂	$p_1 = \lambda_r(1 - \lambda_u)(1 - \lambda_r)$	$\Pi_1^{A*} = \dfrac{(a - c_u)^2}{9}$	$\Pi_1^{B*} = \dfrac{(a - c_u)^2}{9}$
u、r^A、r^B 都没断裂	$p_2 = (1 - \lambda_u)(1 - \lambda_r)^2$	$\Pi_2^{A*} = \dfrac{(a - c_u)^2}{9}$	$\Pi_2^{B*} = \dfrac{(a - c_u)^2}{9}$
u 没断裂，r^A、r^B 断裂	$p_3 = (1 - \lambda_u)\lambda_r^2$	$\Pi_3^{A*} = \dfrac{(a - c_u)^2}{9}$	$\Pi_3^{B*} = \dfrac{(a - c_u)^2}{9}$
u、r^B 没断裂，r^A 断裂	$p_4 = \lambda_r(1 - \lambda_u)(1 - \lambda_r)$	$\Pi_4^{A*} = \dfrac{(a - c_u)^2}{9}$	$\Pi_4^{B*} = \dfrac{(a - c_u)^2}{9}$
u、r^B 断裂，r^A 没断裂	$p_5 = \lambda_u\lambda_r(1 - \lambda_r)$	$\Pi_5^{A*} = \dfrac{(a - c_r)^2}{4}$	0
u 断裂，r^A、r^B 没断裂	$p_6 = \lambda_u(1 - \lambda_r)^2$	$\Pi_6^{A*} = \dfrac{(a - c_r)^2}{9}$	$\Pi_6^{B*} = \dfrac{(a - c_r)^2}{9}$
u、r^A 断裂，r^B 没断裂	$p_7 = \lambda_u\lambda_r(1 - \lambda_r)$	0	$\Pi_7^{B*} = \dfrac{(a - c_r)^2}{4}$

由表 1 可得，在只共享不可靠供应商的供应链网络中，两个制造商期望的最大总利润为：

$$\Pi_3 = \Pi_3^A = \Pi_3^B = (1 - \lambda_u) \frac{(a - c_u)^2}{9} + (\lambda_u\lambda_r + 4\lambda_u - 5\lambda_u\lambda_r^2) \frac{(a - c_r)^2}{36} \quad (15)$$

4. 制造商的供应商共享决策

当制造商可以从多种供应商共享的供应链结构中进行选择时，制造商往往会选择使其利润最大化的决策，以此来满足顾客市场需求。为了使制造商实现利润最大化，需要对三种供应商共享决策进行比较分析。

4.1 共享一个供应商和共享两个供应商的决策比较

制造商在与其竞争对手竞争时，应该优先选择使其利润最大的供应商共享决策。两个制造商只共享可靠供应商和只共享不可靠供应商时的期望最大利润函数分别如式（14）和式（15）所示，同时共享两个供应商时的期望最大利润函数如式（5）所示。为了作出最优的供应商共享决策，将（14）式和（5）相减可得：

$$\Pi_2 - \Pi_1 = 5\lambda_u\lambda_r(1-\lambda_u)\frac{(a-c_u)^2}{36} + \lambda_u(1-\lambda_u)(1-\lambda_r)\frac{4(c_r-c_u)^2}{9} \qquad (16)$$

通过将两式进行比较我们可以得出以下引理：

引理 1：只共享可靠供应商比同时共享两个供应商更优。

证明：由于 $0 \leq \lambda_r$，$\lambda_u \leq 1$，$a - c_u > 0$，所以，$5\lambda_u\lambda_r(1-\lambda_u)\frac{(a-c_u)^2}{36} \geq 0$，

$\lambda_u(1-\lambda_u)(1-\lambda_r)\frac{4(c_r-c_u)^2}{9} \geq 0$，因此可得 $\Pi_2 - \Pi_1 \geq 0$ 恒成立。

引理 1 说明，在包含可靠和不可靠两个供应商的共享供应链网络中，制造商应该尽量避免与其竞争对手选择完全一样的供应商。如果其竞争对手已经选择了供应商，为了提高自身利润，制造商可以选择与竞争对手共享可靠的供应商，而保持不可靠供应商的差异性，从而获取比选择完全一样的供应商更多的利润。

同理，为了比较共享不可靠供应商和同时共享两个供应商两种供应商共享决策，将（15）式和（5）相减可得：

$$\Pi_3 - \Pi_1 = 5\lambda_u\lambda_r(1-\lambda_r)\frac{(a-c_r)^2}{36} \qquad (17)$$

引理 2：只共享不可靠供应商比同时共享两个供应商更优。

证明：由于 $0 \leq \lambda_r$，$\lambda_u \leq 1$，所以，$5\lambda_u\lambda_r(1-\lambda_r)\frac{(a-c_r)^2}{36} \geq 0$，即 $\Pi_3 - \Pi_1 \geq 0$ 恒成立。

与引理 1 类似，由引理 2 可知，只共享不可靠供应商的供应链网络中制造商期望的最大利润比同时共享两种供应商要大。因此，当制造商在这两种共享供应链网络中做选择的时候，应该尽量避免与其竞争对手选择完全一样的供应商，选择共享不可靠供应商的策略。

推论 1：只共享不可靠供应商和同时共享两个供应商这两种决策下的制造商的最大利润之差与不可靠供应商的成本 c_u 无关。

证明：式（17）的每个因子中均不包含不可靠供应商的成本 c_u 这个变量，因此两种供应商共享决策下的制造商最大利润之差与不可靠供应商的成本无关。

从推论 1 可以看出，在只共享不可靠供应商和同时共享两个供应商这两种供应商共享决策中，制造商期望的最大利润之间的差额只取决于供应商供应断裂的概率以及可靠供应商的成本，而不受不可靠供应商成本的影响。因此，当制造商在做选择决策，以获取比竞争对手更多的利润时，应该以供应商的供应断裂概率和可靠供应商的成本作为决策依据，无需过分关注不可靠供应商的成本。

引理 3： 当可靠供应商完全可靠时，只共享不可靠供应商和同时共享两个供应商的制造商期望最大利润相同。

证明：当可靠供应商完全可靠时，$\lambda_r = 0$，此时 $\Pi_3 - \Pi_1 = 0$ 一定成立。

引理 3 说明，当可靠的供应商由于处于远离自然灾害的地区或者其生产线有足够的技术和质量保证等原因完全不会发生断裂时，在与竞争对手共享全部的供应商和只共享不可靠的供应商两种供应商共享策略中任选一个，都可以实现制造商的利润最大化。

4.2 只共享一个供应商的决策比较

由前面的分析可知，供应商与其竞争对手共享一个供应商（可靠或不可靠）的供应商共享决策明显优于同时共享两个供应商的决策，为了进一步分析制造商应该只共享可靠供应商还是只共享不可靠供应商，将式（14）和式（15）相减可得：

$$
\begin{aligned}
\Pi_2 - \Pi_3 = &\frac{5\lambda_u\lambda_r}{36}\left[\sqrt{1-\lambda_u}(a-c_u) + \sqrt{1-\lambda_r}(a-c_r)\right] \cdot \\
&\left[\sqrt{1-\lambda_u}(a-c_u) - \sqrt{1-\lambda_r}(a-c_r)\right] \\
&+ \lambda_u(1-\lambda_u)(1-\lambda_r)\frac{4(c_r-c_u)^2}{9}
\end{aligned}
\tag{18}
$$

引理 4： 当两个供应商之间的可靠性优势小于成本优势时，只共享可靠供应商是制造商的优势策略；反之，当两个供应商之间的可靠性优势大于成本优势时，只共享不可靠供应商是制造商的优势策略。

证明：由于 $0 \leqslant \lambda_u$，$\lambda_r \leqslant 1$，$p = a - c_u - c_r > 0$，$c_u > 0$，$c_r > 0$，因此只共享可靠供应商和只共享不可靠供应商两种策略下的制造商最大利润之差完全取决于 $\sqrt{1-\lambda_u}(a-c_u) - \sqrt{1-\lambda_r}(a-c_r)$。当 $\sqrt{1-\lambda_u}(a-c_u) - \sqrt{1-\lambda_r}(a-c_r) > 0$，即当 $\frac{1-\lambda_r}{1-\lambda_u} < \frac{(a-c_u)^2}{(a-c_r)^2}$ 时，因此 $\Pi_2 - \Pi_3 > 0$ 一定成立；反之，当 $\sqrt{1-\lambda_u}(a-c_u) - \sqrt{1-\lambda_r}(a-c_r) < 0$，即当 $\frac{1-\lambda_r}{1-\lambda_u} > \frac{(a-c_u)^2}{(a-c_r)^2}$ 时，因此 $\Pi_2 - \Pi_3 < 0$ 一定成立。

与可靠供应商相比，不可靠供应商更具有成本优势，而可靠供应商的可靠性优势更为明显。引理 4 表明，当供应商的成本优势比可靠性优势更大时，在共享可靠供应商和共享不可靠供应商两种策略中，制造商应该选择共享可靠供应商这一策略，通过选择不同的不可靠供应商来节省更多的成本，获取更多的收益。而当供应商的可靠性优势比成本优势更大时，制造商应该选择共享不可靠供应商这一策略，通过选择不同的可靠供应商来提高供应链的稳定性，降低供应断裂风险。

引理 5：成本差距存在一个临界值，当成本差距小于该值时，只共享不可靠供应商更优；反之，只共享可靠供应商更优。

证明：

$$\Pi_2 - \Pi_3 = \frac{5\lambda_u\lambda_r}{36}\big[(1-\lambda_u)(a-c_u)^2 - (1-\lambda_r)(a-c_r)^2\big] +$$

$$\lambda_u(1-\lambda_u)(1-\lambda_r)\frac{4(c_r-c_u)^2}{9}$$

$$= \frac{5\lambda_u\lambda_r}{36}\big[(1-\lambda_u)(a-c_u)^2 - (1-\lambda_u+\lambda_u-\lambda_r)(a-c_r)^2\big] +$$

$$\lambda_u(1-\lambda_u)(1-\lambda_r)\frac{4(c_r-c_u)^2}{9}$$

$$= \frac{5\lambda_u\lambda_r}{36}(1-\lambda_u)(2a-c_u-c_r)t + \lambda_u(1-\lambda_u)(1-\lambda_r)\frac{4(c_r-c_u)^2}{9} -$$

$$\frac{5\lambda_u\lambda_r}{36}(\lambda_u-\lambda_r)(a-c_r)^2$$

令 $t = c_r - c_u$，由于 $a > c_r > c_u > 0$，因此 $t \in (0, a)$，当成本差距特别小时，令 $t = 0$，此时，$\Pi_2 - \Pi_3 < 0$，当成本差距特别大时，令 $t = a$，此时，$\Pi_2 - \Pi_3 \geqslant 0$。由于 $\frac{5\lambda_u\lambda_r}{36}(1-\lambda_u)(2a-c_u-c_r) \geqslant 0$，$\Pi_2 - \Pi_3$ 为 t 的单调增函数，因此，在 $t \in (0, a)$ 的范围内一定存在一个值使 $\Pi_2 - \Pi_3 = 0$。当 t 小于该临界值时，只共享不可靠供应商比只共享可靠供应商更优；反之，只共享可靠供应商比只共享不可靠供应商更优。

在实际的市场环境中，供应商为了获取更多的利润，会选择与其他供应商有差异的原材料供应价格。引理 5 表明，当两种供应商的价格差异非常小时，在共享可靠供应商和共享不可靠供应商两种策略之间，制造商更倾向于选择共享不可靠供应商，而当两种供应商的价格差异非常大时，制造商更倾向于选择共享可靠供应商。

引理 6：可靠性差距存在一个临界值，当可靠性差距小于该值时，只共享可靠供应商更优；反之，只共享不可靠供应商更优。

证明：

$$\Pi_2 - \Pi_3 = \frac{5\lambda_u\lambda_r}{36}\big[(1-\lambda_u)(a-c_u)^2 - (1-\lambda_r)(a-c_r)^2\big] +$$

$$\lambda_u(1-\lambda_u)(1-\lambda_r)\frac{4(c_r-c_u)^2}{9}$$

$$= \frac{5\lambda_u\lambda_r}{36}\big\{(1-\lambda_u)(a-c_u)^2 - (1-\lambda_R)\big[(a-c_u)^2 + c_r^2 - c_u^2 + 2a(c_u-c_r)\big]\big\} +$$

$$\lambda_u(1-\lambda_u)(1-\lambda_r)\frac{4(c_r-c_u)^2}{9}$$

$$= \frac{5\lambda_u \lambda_r}{36}(a - c_u)^2 \Delta - \frac{5\lambda_u \lambda_r}{36}(1 - \lambda_r)[c_r^2 - c_u^2 + 2a(c_u - c_r)] +$$

$$\lambda_u(1 - \lambda_u)(1 - \lambda_r)\frac{4(c_r - c_u)^2}{9}$$

令 $\Delta = \lambda_u - \lambda_r$，由于 $1 \geqslant \lambda_u > \lambda_r \geqslant 0$，因此 $\Delta \in [0, 1]$，当可靠性差距特别小时，令 $\Delta = 0$，此时，$\Pi_2 - \Pi_3 > 0$，当成本差距特别大时，令 $\Delta = 1$，此时，$\Pi_2 - \Pi_3 < 0$。由于 $-\frac{5\lambda_u \lambda_r}{36}(a - c_u)^2 \leqslant 0$，$\Pi_2 - \Pi_3$ 为 Δ 的单调减函数，因此，在 $\Delta \in [0, 1]$ 的范围内一定存在一个值使 $\Pi_2 - \Pi_3 = 0$。当 Δ 小于该临界值时，只共享可靠供应商比只共享不可靠供应商更优；反之，只共享不可靠供应商比只共享可靠供应商更优。

在大多数市场中，供应商的供应发生断裂的概率往往都非常小，而且不同供应商的供应断裂风险相差不大。引理 6 表明，当可靠和不可靠两个供应商的供应发生断裂的概率相差不大时，在共享可靠供应商和共享不可靠供应商两种策略之间，制造商更倾向于选择共享可靠供应商。而当不可靠供应商的断裂风险非常大时，制造商会倾向于选择共享不可靠供应商，从而获取更高的利润。

引理 7： 当可靠供应商 r 完全可靠时，只共享可靠供应商为制造商的优势策略。

证明：可靠供应商 r 完全可靠时，$\lambda_r = 0$，此时 $\sqrt{1 - \lambda_u} - \sqrt{1 - \lambda_r} > 0$，所以 $\Pi_2 - \Pi_3 > 0$ 一定成立。由引理 3 可知，当 $\lambda_r = 0$，$\Pi_1 = \Pi_3$。因此，当可靠供应商 r 完全可靠时，$\Pi_2 > \Pi_1 = \Pi_3$。

引理 7 说明，当可靠的供应商完全不会发生供应断裂时，在只共享可靠供应商、只共享不可靠供应商以及同时共享两种供应商三种决策中，制造商应该选择只共享可靠供应商。这时，可靠的供应商可以保证制造商原材料的可得性，而通过选择不同的不可靠供应商，制造商可以降低采购成本，从而可以获得更多的利润。

5. 数值实例分析

从上一节推出的引理可以看出，供应商共享决策与两个供应商的可靠性差距和成本差距有关。为了验证前面所得引理的正确性，本节对模型中的一些参数作出了相应的赋值，分析供应商的成本差距 t 和可靠性差距 Δ 对制造商的供应商共享决策的影响。

令 $a = 100$，$c_u = 20$，$\lambda_u = 0.4$，$\lambda_r = 0.1$，假设可靠供应商的成本 c_r 服从 $[20, 100]$ 的均匀分布。供应商的成本差距对制造商的供应商共享决策的影响如图 4 所示。无论成本差距如何变化，共享一个供应商始终优于共享两个供应商。同时，随着成本差距由 0 逐渐增大，会存在一个临界值，当成本差距小于这个临界值时，只共享不可靠供应商优于只共享可靠的供应商，此时，制造商的决策是只共享不可靠的供应商。反之，当成本差距大于这个临界值时，制造商的决策是只共享可靠的供应商，这与引理 5 得出的结论一致。

令 $a = 100$，$c_u = 20$，$c_r = 50$，$\lambda_r = 0.1$，假设不可靠供应商的供应断裂概率 λ_u 服从 $[0.1, 1]$ 的均匀分布。供应商的可靠性差距对制造商的供应商共享决策的影响如图 5 所示。图 5 表明，无论 Δ 如何变化，共享一个供应商始终优于共享两个供应商。同时，随

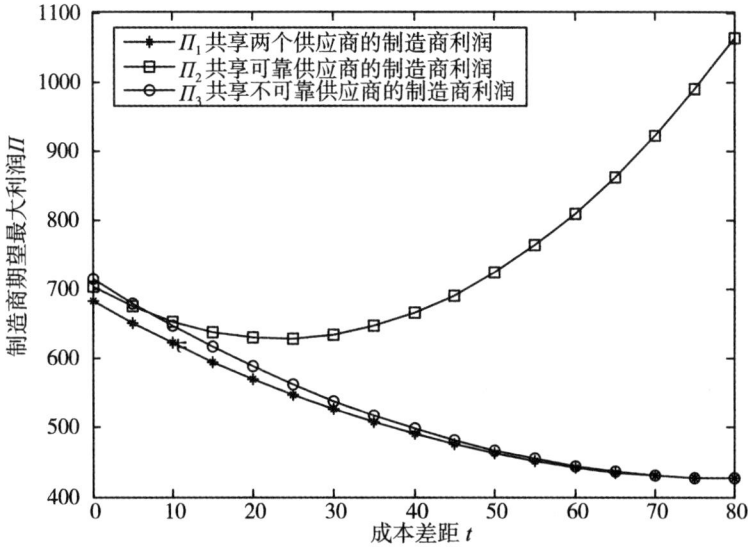

图 4　供应商的成本差距对供应商共享决策的影响

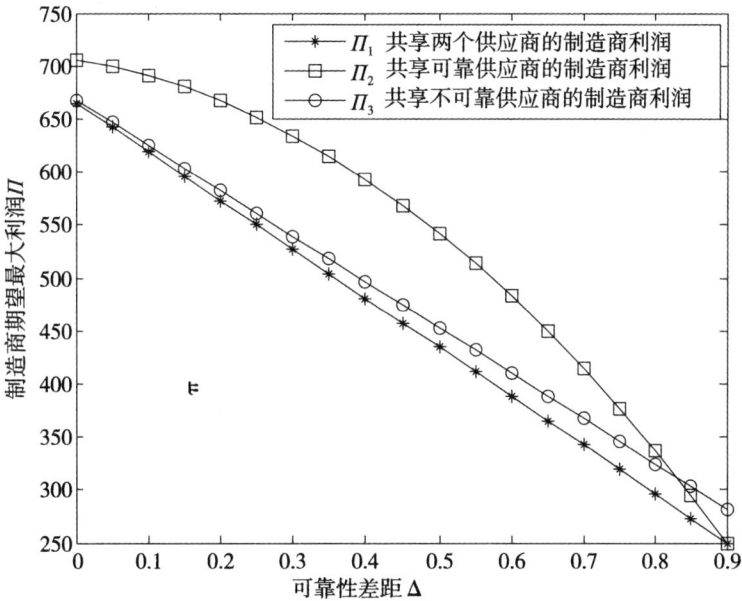

图 5　供应商的可靠性差距对供应商共享决策的影响

着可靠性差距由 0 逐渐增大，会存在一个临界值，当可靠性差距小于这个临界值时，只共享可靠供应商优于只共享不可靠的供应商，此时，制造商的决策是只共享可靠的供应商。反之，当可靠性差距大于这个临界值时，制造商的决策是只共享不可靠的供应商，这与引理 6 得出的结论一致。

185

6. 结论

本文研究了由一个可靠供应商和一个不可靠供应商、两个竞争的制造商和终端顾客市场组成的三级供应链，引入竞争的因素，在考虑供应商供应断裂和竞争的情况下，通过制造商的最大期望利润这一指标来衡量制造商的供应商共享决策。研究结果表明，在有一个可靠的供应商和一个不可靠供应商时，制造商为了获取更大的利润和更稳定的市场地位，应该选择与竞争对手只共享其中一个供应商。而具体共享哪一个供应商与两个供应商的成本和供应断裂概率有关。在两个供应商的可靠性优势小于成本优势时，制造商应该选择只共享可靠供应商的决策；反之，则应该选择只共享不可靠供应商的决策。因此，制造商在做决策时需要权衡两个供应商的成本差距和可靠性差距，最优供应商共享决策应该根据具体情况来定。同时，在可靠供应商绝对不会发生供应断裂的情况下，对于制造商而言，最佳的供应商共享决策就是与其竞争者只共享可靠的供应商。

需要指出的是，本文没有考虑两个制造商的竞争强度造成的影响。同时，本文模型考虑的是相同的制造商，没有考虑不同类型的制造商之间的抑制性，在现实中，制造商之间都存在着不同程度的差异，抑制性也会对其决策产生影响。此外，也没有考虑信息不对称的影响，模型假设制造商完全知晓供应商的成本和断裂风险等信息，实际上，无论市场有多规范，制造商和供应商之间都会存在一定的信息不对称问题。因此，后续的研究可以从以上几个方面进行拓展。

◎ 参考文献

[1] 李新军，季建华，王淑云. 供应中断情况下基于双源采购的供应链协调与优化 [J]. 管理工程学报，2014，28（3）.

[2] 李新军，王建军，达庆利. 供应中断情况下基于备份供应商的应急决策分析 [J]. 中国管理科学，2016，24（7）.

[3] 汪传旭，许长延. 两级供应链中供应中断情形下零售商转运策略 [J]. 中国管理科学，2015，23（2）.

[4] Ang, E., Dan, I., Swinney, R. Disruption risk and optimal sourcing in multi-tier supply networks [R]. *Research Papers*, 2014.

[5] Aydin, G., Babich, V., Beil, D., et al. *Decentralized Supply Risk Management* [M]. The Handbook of Integrated Risk Management in Global Supply Chains. New York：John Wiley & Sons, 2011.

[6] Bakshi, N., Mohan, S. Mitigating disruption cascades in supply networks [J]. *History*, 2015（3）.

［7］ Bode, C. , Wagner, S. M. Structural drivers of upstream supply chain complexity and the frequency of supply chain disruptions ［J］. *Journal of Operations Management*, 2015 (36).

［8］ Chopra, S. , Sodhi, M. M . S. Managing risk to avoid supply-chain breakdown ［J］. *MIT Sloan Management Review*, 2004 (1).

［9］ Federgruen, A. , Hu, M. Technical note—sequential multiproduct price competition in supply chain networks ［J］. *Operations Research*, 2016 (1).

［10］ Kleindorfer, P . R. , Saad, G. H. Managing disruption risks in supply chains ［J］. *Production and Operations Management*, 2005 (1).

［11］ Klibi, W. , Martel, A. Scenario-based supply chain network risk modeling ［J］. *European Journal of Operational Research*, 2012 (3).

［12］ Li, G. , Zhang, L. , Guan, X. , Zheng, J. Impact of decision sequence on reliability enhancement with supply disruption risks ［J］. *Transportation Research Part E Logistics & Transportation Review*, 2016 (90).

［13］ Munson, C. The supply chain management casebook comprehensive coverage and best practices in SCM ［D］. *Supply Chain Logistics Management*, 2010.

［14］ Narasimhan, R. , Talluri, S. Perspectives on risk management in supply chains ［J］. *Journal of Operations Management*, 2009 (2).

［15］ Schmitt, A. J. , Singh, M. A quantitative analysis of disruption risk in a multi-echelon supply chain ［J］. *International Journal of Production Economics*, 2011 (1).

［16］ Sharma, S. K. , Bhat, A. , Routroy, S. An empirical study on supply chain risk management strategies in Indian automobile industry ［J］. *IUP Journal of Supply Chain Management*, 2014 (4).

［17］ Snyder, L. V. , Shen, Z. J. M. Managing disruptions to supply chains ［C］. *Frontiers of Engineering: Reports on Leading-Edge Engineering from the 2006 Symposium*, 2007.

［18］ Tang, S. Y. , Gurnani, H. , Gupta, D. Managing disruptions in decentralized supply chains with endogenous supply process reliability ［J］. *Production and Operations Management*, 2014 (7).

［19］ Tomlin, B. On the value of mitigation and contingency strategies for managing supply chain disruption risks ［J］. *Management Science*, 2006 (5).

［20］ Trkman, P. , Mccormack, K. Supply chain risk in turbulent environments—A conceptual model for managing supply chain network risk ［J］. *International Journal of Production Economics*, 2009 (2).

［21］ Wang, Y. , Li, J. , Anupindi, R. *Risky suppliers or risky supply chains? An empirical analysis of sub-tier supply network structure on firm performance in the high-tech sector*

[M]. New York: Social Science Electronic Publishing, 2015.

The Study of Suppliers Sharing Strategy
Based on Supply Disruption Risk and Competition

Feng Hua[1]   Bao Wenhui[2]   Dai Bin[3]

(1, 2, 3   Economics and Management College of Wuhan University, Wuhan, 430072)

Abstract: For a three-echelon supply chain composed of a reliable supplier and an unreliable supplier, two competing manufacturers and an end-customer market, considering the suppliers' risk of supply disruption and the quantity competition among manufacturers, this paper analyses suppliers sharing strategy and the effect of disruption risk on supplier sharing strategy. The results show that, among the three suppliers shared supply chain network, it is better for manufacturers to share only one supplier than to share the two suppliers at the same time. And when he reliability advantage of the two suppliers is less than the cost advantage, sharing only the reliable supplier is the manufacturer's advantage strategy. Further research shows that there is a critical value for the supplier's cost gap and reliability gap. When the cost gap is less than the critical value or the reliability gap is greater than the critical value, sharing only the unreliable supplier is the dominant strategy. Otherwise, it is better to share only reliable suppliers. Furthermore, when the reliable supplier are fully reliable, it is the manufacturer's dominant strategy to share only the reliable supplier.

Key words: Supply   disruption; Competition; Supplier   sharing; Probability; Cost

绿色低碳视角下我国区域建筑业
生产效率及演变趋势分析[*]

● 陆菊春[1]　钟　珍[2]　贾倩倩[3]

（1，2，3 武汉大学经济与管理学院　武汉　430072）

【摘　要】 本文以 2005—2014 年中国 30 个省份（不含西藏和港澳台地区）建筑业面板数据为基础，使用非期望产出的 SBM 模型测算绿色低碳视角下各省份的建筑业生产效率，用 TOPSIS 方法得到研究期间各省市建筑业生产效率的综合值，并利用 Hurst 指数分析效率的演变趋势。结果表明：①碳排放强度无效率水平在东中西部三大地区均为第一位，其次是投入无效率水平。东中西部地区对投入无效率贡献最大的分别为能源消耗量、动力装备率和技术装备率。②时间维度的综合效率评价结果显示，天津市综合效率最高，河北省最低；从地区分布看，东部地区综合效率值最高，其次为中部和西部地区。③全国 76% 以上地区建筑业生产效率的演变具有较强的长期持续性。湖北、新疆地区的效率变化处于无序状态，甘肃地区未来效率变化表现出较弱的反持续性。

【关键字】 建筑业　生产效率　SBM 模型　Hurst 指数

中图分类号：F426　　　文献标识码：A

1. 引言

建筑业既是我国国民经济支柱产业，也是高能耗、高排放行业，在建筑业生产效率不断提高的同时如何达到碳减排目标值得我们进一步关注。建筑业的低碳发展是经济效益与环境效益的综合体现，如何高效整合建筑业资源，在提供更低能耗、低排放、低污染产品的同时提高盈利能力，抢占市场份额是低碳发展的核心。

与建筑业相关的效率研究涉及不同方面，KM Ngueen（2005）以越南建筑企业的样本为基础，使用参数与非参数方法测算企业效率，两种模型所得结果一致表明国有建筑企业的效率更高。M EL-Mashaleh（2001）等人则通过企业样本检验发现资源分配不均现象的

＊ 基金项目：国家社会科学基金资助项目"中国建筑业低碳竞争力评价及低碳发展机制研究"（11BJY051）。

通讯作者：钟珍，E-mail：826277409@ qq.com。

存在使得建筑企业效率与行业效率并不能相互替代。戴永安（2010）等人结合 DEA 模型和 Tobit 方法，在测算建筑业效率的基础上结合效率的影响因素进行回归分析。张智慧（2011）采用 DEA 方法测算了中国建筑业的生产效率，与戴永安等人的区别在于指标的处理方式，该文使用了分组筛选和主成分分析法选择投入产出指标，并证明了两种处理方法对于提高评价精度的有用性。Hu 和 Wang（2006）提出全要素能源效率的内涵，该指标由于其所涉及影响因素的全面性而得到广泛使用，如冯博（2014）等人将建筑业碳排放纳入全要素能源效率的评价框架，在面板数据的基础上利用 DEA 模型测算建筑业能源效率。王雪青（2012）采用 Tobit 模型对建筑业能源效率研究进行了影响因素分析，结果表明产业发展程度、能源消费结构、产业集中度等因素显著影响省际能源效率。

考虑非期望产出的效率问题研究相对薄弱，Hua（2007）等人以造纸行业为例提出了一种同时考虑非期望产出和非自由裁量投入的 DEA 模型来解决生态效率的测量问题，Wang（2013）为解决环境技术的异质性问题将 Meta-frontier 加入 DEA 模型测算能源效率，罗良清（2016）等则借鉴 Meta frontier-DEA 模型对中国省市地区的经济与环境平衡问题进行了研究。刘睿劼（2014）等人通过在超效率 DEA 模型中引入环境约束变量对建筑业效率评价方法进行了改进。陆菊春（2015）等利用 DEA 模型测算各省建筑业的低碳行为的效率，葛振波（2010）等人则在确定建筑业生态效率概念的基础上使用 CCR 模型测算了全国 31 个省市的建筑业生态效率。

从以上分析可以看出，考虑环境影响因素的建筑业生产效率问题还有待完善。本文使用了 Tone 所提出的包含非期望产出的 SBM 模型计算建筑业生产效率，相比于传统的 DEA 模型考虑了投入产出的松弛性，其效率值更符合实际，精确性更高。内容上以区域建筑业面板数据为基础，在绿色低碳视角下考虑环境变量的建筑业生产效率，拓展建筑业效率的研究内容，并通过计算 Hurst 指数揭示各省市建筑业生产效率变化的演变规律。

2. 低碳视角下建筑业生产效率的评价模型及变量选择

本文的研究思路如图 1 所示，以 SBM 模型计算各年建筑业的生产效率并进行无效率来源分解，同时利用 TOPSIS 方法和 Hurst 指数对所得的时间序列数据进行综合分析，得到综合效率值和效率演变趋势。

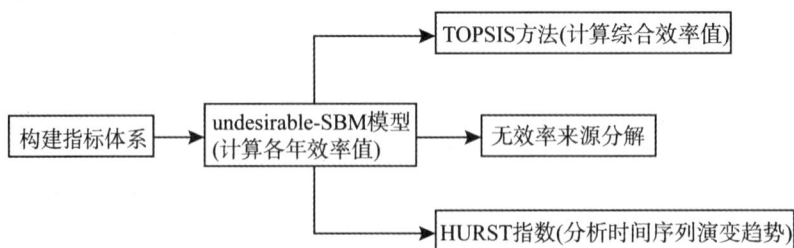

图 1　研究思路

2.1 投入产出指标（如表1所示）

将建筑业的生产要素分为经济投入和环境投入，经济投入即指代建筑业必需的生产要素，包括资本、人力、技术、动力四个方面，结合建筑业统计年鉴中生产条件的数据统计我们选择了建筑企业资产、从业人数、技术装备率、动力装备率四个投入指标。环境投入我们结合建筑业生产的具体情况，选择了以标准煤所示的能源消耗量。产出指标包括经济产出和环境产出，经济产出为建筑业产值和产值利润率，产值一定程度上代表了建筑业的规模与市场占有率，产值利润率可衡量建筑业的盈利能力。环境产出表现为碳排放强度，即建筑业单位产值的碳排放量，碳排放强度越低，环境效益越高。

表1   绿色低碳视角下的建筑业生产效率的投入产出指标

投入指标		产出指标	
经济要素投入	环境要素投入	经济产出	环境产出
建筑业企业资产		建筑业产值	
建筑业从业人数	能源消耗量		碳排放强度
技术装备率		建筑业产值利润率	
动力装备率			

2.2 包含非期望产出的 SBM 模型

在建筑业生产过程中可能会带来好的产出，如产值的增加等，也可能带来差的产出，比如大量二氧化碳的排放等。因此在衡量建筑业生产效率时要结合经济指标和环境指标，这里就涉及非期望产出的问题。而传统的径向 DEA 模型无法考虑"松弛变量"对效率值的影响，也没有考虑同时使期望产出增加、非期望产出减少的技术变化，以此度量的效率值是不准确或有偏的。为了解决这一问题，Tone 提出了基于投入、产出松弛变量的 SBM 环境效率评价模型，在考虑非期望产出时可以更有效地对效率进行评价，参见文献18。

现假设有一个包含 n 个决策单元的生产系统，系统中每个单元有 m 种投入，s_1 种期望产出和 s_2 种非期望产出，可用向量表示为：$x \in R^m$，$y^g \in R^{S_1}$ 及 $y^b \in R^{S_2}$，定义矩阵 X、Y^g、Y^b 为：$X = [x_1, \cdots, x_n] \in R^{m \times n}$，$Y^g = [y_1^g, \cdots, y_n^g] \in R^{s_1 \times n}$ 以及 $Y^b = [y_1^b, \cdots, y_n^b] \in R^{s_2 \times n}$，$X > 0$，$Y^g > 0$，$Y^b > 0$，由此可将上述生产集合转化为：

$$p = \{(x, y^g, y^b) \mid x \geq X\lambda, \ y^g \leq Y^g\lambda, \ y^b \geq Y^b\lambda, \ \lambda \geq 0\} \tag{1}$$

式（1）中，$\lambda \in R^n$ 为权重向量。

某一特定决策单元 (x_0, y_0^g, y_0^b) 的 SBM 效率模型可表达为

$$p^* = \min \frac{1 - \frac{1}{m}\sum_{i=1}^{m}\frac{s_i^-}{x_{io}}}{1 + \frac{1}{s_1 + s_2}(\sum_{r=1}^{s_1}\frac{s_r^g}{y_{ro}^g} + \sum_{r=1}^{s_2}\frac{s_r^b}{y_{ro}^b}} \tag{2}$$

$$\text{s. t.} \begin{cases} x_0 = X\lambda + s^- \\ y_0^g = Y^g\lambda - s^g \\ y_0^b = Y^b\lambda + s^b \end{cases}$$

其中 x_0 为建筑业的投入指标，y_0^g 为建筑业的期望产出指标，y_0^b 为非期望产出，这里表现为建筑业碳排放强度。若 $s^- = s^g = s^b = 0$，说明决策单元达到有效水平，该有效性是相对于其他所有决策单元而言的，即在 n 个决策单元中该决策单元的投入已经得到最优产出水平。若等式不成立，说明决策单元还存在改进空间，我们可以对无效率进行分解，如式（3），式（4），式（5）所示，投入无效率水平反映的是投入要素的冗余程度，即当前投入要素多大程度上与有效产出水平不匹配，与之对应的产出无效率水平则反映产出要素的不足，还有多少可以提高的空间。非期望产出无效率水平则是表示非期望产出的超标程度。

投入无效率：
$$IE_x = \frac{1}{m}\sum_{i=1}^{m}\frac{s_i^-}{x_{io}}, \ (i = 1, \cdots, m) \tag{3}$$

期望产出无效率：
$$IE_R = \frac{1}{s_1}\sum_{r=1}^{s_1}\frac{s_r^g}{y_{ro}}, \ (r = 1, \cdots, s_1) \tag{4}$$

非期望产出无效率：
$$IE_b = \frac{1}{s_2}\sum_{r=1}^{s_2}\frac{s_r^b}{y_{r0}^b}, \ (r = 1, \cdots, s_2) \tag{5}$$

2.3 TOPSIS 方法测算建筑业的综合效率

TOPSIS 方法是多目标评价方法的一种，以贴近度为评价指标决定多个评价对象的优劣排序。通过 SBM 模型我们可以计算出各省份各年度的生产效率值，如果将每个省份视为评价对象，将每年度的效率值视为评价对象的各个指标，则可适用 TOPSIS 方法评价综合效率。由于 TOPSIS 方法中计算到正负理想解的距离时实际上采用的是欧氏距离的计算方法，而欧式距离计算对高维度数据会存在一定程度的失真，在对效率进行综合评价时我们仅选择 2010—2014 年五年的效率值。计算过程如下：

（1）求出正负理想解
$$\begin{aligned} V^+ &= [v_1^+, v_2^+, \cdots, v_n^+] \\ V^- &= [v_1^-, v_2^-, \cdots, v_n^-] \end{aligned} \tag{6}$$

其中，$v_j^+ = \max_i\{v_{ij}\}$，$v_j^- = \min_i\{v_{ij}\}$，v_{ij} 为第 j 年第 i 个省份的效率值，$n = 5$

（2）求出各评价单元到正理想解和负理想解的距离

$$L^+ = \sqrt{\sum_{j=1}^{n} (v_{ij} - v_j^+)^2}$$

$$\quad\quad (i = 1, 2, \cdots, m, \ j = 1, 2, \cdots, n) \quad\quad (7)$$

$$L^- = \sqrt{\sum_{j=1}^{n} (v_{ij} - v_j^-)^2}$$

其中 i 表示第 i 个省份，j 是年份变量，L^+ 是评价单元与正理想解的距离，L^- 是评价单元与负理想解的距离。

（3）计算理想解贴近度 C_i

$$C_i = L_i^- / (L_i^+ + L_i^-) \quad (i = 1, 2, \cdots, m) \quad\quad (8)$$

理想解贴近度是各评价单元与理想解之间的相对距离的量化值，其大小对应评价单元的优劣。

2.4　Hurst 指数分析建筑业生产效率的演变趋势

Hurst 指数可用来判断时间序列数据是否是随机游走过程，一般采用重标极差（R/S）分析方法进行计算。利用建筑业生产效率值计算 Hurst 指数过程如下：

（1）将某一省份效率值时间序列分为 A 个长度为 n 的等长子区间，计算第 a 个区间内第 t 个年份的累积离差 $X_{t,a}$，M_a 为第 a 个区间内效率值 x 的平均值。

$$X_{t,a} = \sum_{u=1}^{t} (x_{u,a} - M_a), \quad t = 1, 2, \cdots, n \quad\quad (9)$$

（2）计算极差 R_a

$$R_a = \max(X_{t,a}) - \min(X_{t,a}) \quad\quad (10)$$

（3）计算 A 个区间 R/S 值的平均值

$$(R/S)_n = \frac{1}{A} \sum_{a=1}^{A} R_a / S_a \qu\quad (11)$$

（4）计算所得的 R/S 值可与 Hurst 指数建立如下关系

$$(R/S)_n = K n^H \quad\quad (12)$$

取对数可得

$$\log((R/S)_n) = \log(K) + H\log(n) \quad\quad (13)$$

由于子区间长度 n 是可变的，通过改变 n 的取值得到一组 R/S 值，利用最小二乘法回归即可计算出 H 的近似值。

若 $H>0.5$，则序列是随机游走的，彼此之间不存在依赖关系；若 $0.5<H<1$，则序列值之间是彼此关联的，过去趋势的变化会持续至未来；若 $0<H<0.5$，序列之间仍保持关联性，但是未来的变化趋势与过去相反，具有反持续性。

3.　实证分析

3.1　数据来源

本文选取的是 2005—2014 年全国 30 个省（直辖市、自治区）的面板数据，其投入产出指标的原始数据主要来自于《中国建筑业统计年鉴》和《中国能源统计年鉴》。

建筑业碳排放量根据相关数据计算获得，参见文献 6，相关指标的描述性统计值如表 2 所示。

表 2 指标描述性统计值

观测指标	最大值	最小值	均值	标准差
建筑企业资产（万元）	137000000	406823	22101970	23556316
从业人数（万人）	787	5	123	136
技术装备率（元/人）	91231	728	13069	8617
动力装备率（千瓦/人）	27	2	6	3
能源消耗量（万吨）	715	12	145	109
建筑业总产值（亿元）	24593	60	3173	3645
产值利润率	7.71%	0.51%	3.18%	0.90%
碳排放强度	24.64	0.53	1.84	1.53

3.2 各年生产效率评价

通过 SBM 模型计算所得的各地区 2005—2014 年建筑业生产效率评价值，如表 3 所示。

表 3 低碳视角下的各地区建筑业生产效率值

地区	年 份									
	2014	2013	2012	2011	2010	2009	2008	2007	2006	2005
北京	0.967	0.962	0.964	0.964	0.967	0.968	0.972	0.960	0.955	0.961
天津	0.973	0.972	0.977	0.971	0.973	0.971	0.965	0.962	0.967	0.963
河北	0.837	0.714	0.598	0.582	0.794	0.621	0.915	0.794	0.757	0.806
山西	0.814	0.865	0.845	0.597	0.607	0.432	0.584	0.798	0.359	0.754
内蒙古	0.968	0.949	0.957	0.944	0.968	0.932	0.893	0.952	0.956	0.959
辽宁	0.912	0.961	0.963	0.963	0.974	0.962	0.938	0.962	0.938	0.962
吉林	0.819	0.795	0.729	0.951	0.953	0.943	0.958	0.768	0.756	0.293
黑龙江	0.965	0.956	0.953	0.835	0.965	0.946	0.964	0.660	0.734	0.480

地区	年份									
	2014	2013	2012	2011	2010	2009	2008	2007	2006	2005
上海	0.947	0.939	0.935	0.947	0.947	0.935	0.934	0.934	0.934	0.934
江苏	0.964	0.953	0.941	0.831	0.964	0.949	0.958	0.937	0.937	0.937
浙江	0.916	0.916	0.916	0.916	0.916	0.916	0.916	0.916	0.916	0.916
安徽	0.863	0.868	0.894	0.841	0.872	0.822	0.936	0.824	0.821	0.826
福建	0.862	0.843	0.851	0.813	0.827	0.776	0.829	0.829	0.773	0.767
江西	0.936	0.930	0.935	0.886	0.876	0.779	0.911	0.758	0.750	0.933
山东	0.927	0.957	0.779	0.959	0.958	0.889	0.880	0.944	0.937	0.936
河南	0.774	0.957	0.942	0.933	0.929	0.876	0.957	0.866	0.830	0.857
湖北	0.971	0.936	0.864	0.816	0.947	0.681	0.885	0.881	0.809	0.823
湖南	0.973	0.964	0.967	0.966	0.863	0.817	0.948	0.830	0.804	0.822
广东	0.925	0.955	0.873	0.889	0.883	0.949	0.957	0.948	0.867	0.958
广西	0.934	0.808	0.796	0.772	0.778	0.783	0.836	0.794	0.770	0.771
海南	0.882	0.863	0.874	0.871	0.882	0.913	0.907	0.915	0.938	0.935
重庆	0.915	0.905	0.915	0.915	0.915	0.851	0.914	0.914	0.914	0.914
四川	0.787	0.783	0.794	0.805	0.880	0.825	0.918	0.837	0.827	0.836
贵州	0.752	0.795	0.752	0.649	0.749	0.490	0.738	0.723	0.717	0.748
云南	0.810	0.798	0.913	0.852	0.869	0.799	0.832	0.866	0.795	0.946
陕西	0.895	0.873	0.955	0.635	0.831	0.961	0.778	0.807	0.754	0.780
甘肃	0.914	0.899	0.946	0.742	0.868	0.805	0.791	0.890	0.768	0.825
青海	0.955	0.950	0.937	0.951	0.857	0.878	0.793	0.949	0.750	0.385
宁夏	0.886	0.842	0.862	0.947	0.952	0.943	0.749	0.944	0.815	0.780
新疆	0.972	0.966	0.960	0.604	0.972	0.967	0.823	0.743	0.747	0.781

分东中西部地区分别计算各年的效率均值，通过图2中曲线的比较可知东部地区的建筑业生产效率要明显高于全国平均水平，中部地区和西部都在全国平均水平之下。从趋势上看，全国建筑业生产效率平均水平是逐步上升，而东部地区的效率表现一直较为稳定，平均值在0.8以上，中部地区和西部地区的效率均值随时间逐步提高，至2014年中部地区已基本与东部地区持平。

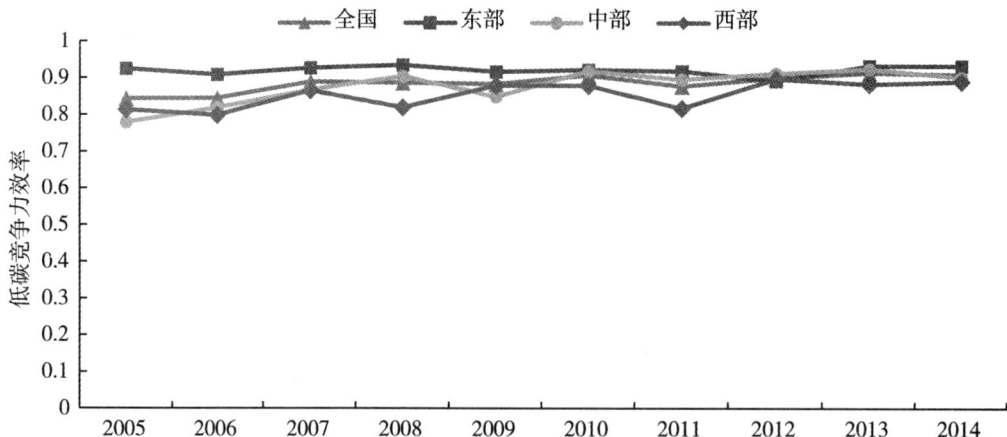

图2 全国及东中西部地区建筑业平均生产效率的变化趋势

通过绘制雷达图，我们可以较为清楚地看到建筑业生产效率的变化情况（如图3至图6所示）。对比2005年，2009年，2012年，以及2014年雷达图，发现各省市建筑业生产效率整体有所提高，雷达图曲线有外扩的趋势，同时地区分布更为均衡，与2005年相比，2014年雷达图的曲线相对平滑。分地区来看，东部地区大部分省份的效率变化都比较稳定，且一直保持在一个较高的水平，唯独河北省和福建省的效率在东部地区中相对偏低，尤其河北省的效率变化幅度较大，表现不稳定。中部地区整体起伏较大，山西省的建筑业生产效率从2005年到2008年有所下降，与之相反的是黑龙江省与吉林省的生产效率从2005年到2009年大幅上升。中部地区大部分省份的生产效率至2012年已基本保持在0.8左右，变化趋势趋于稳定。西部地区各省份的效率演变趋势与中部地区类似，由剧烈波动逐步趋于稳定，并随时间推移有所提高。其中青海省建筑业生产效率从2005年到2009年上升明显。

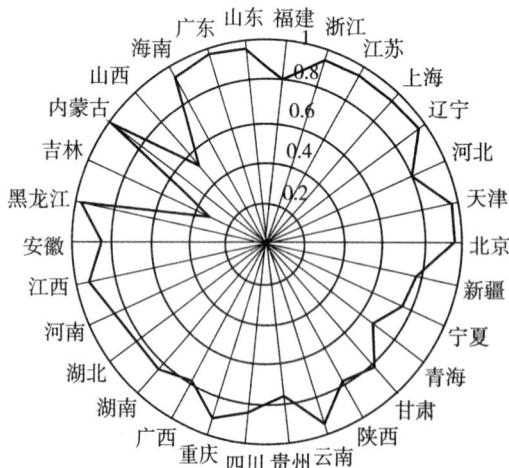

图3 2005年建筑业生产效率

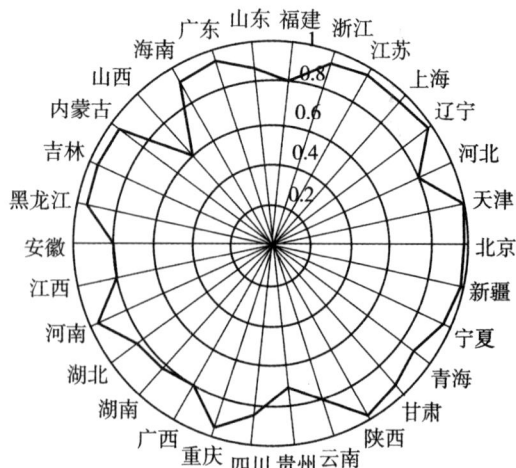

图4 2009年建筑业生产效率

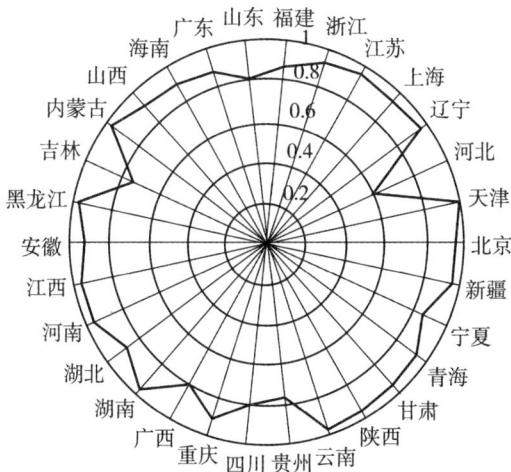

图 5   2012 年建筑业生产效率

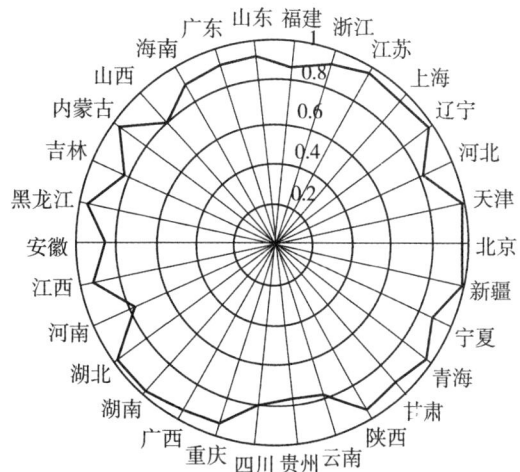

图 6   2014 年建筑业生产效率

为了探讨不同地区建筑业生产效率的差异来源，我们根据投入指标的选择将投入无效率（IE_x）分解为资本投入无效率（IE_C），劳动力投入无效率（IE_L），技术投入无效率（IE_T），动力投入无效率（IE_P）以及能源使用无效率（IE_E）四个部分，期望产出无效率（IE_G）可分解为产值无效率（IE_V），获利无效率（IE_r）两个部分，非期望产出无效率即碳排放强度无效率（IE_b）。结果如表4所示，以下计算数据均为区域均值。

表 4   2005—2014 年中国各区域建筑业生产无效率来源分解

区域	IE_x	IE_G	IE_b	IE_C	IE_L	IE_T	IE_P	IE_E	IE_r	IE_V
东部	8.50%	0.38%	9.40%	1.08%	0.74%	1.83%	2.25%	2.60%	0.38%	0.00%
中部	13.68%	4.28%	16.37%	0.94%	1.20%	4.08%	4.09%	3.37%	4.28%	0.00%
西部	22.42%	0.86%	27.66%	2.66%	1.80%	6.63%	6.53%	4.80%	0.75%	0.12%

从地区分布来看，东部地区无论是投入无效率还是产出无效率都远远低于中西部地区，三大区域一致表现为碳排放强度无效率水平最高，期望产出无效率水平最低，投入无效率水平居中。从来源分解来看，技术装备率，动力装备率以及能源消耗量对投入无效率的贡献在东中西部三大地区中均为前三位，东部地区能源消耗量的贡献最大，贡献率达30%，中西部地区动力装备率与技术装备率的贡献最大，达到29%。东西部地区劳动力对投入无效率的贡献最小，贡献率仅为8.7%和8.3%，而中部地区对投入无效率贡献最小的是建筑企业资产，贡献率为6.8%。期望产出的分解表明，三大地区的产出无效率均来自于产值利润率。

根据无效率来源的分解可知，目前各个地区建筑业投入无效率的主要因素是能源和动力投入的冗余以及技术动力投资的低效。而产出中碳排放强度的无效率水平最高。这无疑反映出长期以来我国建筑业发展存在的粗放、低效问题。建筑业是高能耗行业，庞大的能源投入一定程度上透支了资源环境的承载力，使得单位产值所带来的碳排放量过高，造成经济上的产出过多地牺牲了环境效益，同时技术和动力投入的产出效率较低，与理想产出水平不匹配，最终导致效率值无法达到有效水平。随着新型城镇化建设的发展，未来建筑业除了面临巨大的市场需求所带来的机遇，同时也面临着低碳节能发展的挑战。更高质量的城镇化建设使得节能环保和绿色建筑的呼声日益高涨，建筑业的绿色建造能力将成为未来建筑业核心竞争力的重要组成部分。期望产出无效率来源的主要贡献是产值利润率，说明在一定规模的投入要素情况下，与生产前沿面相比，评价单元建筑业企业的盈利能力应该还存在较大的改进空间，除增加产值，扩大规模之外，资本增值能力的提高是未来企业持续稳定经营与发展的重要条件，也是生产效率达到有效水平的必要途径。

3.3 综合效率评价

利用 TOPSIS 方法可以计算得到 2010—2014 年建筑业生产效率的综合值，为了进行对比，我们同样利用 SBM 模型计算了不考虑环境因素的建筑业效率值（去除环境投入与环境产出），并得到了综合效率，结果如表 5 所示。

表 5　　　　　　　　　　各地区建筑业生产效率的综合值排名

地区	考虑环境因素的效率值	排名	不考虑环境因素的效率值	不考虑环境因素的效率值排名	排名变化
北京	0.969	3	0.986	2	−1
天津	1	1	1	1	0
河北	0.238	30	0.364	27	−3
山西	0.408	28	0.013	30	2
内蒙古	0.942	6	0.790	9	3
辽宁	0.972	2	0.828	7	5
吉林	0.559	25	0.657	16	−9
黑龙江	0.944	5	0.446	24	19
上海	0.91	7	0.934	3	−4
江苏	0.949	4	0.721	11	7
浙江	0.846	11	0.908	4	−7
安徽	0.705	17	0.446	23	6
福建	0.577	23	0.716	13	−10
江西	0.872	9	0.734	10	1
山东	0.74	14	0.62	18	4
河南	0.719	15	0.462	22	7

地区	考虑环境因素的效率值	排名	不考虑环境因素的效率值	不考虑环境因素的效率值排名	排名变化
湖北	0.705	18	0.654	17	−1
湖南	0.860	10	0.798	8	−2
广东	0.780	13	0.662	15	2
广西	0.490	26	0.425	25	−1
海南	0.698	19	0.841	6	−13
重庆	0.81	12	0.903	5	−7
四川	0.455	27	0.708	14	−13
贵州	0.330	29	0.177	29	0
云南	0.609	22	0.341	28	6
陕西	0.631	21	0.416	26	5
甘肃	0.644	20	0.492	21	1
青海	0.910	8	0.57	19	11
宁夏	0.716	16	0.509	20	4
新疆	0.572	24	0.72	12	−12

根据综合效率值绘制条形图（如图7所示），可以直观地比较各省市建筑业生产效率综合值的差异，北京、天津、黑龙江、辽宁、江苏为综合效率排名前五的省份，表明在2010—2014年建筑业生产效率相对稳定在较高的水平。综合效率最低的五个省市分别为河北、贵州、广西、山西、四川。分别计算东中西部的综合效率平均值为 0.789、0.746 和 0.617。因此，从综合效率来看东部>中部>西部。

对比前后两种效率值排名，从表中结果可知，天津、贵州的效率排名没有变化，考虑环境因素后吉林、福建、海南、四川、新疆五个省份的效率排名分别下降 9，10，13，13，12 位，属于下跌幅度较大的省份。相反，江苏、河南、黑龙江、云南、青海省的生产效率排名相对于不考虑环境因素的效率排名有大幅度提高。

3.4　各地区建筑业生产效率的演变趋势

根据 Hurst 指数的计算公式所得结果如表6所示。所有地区均通过了显著性检验且有较高的拟合度。均值计算结果为 0.725，有 15 个省份超过了平均水平。我们按照 Hurst 指数大小将地区分为四类：H 值在 0.8~1 的为强持续性地区，包括北京、天津、江苏、江西、浙江、贵州、海南、青海，这些地区生产效率的增长趋势具有很强的持续性。H 值在 0.65~0.8 的为较强持续性地区，包括河北、山西、内蒙古、辽宁、吉林等 15 个省份，H 值在 0.5~0.65 的为弱持续性地区，包括广东、山东、湖北、云南等 6 个省份，30 个地区中达到较强持续性状态的占比 76%，说明我国大部分地区的建筑业生产效率值所组成的

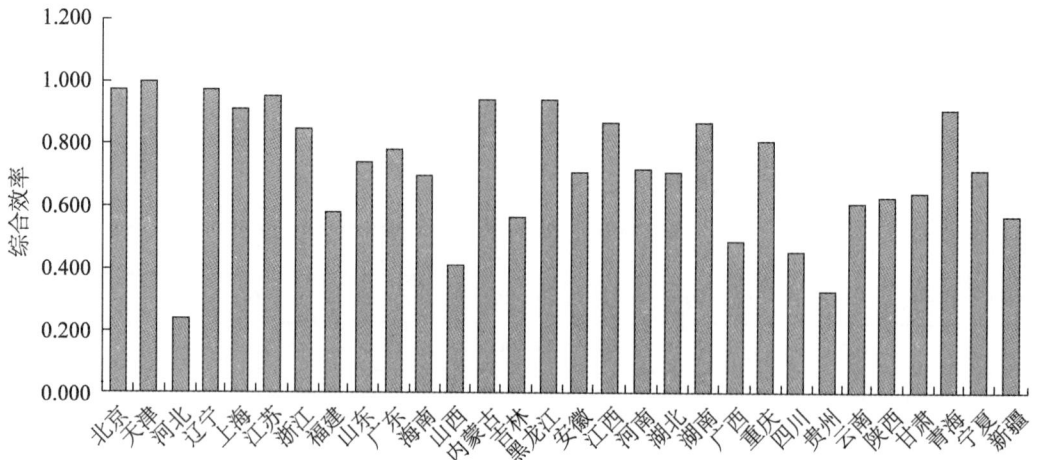

图 7　各地区建筑业生产效率的综合值

时间序列数据具有长期相关性，而不是随机序列，整体呈现出持续性，即这些地区的建筑业生产效率未来的变化趋势与过去正相关。Hurst 指数越大，相关性越强。甘肃省的 Hurst 指数为 0.491，已经略低于 0.5，表明其未来效率的变化可能出现反持续性，也就是与过去变化相反，意味着效率存在降低的可能性。湖北、新疆、云南等弱持续性地区，环境效率的变化接近无序状态，其未来的变化趋势并不稳定，建筑业生产效率的增长趋势可持续性较弱。

表6　　　　　　　　　各地区建筑业生产效率的 Hurst 指数

强持续性(0.8~1)	较强持续性(0.65~0.8)	弱持续性(0.5~0.65)	反持续性(<0.5)
北京（0.82）、天津（0.946）、江苏（0.930）、浙江（0.956）、江西（0.850）、海南（0.937）、贵州（0.846）、青海（0.801）	河北（0.693）、山西（0.694）、辽宁（0.780）、吉林（0.759）、安徽（0.690）、福建（0.709）、上海（0.765）、湖南（0.782）、广西（0.663）、四川（0.749）、内蒙古（0.748）、宁夏（0.650）、河南（0.742）陕西（0.684）、黑龙江（686）	广东（0.577）、山东（0.534）、湖北（0.549）、重庆（0.572）、云南（0.589）、新疆（0.565）	甘肃（0.491）

4. 结论与建议

在绿色低碳视角下本文利用含非期望产出的 SBM 模型对全国 30 个省市建筑业生产效率进行了测算，并采用 TOPSIS 方法计算了综合效率，得出以下结论：

（1）东部地区的综合效率最高，中部地区其次，西部地区综合效率最低，从时间维度上来看，东部地区效率变化最为稳定，且一直保持较高水平，中部和西部地区的效率随时间推移有所提高。全国整体效率保持上升趋势。

（2）通过效率分解可知技术装备率，动力装备率以及能源消耗量对投入无效率的贡献在东中西部三大地区中均超过了 20%。中西部地区投入无效率的主要来源为动力装备率与技术装备率，东部地区为能源消耗量。从产出无效率的角度来看，碳排放强度无效率水平在东中西部地区均为最高，期望产出中无效率的主要贡献来源为产值利润率。

（4）Hurst 指数表明全国 76% 以上地区的建筑业生产效率的趋势变化具有较强的长期持续性，值得关注的是甘肃省的 Hurst 值为 0.491，很可能出现反持续性，因此甘肃省未来效率的变化存在与过去趋势相反的风险，建筑业的生产效率可能会降低。另外湖北、新疆的 Hurst 值仅略大于 0.5，因此，其未来的变化趋势基本处在无序之中，稳定性较差。

因此未来我国建筑业生产效率的提高要从经济和环境两方面着手：经济上应当以提高获利能力为核心，而不是一味地扩大规模，增加产值。资本增值能力的提高是未来企业持续稳定经营与发展的重要条件。建筑业的碳减排任务依旧严峻，发展绿色建筑业必须积极推广应用新型和可再生能源，提高土地利用的集约和节约程度，提高污水再生利用率，积极采用新型建筑体系，推广应用高性能、低能耗、可再生循环利用的建筑材料，做到"节能、节地、节水、节材"，实现人、建筑与环境的和谐共处、永续发展。

◎ 参考文献

[1] 戴永安，陈才. 中国省际建筑业效率差异及其影响因素研究 [J]. 中国软科学，2010（1）.

[2] 冯博，王雪青，刘炳胜. 考虑碳排放的中国建筑业能源效率省际差异分析 [J]. 资源科学，2014，36（6）.

[3] 葛振波，张晋波，李德智，等. 基于 DEA 的我国建筑业生态效率评价 [J]. 青岛理工大学学报，2010，31（5）.

[4] 寇纲，娄春伟，彭怡，等. 基于时序多目标方法的主权信用违约风险研究 [J]. 管理科学学报，2012，15（4）.

[5] 陆菊春，张瑞雪，胡凯. 我国建筑业低碳行为的效率分析 [J]. 武汉大学学报（工学版），2015，48（6）.

[6] 陆菊春，钟珍，黄晓晓. 我国建筑业碳排放效率评价及区域差异比较 [J]. 珞珈管理评论，2016，11（1）.

[7] 罗良清，胡晓琳. 中国省域环境保护与经济发展双赢平衡研究——基于环境效率视角 [J]. 科技进步与对策，2016（2）.

[8] 刘睿劼，张智慧. 环境约束下的中国内地建筑业效率地区差异评价 [J]. 清华大学学报（自然科学版），2014（8）.

[9] 李双杰，范超. 随机前沿分析与数据包络分析方法的评析与比较 [J]. 统计与决策，2009（7）.

[10] 田伟，杨璐嘉，姜静. 低碳视角下中国农业环境效率的测算与分析——基于非期望

产出的 SBM 模型 [J]. 中国农村观察, 2014 (5).

[11] 王雪青, 娄香珍, 杨秋波. 中国建筑业能源效率省际差异及其影响因素分析 [J]. 中国人口·资源与环境, 2012, 22 (2).

[12] 张智慧, 刘睿劼. 基于 DEA 方法的建筑业效率评价实证研究 [J]. 工程管理学报, 2011, 25 (3).

[13] 张子龙, 刘竹, 陈兴鹏, 等. 基于 R/S 的中国碳排放演变趋势及其空间差异分析 [J]. 经济地理, 2013, 33 (8).

[14] El-Mashaleh, M., 'Brien, W. J. O., London, K. Envelopment methodology to measure and compare subcontractor productivity at the firm level [C]. *International Group on Lean Construction Congress*, 2001.

[15] Nguyen, K. M., Giang, T. L.. Efficiency of construction firms in Vietnam [J]. *Mpra Paper*, 2005 (5).

[16] Hua, Z., Bian, Y., Liang, L. Eco-efficiency analysis of paper mills along the Huai River: an extended DEA approach [J]. *Omega*, 2007, 35 (5).

[17] Hu, J. L., Wang, S. C. Total factor energy efficiency of regions in China [J]. *Energy Policy*, 2006, 34 (17).

[18] Tone, K. Dealing with undesirable outputs in DEA: A slacks-based measure (SBM) approach (DEA (1)) [J]. 日本オペレーションズ・リサーチ学会春季研究発表会アブストラクト集, 2004.

[19] Wang, Q., Zhao, Z., Zhou, P., et al. Energy efficiency and production technology heterogeneity in China: A meta-frontier DEA approach [J]. *Economic Modelling*, 2013, 35 (5).

Analysis on Construction Industry's Efficiency in China from the Green Low-carbon Perspective

Lu Juchun[1]   Zhong Zhen[2]   Jia Qianqian[3]

(1, 2, 3 Economics and Management School of Wuhan University, Wuhan, 430072)

Abstract: This passage used SBM model to calculate the efficiency of construction industry in different provinces. TOPSIS method was also used to calculate comprehensive efficiency. We also analyzed evolution trend by Hurst exponent. From these study, we get three conclusions: The level of carbon emission inefficiency is the first in the eastern, middle and western regions, followed by the level of ineffective investment, and the level of output inefficiency is the last. Energy consumption, power equipment rate and technology equipment rate is the largest contribution to investment inefficiency respectively in the eastern, middle and western regions. According to the results of the comprehensive evaluation from time dimension, the comprehensive efficiency of Tianjin is the highest and the comprehensive efficiency in Hebei province is the lowest. In the respect of regional distribution, the comprehensive efficiency of the eastern region is the highest, followed by the central region, and the western region is the lowest. As for the evolution trend, the efficiency of construction industry in more than 76% of the country has a strong long-term sustainability. The change of the efficiency is in disorder in Hubei and Xinjiang province. The future efficiency change of Gansu province shows a weak anti sustainability.

Key words: Construction industry; Production efficiency; SBM model; Hurst exponent

专业主编：许明辉

《珞珈管理评论》 2017 年 1~4 辑目录

2017年卷第4辑